Lillian Too's
Feng Shui
der Liebe

Dieses Buch widme ich mit besonderer Liebe meiner Tochter Jennifer Too.

Mein besonderer Dank gilt meiner Verlegerin Liz Dean, die aus meinem Manuskript ein wunderschönes Buch über die Liebe gemacht hat. Die Aufmachung und die Auswahl der Bilder wirken ansprechend und gefühlvoll. Dadurch konnte ich die Praxis des Feng Shui leicht zugänglich und vergnüglich darstellen, ohne auf das Wesentliche sowie Einzelheiten zu verzichten. Es war ein Vergnügen, mit ihr und Collins & Brown zusammenzuarbeiten.

Lillian Too's Feng Shui der Liebe

168 traditionelle Wege zu mehr Glück und Zufriedenheit.

 life book

Die Originalausgabe erschien im Jahr 2000 in Großbritannien
unter dem Titel „Lillian Too's Easy-to-use Feng Shui for Love"
bei Collins & Brown Limited
London House
Great Eastern Wharf
Parkgate Road
London SW11 4NQ

Copyright © Collins & Brown Limited
Text © 2000 Lillian Too
All rights reserved

Deutschsprachige Ausgabe:
© 2000 Gräfe und Unzer Verlag GmbH, München / 5 4 3 2 1
Printed and bound in Portugal by Printer Portuguesa

Alle Rechte vorbehalten. Nachdruck, auch auszugsweise,
sowie die Verbreitung durch Film, Funk und Fernsehen
durch fotomechanische Wiedergabe, Tonträger und Datenverarbeitungssysteme
jeglicher Art nur mit schriftlicher Genehmigung des Verlags.

Übersetzung aus dem Englischen: Verlagsbüro, München
Projektleitung: Birgit Dollase
Redaktion und Satz: Verlagsbüro, München
Umschlaggestaltung: Sibylle Korfmacher, Grafikhaus
Bildrechte: Collins & Brown Limited,
mit Ausnahme der gegenüber von Tipp 168 erwähnten.

ISBN 3-7742-4947-4

Besuchen Sie Lillian Too auch auf ihren Internet-Seiten:
www.worldoffengshui.com und
www.lillian-too.com

Inhalt

Kapitel 1
Feng Shui für ein harmonisches Familienleben

1 Führen Sie dank Feng Shui eine glückliche Beziehung
2 Liebes-Feng-Shui und das Pa Kua
3 Stärken Sie den Erde-Bereich
4 Feng Shui für die Treue
5 Verbannen Sie Schlafzimmer-Tabus
6 Spiegel belasten Ihre Beziehung
7 Blumen in Ihrem Schlafzimmer bringen Probleme
8 Beziehungskiller Fernsehen
9 „Giftpfeile" von Regalen
10 Verbannen Sie Computer aus Ihrem Schlafzimmer
11 Wasser – Tabus und Symbole
12 Toiletten spülen Ihr Glück hinunter
13 Betten brauchen gutes Feng Shui
14 Neutralisieren Sie Deckenbalken
15 Harmonie für das Schlafzimmer
16 Männliche und weibliche Symbole im Gleichgewicht
17 Mond-Yin für Ihr Eheglück
18 Mehr Kontakte mit Sonnen-Yang
19 Harmonie durch Tür-Feng-Shui
20 Verteilen Sie die Zimmer richtig
21 Überwinden Sie den Generationenkonflikt
22 Schließen Sie vor Auseinandersetzungen die Türe
23 Spiegel spalten Beziehungen

Kapitel 2
Feng Shui für die Partnersuche

24 Mit Feng Shui finden Sie den richtigen Partner
25 Benutzen Sie Kristalle, um Liebes-Chi anzuziehen
26 Erde und Feuer entfachen das Liebesglück
27 Für Singles, die zu einer festen Bindung bereit sind
28 Aktivieren Sie Ihre Liebesecke
29 So finden Sie die Ecke für Ihr Liebesglück
30 Verbessern Sie Ihre sozialen Kontakte
31 Vermeiden Sie Feng-Shui-Komplikationen
32 Schaffen Sie Abhilfe bei fehlenden Südwest-Ecken
33 Stärken Sie die Erde-Energie im Südwesten
34 Aktivieren Sie die Erde-Energie mit Kristallen
35 Die Wirkung mächtiger Frauen
36 Dekorieren Sie mit Glück bringenden Vasen
37 Kristallkugeln für Sonnen-Energie
38 Phönix eröffnet Perspektiven
39 Vogelpaare für die Liebe
40 Fliegende Gänse für die Treue
41 Die Macht des Doppelten Glückssymbols
42 Rote und gelbe Lichter für soziale Kontakte
43 Die Farbe Rot – was haben Sie davon?
44 Eine rote Wand für Ihr Liebes-Chi
45 Kerzen als Energiespender
46 Der mystische Knoten für unendliche Liebe
47 Helle Lichter sorgen für Liebeserklärungen
48 Orangen bringen Ihnen den richtigen Partner
49 Hilfe für Singles
50 Feng Shui für einen festen Partner
51 Yang-Chi für einen Lebenspartner
52 Junggesellen brauchen weibliche Energie
53 Persönliche Liebessymbole für Ihr Liebesglück

Kapitel 3
Die Bestimmung Ihrer Liebesecke

54 Die genaue Festlegung mit Trigrammen
55 Doppeltes Liebesglück mit den beiden Pa Kuas
56 Wie Türen Ihre Heiratsaussichten bestimmen
57 Mit den zwei Pa Kuas das Glück vergrößern
58 Neue Tür – neues Glück
59 Liebe am Arbeitsplatz
60 Die richtige Türrichtung für eine „gute Partie"
61 Finden Sie die große Liebe durch inneres Feng Shui
62 Wie Sie einen erfolgreichen Partner finden
63 Einen Prominenten heiraten
64 Nordtüren sind schlecht fürs Liebesglück
65 Windspiele gegen stagnierendes Liebes-Chi
66 Die Wirkung von Türrichtungen auf die Liebe
67 „Energiespender" für die Eingangstür

Kapitel 4
Aktivieren Sie Ihren persönlichen Liebes-Bereich

68 Wie Sie Ihre persönliche KUA-Zahl berechnen
69 Das Aktivieren des persönlichen Liebes-Bereiches
70 Aktivieren Sie Ecken mit Farben
71 Symbole für Ihren Liebes-Bereich
72 Mit den Elementen Liebes-Chi erzeugen
73 Ihr Schlafzimmer und Ihr Nien Yen
74 Das richtige Feng Shui für Ihre Verabredung
75 Das Feuer-Element entfacht die Leidenschaft
76 Vermeiden Sie Wasserobjekte im Schlafzimmer
77 Finden Sie heraus, wer zu Ihnen passt

Kapitel 5
Chinesische Astrologie für Ihre Liebe

78 Feng Shui und Ihr Horoskop
79 Drei goldene Regeln bannen die Gefahr
80 Die vier harmonierenden Gruppen
81 Liebesglück für Menschen im Zeichen Ratte
82 Ein perfekter Partner für die geistvolle Ratte
83 Liebesglück für Menschen im Zeichen Büffel
84 Liebe für den stählernen Büffel
85 Liebesglück für Menschen im Zeichen Tiger
86 Partner für den faszinierenden Tiger
87 Liebesglück für Menschen im Zeichen Hase
88 Die tugendhafte Hase-Frau und der nette Mann
89 Liebesglück für Menschen im Zeichen Drache
90 Die charismatische Lady und der ungestüme Drache
91 Liebesglück für Menschen im Zeichen Schlange
92 Die aufreizende Lady und der Schlange-Mann
93 Liebesglück für Menschen im Zeichen Pferd
94 Die warmherzige Lady und der Pferde-Mann
95 Liebesglück für Menschen im Zeichen Schaf
96 Die sanfte Lady und der romantische Schaf-Mann
97 Liebesglück für Menschen im Zeichen Affe
98 Die reizende Lady und der freche Affe-Mann
99 Liebesglück für Menschen im Zeichen Hahn
100 Die findige Hahn-Lady und der flexible Mann
101 Liebesglück für Menschen im Zeichen Hund
102 Partner für den großzügigen Hund
103 Liebesglück für Menschen im Zeichen Schwein
104 Partner für das Schwein
105 Die Pfeile des astrologischen Antagonismus
106 Ratte und Pferd verstehen sich nicht
107 Der Büffel und das Schaf – ein ungeschicktes Paar
108 Tiger und Affe – mehr Hass als Liebe
109 Hahn und Hase – kein Spaß beim Sex
110 Drache und Hund streiten die ganze Nacht
111 Schlange und Schwein – ein echtes Trauerspiel
112 Die Wahl des richtigen Hochzeitsdatums

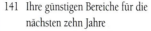

Kapitel 6
Liebesrituale im Feng Shui
113 Hochzeitsgeschenke bringen Glück
114 Tragen Sie Rot bei der Hochzeit
115 Aktivieren Sie zu Hause die acht Bereiche
116 Unglück aus den zehn Richtungen fernhalten
117 Das Doppelte Glückssymbol bringt Eheglück
118 Glückssymbole für Paare
119 Aktivieren Sie ein Kristallherz mit Mond-Energie
120 Die Laute steht für eine perfekte Beziehung
121 Rote Lampions für Kindersegen
122 Ihre Kinder werden wahre Glückskinder
123 Glück für die Geburt

Kapitel 7
Schützen Sie Ihre Beziehungen
124 Schicken Sie nie rote Rosen mit Dornen
125 Eine Teezeremonie bringt Eheglück
126 Mit Pfingstrosen finden Sie Glück und Romantik
127 Wie Sie einen geliebten Menschen zurückerobern
128 Küchen und Vorratskammern im Südwesten können Ihr Beziehungsglück beeinträchtigen
129 Vermeiden Sie zwei Matratzen auf einem Ehebett

Kapitel 8
Rufen Sie die Liebe mit dem Feng Shui der „Fliegenden Sterne"
130 Liebes-Feng-Shui und „Fliegende Sterne" bis 2004
131 Geburtskarten der „Fliegenden Sterne"
132 Das Liebesglück in Häusern mit Nordtüren
133 Das Liebesglück in Häusern mit Südtüren
134 Das Liebesglück in Häusern mit Osttüren
135 Das Liebesglück in Häusern mit Westtüren
136 Das Liebesglück in Häusern mit Nordwesttüren
137 Das Liebesglück in Häusern mit Südwesttüren
138 Das Liebesglück in Häusern mit Nordosttüren
139 Das Liebesglück in Häusern mit Südosttüren
140 In der Periode der 8 ändert sich Ihr Glück
141 Ihre günstigen Bereiche für die nächsten zehn Jahre
142 Achten Sie den „Großherzog" Jupiter
143 Blicken Sie nie in Richtung Jupiter
144 Sehen Sie den Drei Toden ins Gesicht
145 Nehmen Sie sich vor den Fünf Gelben in Acht
146 Schicken Sie einen Herzenswunsch ins All
147 Pusten Sie bei Vollmond Seifenblasen in den Wind

Kapitel 9
Aktivieren Sie Ihr Liebesglück
148 Machen Sie 49 Tage lang das Unterschriftenritual
149 Gestalten Sie Ihr eigenes Liebesbanner
150 Schalten Sie 49 Nächte lang das Yang-Licht ein
151 Verwenden Sie Drachen- und Phönixsymbole
152 Die Macht von Pflaumenblüten
153 Rufen Sie Ihr Hochzeitsglück am Neujahrsfest herbei
154 Benutzen Sie das Doppelte Glückssymbol
155 Tragen Sie das Doppelte Glückssymbol
156 Die Yang-Energie des Drachens für Frauen
157 Das Yang-Chi des Phönix für Männer
158 Die Glückszahl Acht
159 Finden Sie den Mann Ihrer Träume

Kapitel 10
Finden Sie Ihr Familienglück
160 Der Mystische Knoten symbolisiert ewige Liebe
161 Die Kaurimuschel für Reisende
162 Der Doppelte Fisch für die Wonnen der Ehe
163 Die Lotosblüte für Reinheit in der Liebe
164 Ein Baldachin oder Schirm für Ihren Schutz
165 Die Vase für Liebe und Glück
166 Das Heilige Rad für Weisheit in der Liebe
167 Die Glücksvase für Reichtum auf allen Ebenen
168 Verwenden Sie alle acht Symbole zu Ihrem Schutz

Jahresbeginn im Mondkalender 1924–1995

Er dient zur Bestimmung Ihres chinesischen Tierkreiszeichen und Ihrer persönlichen KUA-Zahl, auf die in Tipp 68 und an vielen anderen Stellen dieses Buches Bezug genommen wird.

JAHR	Beginn des Mondjahres	JAHR	Beginn des Mondjahres
1924	5. Feb.	1960	28. Jan.
1925	24. Jan.	1961	15. Feb.
1926	13. Feb.	1962	5. Feb.
1927	2. Feb.	1963	25. Jan.
1928	23. Jan.	1964	13. Feb.
1929	10. Feb.	1965	2. Feb.
1930	30. Jan.	1966	21. Jan.
1931	17. Feb.	1967	9. Feb.
1932	6. Feb.	1968	30. Jan.
1933	26. Jan.	1969	17. Feb.
1934	14. Feb.	1970	6. Feb.
1935	4. Feb.	1971	27. Jan.
1936	24. Jan.	1972	15. Feb.
1937	11. Feb.	1973	3. Feb.
1938	31. Jan.	1974	23. Jan.
1939	19. Feb.	1975	11. Feb.
1940	8. Feb.	1976	31. Jan.
1941	27. Jan.	1977	18. Feb.
1942	15. Feb.	1978	7. Feb.
1943	5. Feb.	1979	28. Jan.
1944	25. Jan.	1980	16. Feb.
1945	13. Feb.	1981	5. Feb.
1946	2. Feb.	1982	25. Jan.
1947	22. Jan.	1983	13. Feb.
1948	10. Feb.	1984	2. Feb.
1949	29. Jan.	1985	20. Feb.
1950	17. Feb.	1986	9. Feb.
1951	6. Feb.	1987	29. Jan.
1952	27. Jan.	1988	17. Feb.
1953	14. Feb.	1989	6. Feb.
1954	3. Feb.	1990	27. Jan.
1955	24. Jan.	1991	15. Feb.
1956	12. Feb.	1992	4. Feb.
1957	31. Jan.	1993	23. Jan.
1958	18. Feb.	1994	10. Feb.
1959	8. Feb.	1995	31. Jan.

Persönliche Anmerkung von Lillian Too

Liebe Leserin, lieber Leser,

ich hoffe, Sie werden Freude an den vielen Tipps haben, die in diesem Buch über Feng Shui für Sie zusammengefasst sind. Viele von Ihnen gehen sicher mit hohen Erwartungen an dieses Thema heran, aber auch mit einer gewissen Portion Skepsis. Den Erwartungsvollen wünsche ich viel Glück. Die Lehren in diesem Buch werden Ihnen auf der Suche nach Ihrem persönlichen Glück behilflich sein. Den Skeptikern wünsche ich viel Vergnügen beim Ausprobieren einiger der einfacheren Tipps. Lassen Sie sich von diesem alten chinesischen Brauch überraschen.

Gleichgültig, was Ihre Motive sind, möchte ich noch anmerken, dass im Feng Shui Liebesglück immer zu Ehe und Familie führt. Diese Dinge gelten in China als untrennbar, deshalb rate ich jungen Menschen davon ab, ihr Beziehungsglück mit Feng Shui zu beleben, wenn sie nicht wirklich zu einer dauerhaften Partnerschaft bereit sind. Andernfalls könnte Liebes-Feng-Shui auch Komplikationen und Kummer auslösen.

Die hier beschriebenen Tabus und Abwehrmethoden zeigen deutlich, was Sie meiden sollten und was Sie unternehmen können, um schlechte Einflüsse auszugleichen. Es gibt immer Möglichkeiten, negative oder schädliche Energien abzuschwächen. Um von diesem Buch zu profitieren, rate ich Ihnen, den hier gegebenen Empfehlungen zu folgen und nicht zu warten, bis es zu spät ist. Bahnt sich Unglück an, ist es schwierig, die Zeit zurückzudrehen. Da ich eindringlich von Spiegeln im Schlafzimmer abrate, sollten Sie sie abnehmen oder verdecken und nicht warten, bis Sie Ihren Mann oder Ihre Frau an jemand anders verloren haben.

Sie werden sehen, dass ich Ihnen hier Auszüge aus unterschiedlichen, sehr wirksamen Feng-Shui-Richtungen wiedergebe. Vielleicht stellen Sie fest, dass diese Lehren unterschiedliche Maßnahmen empfehlen oder verschiedene Analysen anbieten. Das ist ganz normal, auch Feng-Shui-Meister müssen sich immer wieder neu entscheiden, welche Formel oder Lehre sie bevorzugen. So spielt zum Beispiel die Richtung der Haupteingangstür eine bedeutende Rolle. Unterschiedliche Lehren empfehlen unterschiedliche Maßnahmen. Die „Fliegenden Sterne", die „Acht Häuser" und das „I Ging" schlagen jeweils andere Ecken vor, die aktiviert oder ignoriert werden sollen. Richten Sie sich im Zweifelsfall nach der Empfehlung, die Ihnen am meisten liegt. Ich persönlich folge Ratschlägen aus allen unterschiedlichen Richtungen, finde aber die Formel der „Acht Häuser" am genauesten. Diese Methode ist besonders wirkungsvoll, vor allem wenn es um das Glück von verheirateten Paaren geht, bei denen das Familienleben von schlechten Einflüssen beeinträchtigt ist. Zur noch exakteren Bestimmung meines Feng Shui sind für mich aber auch die Empfehlungen der „Fliegenden Sterne" zur genaueren Bestimmung von unschätzbarem Wert. Sie selbst können ähnlich vorgehen.

Es ist nicht nötig zu übertreiben oder sich verwirren zu lassen. Wenn Sie ein zweites Mal durch dieses Buch blättern, wird sich für Sie mit der Zeit ein bestimmtes Muster ergeben. Sie werden ein Gefühl dafür entwickeln, was für Sie persönlich von Bedeutung ist.

Willkommen also in der wundervollen Welt des Feng Shui. Gehen Sie die Dinge langsam an, und lassen Sie sich von dieser chinesischen Lehre helfen, etwas mehr Glück in Ihr Leben zu bringen. Betrachten Sie es als eine Art Hobby. Sie brauchen keine Feng-Shui-Berater, alle Tipps können Sie ohne fremde Hilfe befolgen. Sich persönlich mit Feng Shui zu befassen ist befriedigender und auch wirkungsvoller.

Ich wünsche Ihnen Glück und Liebe, Ihre Lillian Too

Führen Sie dank Feng Shui eine glückliche Beziehung

Feng Shui spricht unser ureigenstes Bedürfnis nach Glück an, das sich nicht nur in Wohlstand, Ruhm oder Karriere ausdrückt. Feng Shui kann Harmonie in Beziehungen bringen und somit Ihr Leben glücklicher gestalten. Das gilt für Beziehungen innerhalb Ihres engsten Familienkreises – Eltern, Kinder, Geschwister – ebenso wie für gute Freunde, Kollegen und Bekannte. Das Schönste an dieser alten Kunst ist die Tatsache, dass Sie mit ihrer Hilfe einen Seelenverwandten oder einen Lebenspartner finden können, mit dem Sie sich binden und, wenn Sie möchten, eine Familie gründen können.

Zu Beginn sollten Sie sich gründlich überlegen, was Sie sich eigentlich von den kommenden Jahren erhoffen. Möchten Sie eine neue Bekanntschaft machen, denken Sie über die Art der von Ihnen gewünschten Beziehung nach. Vergessen Sie nicht, Feng Shui ist eine sehr wirksame Kraft, wenn Sie also Ihr Zuhause mit dieser Energie aufladen, wird das Ergebnis eher eine dauerhafte Liebesbeziehung sein.

Die unterschiedlichen Methoden

Es gibt viele Feng-Shui-Methoden zur Steigerung des Familienglücks (siehe Tipp 2). Entscheiden Sie sich nach den persönlichen Vorlieben und nach den vorhandenen räumlichen Möglichkeiten.

Die in diesem Buch beschriebenen Anwendungen stellen viele unterschiedliche „Lehrrichtungen" des Feng Shui dar. Für einige brauchen Sie Ihr Geburtsdatum zum Festlegen Ihrer KUA-Zahl und der für Sie geeigneten Richtung. Für andere müssen Sie die Bedeutung der „Acht Schätze" verstehen - die Symbole für Liebe und Familienglück. Für das Feng Shui der „Fliegenden Sterne" (siehe Tipps 130-145) sind die Lage der Eingangstür und des Hauses die Schlüsselelemente. Sie benötigen für diese Methode ein Zahlensystem auf einem Raster mit neun Feldern, das über den Grundriss eines Hauses gelegt wird. Jedes Jahr „fliegen" die Zahlen auf andere Glücksabschnitte, so dass Sie Ihr Feng Shui Jahr für Jahr neu abstimmen können, um das Beste aus bestehenden Beziehungen zu machen oder die Möglichkeiten für neue Beziehungen zu optimieren. Beziehungs-Feng-Shui kann Ihnen viel Glück bringen, und Sie werden bald kaum noch ohne es auskommen.

Links: Indem Sie die entsprechenden Bereiche Ihres Zuhauses mit Energie aufladen, können Sie den idealen Liebes- oder Ehepartner in Ihr Leben bringen.

Liebes-Feng-Shui und das Pa Kua

Dieses Buch enthält alle Feng-Shui-Methoden für harmonische Beziehungen und Familienglück. Sie brauchen diese vor ihrer Anwendung nicht bis ins Detail zu verstehen – Sie müssen lediglich die Grundprinzipien kennen und die in den Tipps gegebenen Anweisungen sorgfältig befolgen. Sie werden feststellen, dass die Ziffer Acht wiederholt auftaucht, da sie in China als wichtige Glückszahl gilt.

Rechts: Das Yang-Pa-Kua stellt eine Verbindung zwischen den Bereichen Ihres Zuhauses und den fünf Feng-Shui-Elementen her – Erde, Feuer, Luft, Wasser und Metall. Auch Farben und Lebensziele sind enthalten. Der Bereich des Pa Kua, mit dem wir uns in diesem Buch beschäftigen, liegt in der Südwest-Richtung, ist dem Element der Erde zugeschrieben und symbolisiert Liebe und Partnerschaft. Die Zeichen auf dem Pa Kua sind Trigramme, die die Grundlage für das I Ging mit seinen 64 Hexagrammen bilden.

Unten: Dieses Buch stützt sich auf das Yang-Pa Kua (oben) zur Bestimmung des korrekt angewandten Feng Shui. Das Pa Kua unten stellt das Yin-Pa-Kua dar, das eher zur Abwehr als zur Analyse dient.

Die verschiedenen Feng-Shui-Richtungen

Methode	Das ist gemeint
Die Acht Lebensziele	Aktivierung des Elements Erde in Ihrem Zuhause – dabei geht es immer um den Südwesten, der Liebe und Partnerschaft symbolisiert.
Elementares Feng Shui	Der Einsatz von Farben, Zahlen und Objekten zum Ausgleichen des Chi. Grundlage ist das achteckige Yang-Pa-Kua.
Feng-Shui-Symbolik	Die Verwendung von speziellen Symbolen zum Stimulieren des Glücks – das doppelte Glückssymbol ist das wirksamste davon.
Die acht Glück verheißenden Objekte	Es gibt acht Objekte zum Beleben der Liebe; sie heißen: der mystische Knoten, die Kaurischnecke, die Vase, der Glücksbecher, der Baldachin (oder Schirm), das heilige Rad, der Lotos und der doppelte Fisch.
Das Pa Kua der Acht Häuser	Als Grundlage zum Bestimmen der günstigen Bereiche einer Wohnung oder eines Hauses dient das Geburtsdatum einer Person.
Feng Shui der Fliegenden Sterne	Ein Zahlensystem, das auf einer als Sichel bezeichneten Sternenanordnung basiert. Zum Auswerten von Türrichtungen. Gibt Einblicke in die Zeitaspekte des Feng Shui.

3 Stärken Sie den Erde-Bereich

Im „Zerstörungskreislauf" der fünf Elemente siegt das Holz-Element über das Erde-Element. Vermeiden Sie deshalb bewusst alles, was das Element Holz repräsentiert, um das Element Erde im Südwesten nicht zu schwächen.

Das heißt, meiden Sie in diesem Bereich die Farben Grün und Braun. Setzen Sie auch bei der Wahl von Vorhängen, Teppichen und Bezügen für diesen Wohnbereich die Farben vorsichtig ein. Meiden Sie Metallfarben, d.h. Weiß, Silber, Gold und Kupfer – denn dem Metall-Element wird nachgesagt, dass es das Erde-Element schwächt, weil Erde Metall erzeugt und Metall der Erde Kräfte entzieht.

Stellen Sie keine Fernseher, Hi-Fi-Geräte oder Computer in den Südwesten. Davon abgesehen, dass diese Gegenstände zuviel Yang-Energie in diesem Bereich erzeugen, repräsentieren auch sie das Metall-Element.

Accessoires aus Messing und Kupfer sind hier ebenfalls unpassend, das Gleiche gilt für schwere Holzmöbel, die das Element Holz darstellen. Beschränken Sie Möbel aus Teak-, Schwarz- oder Rosenholz möglichst auf ein Minimum. In der Südwest-Ecke meiner Wohnung habe ich gar keine Möbel außer einem Wandtischchen mit lackierten Beinen und einer Glasplatte als Symbol für Erde-Energie. Entfernen Sie außerdem Pflanzen und Ziergewächse aus diesem Bereich. Lebende Pflanzen sehen sehr hübsch aus und sind ein Blickfang für jedes Wohnzimmer, im Südwest-Bereich jedoch können sie dem Sektor seine ursprüngliche Energie entziehen und somit jede positive, hier erzeugte Energie unterdrücken. Möchten Sie ein Baumsymbol im Südwesten aufstellen, sollten Sie besser einen Edelsteinbaum aus dekorativen Halbedelsteinen wählen.

Stärken der Erde-Energie

Links: Es ist ungünstig, Symbole des Elements Holz in den Südwesten zu stellen, da Holz die gute Erde-Energie zerstört. Ein Tisch mit Glasplatte kann in diesem Bereich jedoch die Erde-Energie stärken.

Feng Shui für die Treue

Feng Shui in der Partnerschaft nährt positive Gefühle in einer für wachsendes Glück förderlichen Umgebung. Viele Beziehungen scheitern an schlechtem Feng Shui, weil einfach zu viele versteckte „Giftpfeile" im Heim vorhanden sind und jene, die das entsprechende Wissen nicht haben, oft unabsichtlich die Feng-Shui-Tabus brechen.

Untreue wird beispielsweise häufig von ungünstigem Feng Shui verursacht. Paare können sich davor schützen, indem sie in der Wohnung nichts an einen falschen Platz stellen, denn das könnte das Glück trüben. Oft lassen sich schon durch kleine Veränderungen viele mit der Untreue eines Partners verbundene Probleme vermeiden. Hier gilt das Sprichwort „Vorbeugen ist besser als Heilen", denn ein Problem zu lösen ist oft schwieriger als es zu vermeiden.

tum zu vermehren, kann jedoch schlechtes Feng Shui in eine Beziehung bringen. Swimmingpools erzeugen oft ein Ungleichgewicht und führen dadurch zu Problemen beim Sex und in der Liebe. Dieser Effekt verstärkt sich, wenn der Pool auf der rechten Seite der Eingangstür liegt (vom Haus aus nach außen gesehen).

Haben Sie einen Pool, sollten Sie deshalb – unabhängig von seiner Himmelsrichtung – sichergehen, dass er nicht rechts von der Haustür liegt. Platzieren Sie Teiche, Pools oder andere Wasserobjekte links von der Tür (von innen nach außen gesehen). Dies gilt gleichermaßen für innen und außen.

Machen Sie sich für ein gutes Beziehungs-Feng-Shui mit jenen Tabus vertraut, die positive Energien zerstören. So können Sie eine unbeabsichtigte Aktivierung vermeiden.

Der richtige Platz für Wasserobjekte

Durch eine falsche Schlafrichtung, eine ungünstige Position des Bettes oder Wasserobjekte (Swimmingpools und Teiche) am falschen Platz kann schlechtes Feng Shui die Liebe beeinträchtigen. Aus diesem Grund rate ich jungen Paaren fast immer von einem Swimmingpool ab. Wasser ist zwar das wirksamste Element, um Reich-

Günstige Plätze für Wasserobjekte

Goldfischglas links von der Eingangstür

Falsch aufgestellte Wasserobjekte können Untreue verursachen. Sie sollten immer links von der Eingangstür stehen (von innen nach außen gesehen).

Dieser Teich links von der Tür ist korrekt angewandtes Feng Shui.

5 Verbannen Sie Schlafzimmer-Tabus

Ermöglicht der Standort des Bettes einen erholsamen Schlaf, wird die Beziehung glücklicher und liebevoller.

Es gibt gute und schlechte Plätze für ein Bett. Neben der optimalen Schlafrichtung sollten Ihnen unbedingt auch die wichtigsten Schlafzimmer-Tabus vertraut sein. Beachten Sie, wo ein Bett nicht stehen darf. Die vier Skizzen unten zeigen Ihnen, was Sie unbedingt vermeiden sollten.

Links: Für ein günstiges Beziehungs-Feng-Shui ist eine gute Position des Bettes (siehe unten) unerlässlich.

Der richtige Platz für Ihr Bett

Der günstigste Platz für ein Bett liegt diagonal gegenüber der Tür. Es steht optimal, wenn die Schlafrichtung zudem einer persönlich günstigen Richtung entspricht. Auch sollte vom Bett aus der Eingang zu sehen sein.

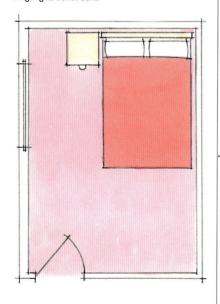

Die vier Tabus

1. Platzieren Sie das Kopfende des Bettes nie unmittelbar neben der Tür. Dies würde den Schlaf empfindlich stören. Steht das Bett nicht an einer Wand, sondern mitten im Zimmer, destabilisiert dies die Beziehung.

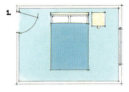

2. Die Tür darf nicht direkt zum Bett zeigen. Befindet sich an der anderen Seite des Zimmers eine weitere Tür, verstärkt dies die ungünstige Wirkung. Als Abhilfe können Sie einen Wandschirm zwischen Bett und Tür(en) stellen.

3. Platzieren Sie ein Bett nie so, dass die Tür direkt zum Fuß- oder Kopfteil zeigt. In dieser Position sind Sie dem besonders aggressiven Chi ausgesetzt. Zeigt der Kopf direkt auf die Tür, spricht man auch von einer „fatalen" Schlafrichtung.

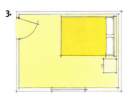

4. Stellen Sie ein Bett nie direkt unter einen freiliegenden Deckenbalken, denn von ihm wird sehr schlechte Energie auf die darunter Schlafenden gestrahlt. Diese Balken können ernsthafte Probleme in einer Partnerschaft oder Ehe verursachen. Die beste Abhilfe wäre eine Verkleidung, die den Balken unsichtbar werden lässt.

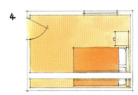

Spiegel belasten Ihre Beziehung

Reflektiert sich das Bett in einem Spiegel, verflüchtigt sich das positive Beziehungs-Feng-Shui. Direkt auf das Bett zeigende Spiegel sind häufig die Ursache für Partnerschaftsprobleme, insbesondere für Untreue. Oft zerbricht eine Beziehung dadurch, dass eine dritte Person ins Spiel kommt.

Je größer die Spiegel sind, desto schädlicher sind sie für eine Partnerschaft. Spiegelwände vergrößern zwar optisch den Schlafbereich, wirken sich aber besonders ungünstig aus. Auch an der Decke direkt über dem Bett haben sie einen negativen Effekt. Deshalb sollten sich keine Spiegel in diesem Raum befinden, denn sie fördern die Unzufriedenheit von Paaren.

Um Problemen vorzubeugen, sollten Sie möglichst alle Spiegel aus dem Schlafzimmer entfernen. Gleichgültig, wie schön sie aussehen oder wieviel es gekostet hat, sie anzubringen: Mein Rat lautet, sie abzunehmen. Sollte dies aus irgendeinem Grund nicht möglich sein, ist es ratsam, sie mit einem dicken Vorhang zu verdecken und auch nachts bedeckt zu lassen, denn Paare sollten beim Aufwachen nicht sofort ihr Spiegelbild sehen. Spiegel, die das Bett reflektieren (siehe Skizze unten), senden negative Energie auf das schlafende Paar.

Spiegel an der Wand hinter dem Bett sind nicht ganz so ungünstig – jedoch nur, wenn sie nicht direkt hinter dem Bett hängen. Akzeptable Plätze für Spiegel sind in der Skizze aufgezeigt.

Entfernen Sie auch auf das Bett zeigende Spiegel über Toilettentischen. Um die negativen Auswirkungen abzuschwächen, hängen Sie diese am besten so an die Wand hinter dem Bett, dass dieses nicht darin reflektiert wird.

Oben: Ein Spiegel gegenüber dem Bett kann zu Untreue führen.

Der richtige Platz für Spiegel im Schlafzimmer

Platzieren Sie Spiegel nie an einer Wand, von der aus sie das Bett und die darin Schlafenden reflektieren können. Ein möglicher Platz wäre jedoch seitlich neben dem Bett.

- Günstig für Spiegel
- Ungünstig für Spiegel
- Ungünstig für Spiegel
- Ungünstig für Spiegel

FENG SHUI FÜR EIN HARMONISCHES FAMILIENLEBEN

7 Blumen in Ihrem Schlafzimmer bringen Probleme

Rechts: Blumenmuster auf einem im Schlafzimmer benutzten Kimono oder Bademantel sind unproblematisch.

Unten: Frische Blumen sind für ein Schlafzimmer nicht geeignet, da sie übermäßige Yang-Energie ausstrahlen.

Schnittblumen und Grünpflanzen sollten möglichst nicht im Schlafzimmer stehen. Pflanzen und Blumen gehören zum Element Holz und stehen für Yang-Energie, die für das Schlafzimmer ungünstig ist. Zu viel Yang-Energie führt zu Unstimmigkeiten zwischen Paaren. Meiden Sie also Blumenampeln, Topfpflanzen und Schnittblumen in einem Raum, der zum Schlafen und Ruhen vorgesehen ist.

Dies gilt vor allem für rote oder gelbe Blumen. Besonders rote Blumen sind ein Symbol für Verlust und damit sehr ungünstig. Schicken Sie deshalb niemandem, der im Krankenhaus liegt, einen Strauß mit roten Blumen. Bei einem Kranken sind sie ein böses Omen für den Tod! Möchten Sie einem Genesenden Blumen schenken, wählen Sie auf jeden Fall die Farben Weiß oder Gelb.

Blumenmotive

Während echte Blumen im Schlafzimmer tabu sind, können Vorhänge und Tapeten geblümt sein. Um Schwierigkeiten zu vermeiden, sollten die Blumen aber nicht zu groß sein.

Vor allem große Abbildungen von Pfingstrosen oder Pflaumenblüten können im Schlafbereich die Untreue des Mannes fördern.

Obwohl diese Blüten eigentlich als Glücksbringer für junge Paare gelten, können sie bei Männern ab den mittleren Jahren eine Vorliebe für junge Frauen entstehen lassen, was sich ungünstig auf die bestehende Partnerschaft auswirken dürfte.

FENG SHUI FÜR EIN HARMONISCHES FAMILIENLEBEN

Beziehungskiller Fernseher

8

Ebenso wie Spiegel haben auch TV-Bildschirme im ausgeschalteten Zustand eine reflektierende Oberfläche. Somit hat ein Fernseher oder ein Monitor neben dem Bett den gleichen Effekt wie ein Spiegel – durch die Yang-Aktivität dieses modernen Unterhaltungsgeräts ist die Wirkung sogar noch ungünstiger.

Fernseher in einem Schlafzimmer können zur Trennung des in diesem Raum schlafenden Paares führen. Muss Ihr Partner aufgrund seiner Arbeit oder zugunsten seiner Karriere so oft unterwegs sein, dass Ihre Beziehung belastet wird, könnte auch der Fernseher im Schlafzimmer dafür ein Grund sein. Wenn Sie den Fernseher aus dem Schlafzimmer entfernen, kann sich Ihre Situation verbessern.

Vor einiger Zeit war ich mit einem Paar bekannt, das seit vier Jahren verheiratet war. Sie kauften sich einen Fernseher und stellten ihn in das Schlafzimmer. Kurz darauf kam es in ihrer Beziehung zu Unstimmigkeiten. Ständig gab es Streit. Kurz darauf führte der Beruf des Mannes ihn immer häufiger ins Ausland. Nach sechs Monaten begann die Frau, sich mit einem anderen Mann zu treffen, und innerhalb eines Jahres war die Ehe so zerrüttet, dass das Paar sich scheiden lassen wollte.

Als ich ihnen einen Besuch abstattete, war die Frau gerade am Ausziehen. Ich konnte sie zum Bleiben und Ausdiskutieren ihrer unterschiedlichen Standpunkte überreden. Außerdem empfahl ich ihnen, den Fernseher aus dem Schlafzimmer zu entfernen. Heute sind sie wieder glücklich.

Ein anderes Paar mit ähnlichen Schwierigkeiten hatte einen Fernseher oben an einer Schlafzimmerwand befestigt. Beide hatten eine gute Anstellung beim Fernsehen. Das TV-Gerät erinnerte die beiden ständig an ihre Arbeit und verursachte einen Riss in ihrer Beziehung, der bald so tief wurde, dass sie eine Trennung erwogen. Als sie den Fernseher aus ihrem Schlafzimmer entfernten, verbesserte sich ihre Beziehung erheblich. Sie wurden viel glücklicher!

Oben: Fernseher wirken ähnlich wie Spiegel und sind aufgrund ihrer hohen Yang-Energie für Schlafzimmer nicht empfehlenswert. Sie können zu Untreue führen.

„Giftpfeile" von Regalen

Hervorstehende Dekorationen und Bücherregale erzeugen sehr ungünstige Energie (oder Shar-Chi) im Schlafzimmer, führen somit zu Stress und Unstimmigkeiten in Beziehungen. Besonders ungünstig ist es, wenn offene Regale direkt auf das Bett zeigen und vom Fußboden bis zur Decke reichen.

Offene Bücherregale sind wie Messer, die die Bewohner des Zimmers schneiden und Schmerzen, Meinungsverschiedenheiten und ernsthafte Streitereien fördern. In extremen Fällen können offene Bücherregale zu Missverständnissen zwischen den Partnern und zur Trennung führen.

Haben Sie an irgendeiner Wand Ihres Schlafzimmers offene Regale, decken Sie diese vollständig mit Türen ab und machen Sie geschlossene Schränke daraus. Verwenden Sie dazu keine Spiegel, denn Spiegeltüren können das Bett reflektieren und somit auf andere Art und Weise sehr negativ wirken. Auch Glastüren sind bei entsprechender Beleuchtung im Schlafzimmer wie Spiegel. Meiden Sie deshalb Glas und bauen Sie solide Holztüren ein.

Können die Regale nicht mit Türen versehen werden, ist ein Vorhang die zweitbeste Lösung für dieses Problem. Wenn Sie sich für Vorhänge entscheiden, ist nicht unbedingt ein schwerer Stoff notwendig. Leichte Vorhänge genügen. Als dritte Möglichkeit können Sie die offenen Regale ganz abbauen.

Auch von Türen mit Verzierungen ist abzuraten, denn diese erzeugen „Kreuze und Winkel" und bewirken Shar-Chi im Schlafzimmer. Deshalb meide ich Schlafzimmermöbel mit zu vielen Schnitzereien an den Türen.

Oben: Da offene Regale im Schlafzimmer Shar-Chi erzeugen, sollten Sie Türen davor haben.

Rechts: Vermeiden Sie Möbelstücke mit auffallenden Verzierungen in Ihrem Schlafzimmer, da Ecken schädliches Shar-Chi auf dem Bett erzeugen können.

Verbannen Sie Computer aus Ihrem Schlafzimmer

10

PC-Bildschirme und Arbeitsunterlagen im Schlafzimmer können gegensätzliche Energien entstehen lassen. Aufgrund ihrer reflektierenden Oberfläche haben Computerbildschirme ähnlich negative Effekte wie Spiegel und Fernseher. Ein PC erinnert an die Arbeit und beeinträchtigt das liebevolle und fürsorgliche Element in einer Beziehung.

Entfernen Sie Arbeitsmaterial aus dem Schlafzimmer

Viele meiner Freunde und Bekannten sind im oberen Management beschäftigt und nehmen sich Unterlagen aus der Arbeit mit nach Hause. Oftmals beklagen sie sich, dass es in ihrer Beziehung ohne ersichtlichen Grund kriselt. Mir jedoch genügt meist ein Blick ins Schlafzimmer, um zu wissen, woran das liegt.

Computer gehören zum Metall-Element. Metall schwächt die Erde-Energie, die eine Partnerschaft für ihre Entwicklung benötigt.

Die Arbeit darf sich nicht zwischen Sie und Ihren Partner drängen. Entfernen Sie alles, was mit dem Arbeitsleben zu tun hat, aus dem Schlafzimmer, um eine Verschlechterung Ihrer Beziehung zu vermeiden.

Fest installierte Desktop-Computer führen natürlich zu einem größeren Konflikt zwischen den Elementen als Laptops. Außerdem wird der Bildschirm eines Notebooks nach Gebrauch abgedeckt, der Schirm eines PCs wird zur reflektierenden Oberfläche.

Haben Sie ein Wohn-Schlafzimmer oder ein Einzimmerappartement, und steht Ihnen nicht genug Platz für den Luxus eines Arbeitszimmers zur Verfügung, können Sie einen Raumteiler so aufstellen, dass er optisch das Bett vom Arbeitsbereich trennt. Wenn möglich, räumen Sie auch alle Arbeitsunterlagen aus dem Sichtbereich. Verstauen Sie sie am besten in geschlossenen Schränken. Diese Schränke dürfen aber keine Spiegeltüren haben.

Unten: Nehmen Sie nie Arbeit in die entspannte Atmosphäre eines Schlafzimmers mit hinein. Dies kann eine liebevolle Beziehung zerstören.

11 Wasser – Tabus und Symbole

FENG SHUI FÜR EIN HARMONISCHES FAMILIENLEBEN

Oft empfehle ich Wasserobjekte zur Steigerung des Wohlstandes und des regelmäßigen Einkommens in einem Haushalt. Gleichzeitig warne ich aber auch davor, dass der falsche Ort für ein Wasserobjekt zu Konflikten in der Partnerschaft führt.

Wasserobjekte am falschen Ort oder im falschen Bereich des Hauses verursachen Untreue und Konflikte, die sich zu ernsthaften und unschönen Auseinandersetzungen entwickeln können. Ist der negative Einfluss des Wassers sehr groß, kann die Liebe sozusagen durch das Fenster entweichen. Das ist der Fall, wenn die Ursache des Problems auf eine Unverträglichkeit der Elemente oder auf die Auswirkung schlechter „Fliegender Sterne" zurückzuführen ist. Richten Sie Ihr besonderes Augenmerk auf Swimmingpools, wenn Sie vermeiden möchten, dass Ihre Beziehung durch ein Wasserobjekt einen Riss bekommt. Diese Statussymbole enthalten große Mengen an Wasser. Dadurch besteht immer die Gefahr, dass eine zu große Wasser-Energie Ihr Zuhause beeinträchtigt. Auch das I Ging warnt vor zu viel Wasser-Energie, und das Trigramm für dieses Element – K'an (dargestellt von zwei unterbrochenen und einer durchgehenden Linie) – warnt gleichzeitig davor, von einer Sache (meist materielle Dinge wie Geld) zu viel zu besitzen. Deshalb sollte ein Swimmingpool immer richtig platziert sein. Das gleiche gilt für Zierteiche, Kneippbecken und andere Wasserobjekte.

Oben: Das Wasser-Trigramm Kan

Unten: Kinder haben viel Freude an einem Swimmingpool. Zur Vermeidung eines negativen Effekts auf das Haus darf er jedoch nicht zu groß sein.

Der richtige Platz für Wasserobjekte

Hier einige Richtlinien, wie Wasserobjekte platziert werden können, um Partnerschaft und Eheglück der Hausbewohner nicht zu gefährden.

Stellen Sie sicher, dass sich im Südwesten Ihres Hauses oder seiner Umgebung kein Wasserobjekt befindet. Diese Platzierung kann bei guten „Fliegenden Sternen" Geldsegen bringen, ist für die Liebe aber ausgesprochen ungünstig, da das Element Wasser nicht mit der Großen Erde harmoniert.

Feng Shui für ein harmonisches Familienleben

Toiletten spülen Ihr Glück hinunter

12

Der richtige Platz für Toiletten ist oft schwer zu finden, denn sie ziehen sehr viel Energie ab und spülen Glück und Wohlstand hinunter, da Wasser mit Geld assoziiert wird. Gleichgültig, wo sie liegen, sie verursachen immer ein gewisses Quantum an Unglück und sollten deshalb nie mit Energie aufgeladen werden. Toiletten können in manchen Bereichen mehr Schaden anrichten als in anderen. Befindet sich die Toilette in der Südwest-Ecke Ihrer Wohnung, wird sie dort immer das Glück in den Beziehungen und im Familienleben trüben. Denn Wasser steht im Konflikt zur Erde-Energie und zieht diese aus dem entsprechenden Bereich ab. Das hat zur Folge, dass die Bewohner Schwierigkeiten haben, gute Beziehungen aufrecht zu erhalten.

Rechts: Toiletten gelten im Feng Shui als negative Bereiche und sollten nicht direkt neben oder über einem Schlafzimmer liegen.

Toiletten und Schlafzimmer

Toiletten können Ihr Glück wegspülen, wenn ihre Lage im Verhältnis zu den Betten und der Schlafrichtung nicht stimmt. Heute haben moderne Wohnungen und Häuser oft ein direkt an das Schlafzimmer angeschlossenes Bad. Richten Sie in diesem Fall besonderes Augenmerk auf die richtige Position der Betten im Verhältnis zur Toilette.

Liegen Toilette und Bett an einer gemeinsamen Wand, ist die Schlafrichtung des Bewohners sehr stark beeinträchtigt. Auch wenn genau diese Richtung entsprechend den Feng-Shui-Regeln günstig wäre, so wird dennoch vorhandenes Glück gestört. Schließen Sie stets den Toilettendeckel und die Toilettentür, um den negativen Einfluss zu vermindern.

Toilettentabus

A. Liegen Betten und Toiletten an einer gemeinsamen Wand, werden die Schlafenden mit besonders schlechter Energie belastet. Stellen Sie das Bett stets an eine andere Wand.

B. Auch eine Toilette, die direkt im Stockwerk darüber liegt, ist ungünstig, denn so kann schlechte Energie auf den darunter Schlafenden fallen.

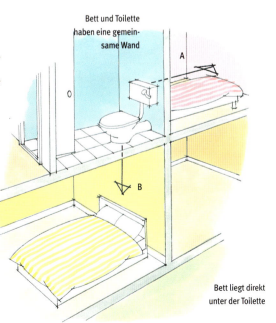

Bett und Toilette haben eine gemeinsame Wand

Bett liegt direkt unter der Toilette

FENG SHUI FÜR EIN HARMONISCHES FAMILIENLEBEN

13 Betten brauchen gutes Feng Shui

Wenn Sie sich für Ihre Beziehung und Ihre Familie gutes Feng Shui wünschen, sollten Sie darauf achten, nicht von negativer Energie beeinträchtigt zu werden. Beachten Sie daher einige einfache Standardregeln für Ihr Bett. Negative Energie fördert üble Laune und Intoleranz – was zu Streit und Missverständnissen oder letztlich zu Trennungen führt. Wirkt diese Energie Tag für Tag und Nacht für Nacht auf Sie ein, wird sich Ihr Beziehungsglück bald verschlechtern. Wenden Sie Feng Shui an, um ernsthafte Schwierigkeiten von vornherein zu vermeiden.

Links: Ein kleines Windspiel kann das durch scharfe Ecken erzeugte Shar-Chi aufhalten.

Problemlösungen

In dieser Skizze sendet die Kante des Mauervorsprungs ungünstige Energie oder Shar-Chi aus. Die Eingangstür erzeugt schlechte Energie für das Bett.

- Vermeiden Sie hervorstehende Kanten in Schlafzimmern, sie senden schlechtes Chi aus. Zeigen diese Kanten direkt auf Sie oder Ihren Partner, können sie Krankheit und Depressionen verursachen und somit Ihre Beziehung belasten. Stellen Sie das Bett entweder so, dass es nicht mehr in der Angriffslinie steht oder hängen Sie einen kleinen Kristall oder ein Windspiel an die Decke direkt vor der ungünstigen Ecke. Verwenden Sie im Schlafzimmer keine Pflanzen zum Abschwächen dieses Problems. Auch freistehende viereckige Pfeiler oder Tische verursachen einen ähnlichen Effekt. Stehen sie im Schlafzimmer, können Sie deren Kanten wie oben beschrieben neutralisieren.

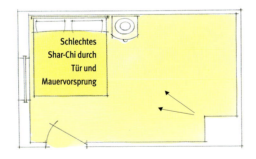

Schlechtes Shar-Chi durch Tür und Mauervorsprung

Gute Position für Bett, da Tür diagonal gegenüber

Hängen Sie einen Kristall auf, um die „Giftpfeile" abzuwehren

- Nie sollte zu viel schnelle Energie auf Ihr Bett einwirken. Dies ist normalerweise der Fall, wenn ein Bett direkt gegenüber einer Tür steht (siehe links). Der Effekt ist negativ, gleichgültig ob Ihr Kopf oder Ihre Füße zur Tür zeigen. Stellen Sie das Bett an eine andere Stelle des Zimmers; sonst könnte ein Partner den anderen verlieren. Die Schlafrichtung mit dem Kopf oder den Füßen direkt zur Tür ist ausgesprochen ungünstig.

- Der günstigste Platz für ein Bett liegt in der Ecke diagonal gegenüber der Eingangstür. Stellen Sie das Kopfteil direkt an eine Wand. Wählen Sie die Schlafposition entsprechend der optimalen Richtung – basierend auf dem Nien Yen (siehe Tipp 73).

FENG SHUI FÜR EIN HARMONISCHES FAMILIENLEBEN

Neutralisieren Sie Deckenbalken 14

Befindet sich in Ihrem Schlafzimmer ein frei liegender Deckenbalken oder ein massiv wirkender, für die Statik wichtiger Sims (der den gleichen Effekt hat), stellen Sie Ihr Bett möglichst so, dass kein schädliches Chi direkt darauf treffen kann. Solche Balken und Simse können großen Druck erzeugen und dadurch zu Kopfschmerzen und Stress führen. Im schlimmsten Fall können Partnerschaften oder Ehen daran scheitern.

Liegt ein Deckenbalken so, dass er das Bett sozusagen in zwei Hälften teilt, kann dies dazu führen, dass sich das darin schlafende Paar auch physisch trennt. Selbst wenn es nicht zur Trennung kommt, kann ein solcher Balken doch einen Keil zwischen die Partner treiben. Die Folge ist, dass sich die beiden auseinander leben. Lassen Sie deshalb unbedingt einen solchen Balken unter einer Deckenverkleidung verschwinden oder bauen Sie ihn, wenn möglich, ganz aus.

Waagerecht verlaufende Balken

Wird ein Bett durch einen Balken horizontal in zwei Hälften geteilt, eine obere und eine untere, werden die darin Schlafenden an Krankheiten leiden. Kann der Balken nicht verputzt oder mit einer Holzplatte verkleidet werden, helfen aufgehängte Bambusstöckchen oder ein kleines Windspiel, um die schlechte Energie zu zerstreuen.

Leider sind Deckenbalken oft für die Statik des Hauses wichtig und können nicht einfach ausgebaut werden. Wer in einer mehrstöckigen Wohnanlage wohnt und in einem der unteren Stockwerke unter einem tragenden Balken schläft, kann schwere Migräne bekommen. Wenn jetzt die gleichen tragenden Balken in jedem Stockwerk eingezogen sind, ist klar: In einem solchen Fall vermag auch eine Deckenverkleidung die geballte schlechte Energie nicht voll abzuschirmen. Dekorative Balken sind weniger schädlich als tragende. Balkenreihen neutralisieren die schlechte Energie.

Unten: Ein Paar, das unter einem großen Balken liegt, kann krank werden. Reihenweise angeordnete dekorative Balken jedoch, wie hier im Bild, gelten als weniger schädlich.

15 Harmonie für das Schlafzimmer

Achten Sie stets auf die Anordnung der Möbel in Schlafzimmern, wenn Sie gutes Feng Shui in Ihre Beziehung bringen möchten. Besonders wichtig für gutes Feng Shui ist der Schutz vor zu starken Energien allgemein. Für das Schlafzimmer bedeutet das: Achtung vor einer Überdosis Yang-Energie.

Meist empfehlen Feng-Shui-Meister jungen Paaren, das Schlafzimmer so einzurichten, dass wertvolle Yang-Energie entstehen kann. Rote Lampions aufzuhängen bringt Glück, ebenso wie das Anbringen des Doppelten Glückssymbols auf Möbeln und Zierrat. Diese und andere glückbringende Symbole – vor allem jene, die für Fruchtbarkeit stehen – sollen jungen Paaren Gutes verheißen.

Zu viel Chi im Schlafzimmer

Älteren Paaren raten die Feng-Shui-Meister jedoch von zu viel Chi im Schlafzimmer ab. Sie glauben, dass zu viel Yang-Energie die Libido des Mannes steigert, er eine Vorliebe für jüngere Frauen entwickelt und außerhalb der Ehe nach sexueller Befriedigung suchen könnte.

In der chinesischen Kultur war es früher absolut akzeptabel für Familienväter, noch andere Ehefrauen und Konkubinen zu haben. Dies geschah oft mit der Zustimmung und dem Segen der ersten Frau, deren Position als Hauptfrau sie zur Herrscherin über den Haushalt und auch über „niedrigere" Ehefrauen machte. Darin spiegelte sich die „Hackordnung" des chinesischen Kaiserpalastes wider, wo die Kaiserin über alle anderen Ehefrauen herrschte. Heutzutage ist Treue jedoch ein wesentlicher Teil einer festen Beziehung, und so muss sich auch die Feng-Shui-Praxis an die modernen Werte und Lebensbedingungen anpassen. Schützen Sie sich also vor zu viel Energie im Schlafzimmer und verhindern Sie damit einen möglichen Seitensprung.

Lassen Sie deshalb im Schlafbereich die Musik nicht zu laut spielen, und stellen Sie nicht zu viele Yang-Objekte, vor allem Drachenbilder, darin auf. Verwenden Sie keine grellen, leuchtenden Farben wie Rot, Gelb oder Purpur. Nehmen Sie lieber kühle, weiche Pastelltöne für eine gute Mischung aus Yin- und Yang-Energien.

Ganz oben: Glück bringende rote Lampions sorgen im Schlafzimmer junger Paare für Yang-Energie.

Oben: Das Yin/Yang-Symbol verdeutlicht die Wechselwirkung der beiden Energien. Für Harmonie im Liebesleben müssen sie im Gleichgewicht zueinander stehen.

FENG SHUI FÜR EIN HARMONISCHES FAMILIENLEBEN

Männliche und weibliche Symbole im Gleichgewicht

16

Feng Shui beschäftigt sich viel mit dem richtigen Gleichgewicht männlicher und weiblicher Energien. Darin spiegelt sich die Grundaussage der Yin-Yang-Symbolik wider, die für das Entstehen positiver Gefühle in einer Umgebung erforderlich ist. Ein harmonisches Feng Shui erfordert ausgeglichene männliche und weibliche Energien.

Vermeiden Sie ein Übermaß an weiblichen Symbolen in Ihrem Heim. Das wäre vor allem der Fall, wenn Yin-Farben wie Blau- und Schwarztöne und zuviel Yin-Symbolik in der Einrichtung dominieren.

Sorgen Sie für ausgeglichenes Yin und Yang

Dunkle Gemälde und gedämpfte Beleuchtung im ganzen Haus sind nicht empfehlenswert. Wenn Zimmer kalt, ohne Haustiere und ohne einen Klang oder Musik sind, herrscht Yin-Energie vor und unterdrückt Yang-Energie. Wohnungen mit zu viel Yin-Energie fehlt die männliche (oder Yang-) Kraft.

Dominiert das Weibliche in einem Haus oder einer Wohnung, haben darin lebende Frauen Schwierigkeiten, eine erfolgreiche Partnerschaft mit einem Mann zu führen. Ein derartiges Ungleichgewicht zwischen Yin und Yang wirkt sich negativ auf die Bewohner aus. Wohnen Junggesellen in einer solchen Wohnung, haben sie Schwierigkeiten, passende weibliche Partner zu finden. Leben Paare darin, werden sie weniger Erfolge und Entwicklungsmöglichkeiten haben. Das Feng Shui einer solchen Umgebung ist zu unausgeglichen. Deshalb sollten Schlafzimmer stets so eingerichtet sein, dass sich Yin und Yang im Gleichgewicht befinden. Sie können Yin-Energien vorherrschen lassen, doch achten Sie unbedingt darauf, auch rote und gelbe Yang-Farbtöne sowie helle Lichter einfließen zu lassen. Für Singles auf der Suche nach einem Lebenspartner ist es günstig, wenn ein Schlafzimmer das die Einheit verbessernde Yang-Chi enthält. Allein stehenden Leserinnen, die auf der Suche nach einem festen Partner sind, empfehle ich, in ihrer Wohnung Bilder von Männern aufzuhängen. Männer sollten dementsprechend Frauenbilder aufhängen.

Links: In diesem Schlafzimmer herrscht helle Yang-Energie vor, die eher für junge Paare als für Paare ab den mittleren Lebensjahren geeignet ist.

Unten: Allein stehende Frauen sollten Bilder von Männern aufhängen, wenn sie einen Lebenspartner finden möchten.

Mond-Yin für Ihr Eheglück

Oben: Ein Mondbild im Schlafzimmer bringt einer jungen Frau Glück.

Unten: Gemäß einer alten Tradition werfen junge Mädchen Orangen ins Wasser.

In China herrscht der Glaube, dass der Gott der Ehe auf dem Mond lebt. Die jungen chinesischen Mädchen folgen am Tag des ersten Vollmondes nach dem neuen Mondjahr – also dem fünfzehnten Tag des neuen Jahres – einer liebenswerten Tradition. Dann, wenn das Licht des Vollmondes mit all seiner Kraft vom Himmel leuchtet und das Yin-Chi am stärksten ist, werfen die jungen Mädchen reife, saftige Orangen in einen See, einen Fluss oder in das Meer. Sie möchten einen guten Ehemann finden und so den Segen des Ehegottes erhalten. Dem Glauben nach tragen Wind und Wasser die Botschaft über die Meere und Ozeane und bringen der jungen Frau einen aufrichtigen und ehrenwerten Mann. Der Vollmond steht für den Segen und die Hilfe des Ehegottes. Dieser Brauch wird in Penang auch heute noch von sehr modernen jungen Frauen gepflegt, und ich erinnere mich, dass auch ich einmal als junge Frau an einem solchen Ritual teilgenommen habe.

Die Suche nach dem richtigen Mann

Die ins Wasser geworfene Orange muss reif und saftig sein, denn sie steht für den Wohlstand und den sozialen Status des künftigen Ehemannes. Jedes Mädchen wirft nur einmal eine einzige Orange ins Wasser, hat also nur eine Chance.

Der Glaube an die Kraft des Mondes beeinflusst auch das Feng Shui im Schlafzimmer. Sind Sie auf der Suche nach Ihrem Eheglück, kann es sich günstig auswirken, im Schlafzimmer die Mond-Energie zu simulieren. Eine Möglichkeit dafür wäre, ein Bild mit einem scheinenden Mond aufzuhängen.

Feng Shui für ein harmonisches Familienleben

Mehr Kontakte mit Sonnen-Yang

18

Während Mond-Yin Glück in der Partnerschaft fördert, unterstützt das Sonnensymbol die Yang-Energie und bringt Ihnen ein aktiveres gesellschaftliches Leben mit vielen Gelegenheiten zu Freund- und Bekanntschaften. Möchten Sie neben Ihrer Beziehung viele Freunde und gesellschaftliche Aktivitäten pflegen, können Sie diese Yang-Energie stimulieren.

Oben: Die Sonne ist ein mächtiges Yang-Symbol. Dekorieren Sie Ihr Haus mit Sonnensymbolen.
Unten: Zünden Sie ein paar Kerzen an, um Yang-Energie in den Südwest-Bereich Ihrer Wohnung zu bringen.

Wenn Sie Single sind und ein ausgefüllteres gesellschaftliches Leben führen möchten, ist positive Yang-Energie genau, was Sie brauchen. Sie können diese Energie verbessern, indem Sie rote Lichter oder Lampions in die Südwest-Ecke Ihrer Wohnung hängen – nicht in das Schlafzimmer, sondern in Gemeinschaftsbereiche wie Ess- oder Wohnzimmer. Rote und gelbe Lampenschirme bringen Sonnenenergie in ein Haus und verbessern so die Atmosphäre. Noch besser ist es, wenn Sie Dekorationsgegenstände mit Sonnensymbolen anbringen.

Aktivieren Sie Energien mit Kristallen

Um Sonnenenergien in mein Zuhause zu bringen, lade ich regelmäßig meine Kristalle auf. Einmal in der Woche lege ich alle meine natürlichen Quarz- und Zierkristalle für mindestens drei oder vier Stunden in die Sonne, vorzugsweise zwischen halb zwölf Uhr mittags und drei Uhr nachmittags. Dadurch kann ich sichergehen, dass sie mit der Energie sowohl der Vormittags- als auch der Nachmittagssonne aufgeladen werden. Diese Vorgehensweise hat einen ausgesprochen reinigenden Effekt auf die Steine, denn Sonnenstrahlen zerstören negative Energien, die vielleicht versehentlich in ihnen gespeichert wurden.

Kristalle stellen Sie am besten in den Erde-Ecken Ihres Wohn- oder Esszimmers auf – dem Südwesten und dem Nordosten. Auch in meinem Zuhause sind sie an diesen Stellen platziert, und ich bekomme häufig Besuch. Immer läutet das Telefon, und auch das gesellschaftliche Leben meiner Familie ist positiv.

19 Harmonie durch Tür-Feng-Shui

Ob Geschwister gut miteinander auskommen, hängt stark von der Verträglichkeit ihrer astrologischen Elemente ab. Lesen Sie deshalb die Tabelle mit den vier Säulen, um ihre herrschenden acht Elemente herauszufinden. Die Tabelle mit den vier Säulen ist im Grunde genommen eine „Landkarte" mit den Elementen jedes Einzelnen. Sie gibt an, welche Elemente eine andere Person haben muss, damit Sie mit ihr harmonieren. Natürlich müssen auch „unverträgliche" Geschwister im gleichen Haus zusammenleben, aber es ist möglich, durch Feng Shui die Harmonie zwischen ihnen zu verbessern. Steht das Feng Shui in ihren Schlafzimmern nicht miteinander in Konflikt – d.h. je nachdem wie die Zimmer im Verhältnis zueinander liegen – kann zwischen ihnen sogar echter Respekt und gegenseitige Unterstützung erwachsen.

So vertragen sich Kinder

- Es sollten möglichst nicht mehr als zwei Kinderzimmer an einem Gang liegen. Gehen zu viele Türen von einem Flur ab, sind zu viele „Münder" vorhanden, die Streitereien um Nichtigkeiten verursachen können. Für große Familien ist es am günstigsten, wenn die Zimmer in verschiedenen Stockwerken liegen und möglichst nicht an einem einzigen langen Korridor.
- Vergewissern Sie sich, dass alle Schlafzimmertüren die gleiche Größe haben. Sind sie unterschiedlich groß, entwickeln sich Kinder mit größeren Türen zu Tyrannen, Kinder mit kleineren Türen werden eher schüchtern. Unterschiedlich große Türen erzeugen außerdem ein Ungleichgewicht und somit schlechtes Feng Shui.
- Schlafzimmertüren sollten immer nach innen aufgehen. Sich nach außen öffnende Türen erzeugen Energien, die leicht zum Streit führen. Es ist günstiger, wenn sie am Ende eines Zimmers statt in der Mitte liegen.
- Sollen Ihre Kinder gut miteinander auskommen, müssen die Türen leicht und leise zu schließen sein. Nichts beeinträchtigt ihr Beziehungs-Feng-Shui mehr als Türen, die klemmen oder nicht richtig schließen.

Grundlage ist das Element der Schlafzimmer, das wiederum auf der Himmelsrichtung der Zimmer beruht.

Unten: Das Feng Shui eines Kinderzimmers kann eine spürbare Auswirkung auf das Wohlbefinden eines Kindes haben.

Feng Shui für ein harmonisches Familienleben

Verteilen Sie die Zimmer richtig

Um ein gutes Verhältnis zwischen Geschwistern sicherzustellen, sollte das Feng Shui eines jeden Kinderzimmers auf den Empfehlungen des Yang-Pa-Kua (siehe Tabelle unten) basieren. Die Anordnung von Trigrammen zeigt die günstigste Himmelsrichtung für die Schlafzimmer aller Kinder. Diese Vorgehensweise sichert nicht nur Zuneigung und Unterstützung unter den Geschwistern, sondern bringt ihnen auch Glück. Es wäre optimal, wenn die Zimmer aller Familienmitglieder der Yang-Pa-Kua-Anordnung entsprechen würden.

Die richtige Lage der Kinderzimmer

Haben Sie zwei Kinder, einen Sohn und eine Tochter, ist der Sohn besser in einem Zimmer im Osten und das Mädchen besser im Westen aufgehoben. Damit schlafen beide in einer Himmelsrichtung, die ihnen Glück bringt.

Haben Sie zwei Söhne oder zwei Töchter, übernimmt das zweite Kind in der Tabelle die Rolle des dritten Kindes. Sehen Sie in diesem Fall für das zweite Kind unter „dritter Sohn" oder „dritte Tochter" nach. Wenn Sie beispielsweise zwei Jungen haben, wäre für den älteren ein Zimmer im Osten ideal, während der zweite Sohn ein Zimmer im Nordosten haben sollte. Für die ältere von zwei Töchtern wäre ein Zimmer im Südosten ideal, für die jüngere eines im Westen. Fehlt die Mutter in dieser Familie, ist ein Südwestzimmer besser, wodurch die Tochter die Rolle der Mutter übernimmt. Wenn Sie eine große Familie haben und die Kinder sich ein Zimmer miteinander teilen müssen, lassen Sie die Jungen im östlichen Bereich des Hauses schlafen, denn dies ist der Sitz des Drachens und des größten Wachstums – und die Mädchen im Westen, der als fröhlicher, wertvoller und goldener Standort gilt.

Die idealen Zimmer

Oben: Teilen mehrere Kinder ein Zimmer, versuchen Sie, die Jungen im Osten und die Mädchen im Westen unterzubringen, um die Harmonie zwischen den Geschwistern und in der Familie zu verbessern. Hat ein Zimmer Stockbetten wie auf diesem Bild, können Sie die Decke verkleiden, damit das Kind unten sich nicht unterdrückt fühlt.

Südwesten	Mutter
Westen	dritte Tochter
Nordwesten	Vater
Norden	zweiter Sohn
Nordosten	dritter Sohn
Osten	erster Sohn
Südosten	erste Tochter
Süden	zweite Tochter

FENG SHUI FÜR EIN HARMONISCHES FAMILIENLEBEN

21 Überwinden Sie den Generationenkonflikt

Oben: Gutes Feng Shui zu Hause und in Ihrer Umgebung macht Ihre Kinder glücklich und folgsam.

Die drei besten Standorte für ein Haus

Feng Shui kann natürlich nicht die absolute Folgsamkeit von Kindern garantieren, aber es erzeugt harmonische Energien, die wiederum Reibereien, Missverständnisse bis hin zu heftigen Auseinandersetzungen vermindern. Die Stimmung wird heiterer und glücklicher, wenn das Chi richtig fließen kann. Das ist der Fall, wenn das Haus selbst relativ gutes Feng Shui aus seiner Umgebung empfängt. Günstig ist es, wenn:

- die Rückseite eines Hauses höher liegt als die Vorderseite. Dabei kann der Untergrund an der Rückseite höher liegen. Möglicherweise steht auch ein höheres Gebäude hinter dem Haus oder eine Baumgruppe, deren Wipfel das Dach überragen und somit das Haus optisch vergrößern. Solange die Rückseite des Hauses eine „Stütze" hat, werden die Dinge im Haushalt reibungslos verlaufen.

- die Landschaft auf der linken Seite des Hauses höher ist als auf der rechten (vom Inneren des Hauses nach außen gesehen). Hier werden die Kinder, vor allem die Söhne der Familie, ihren Eltern Ruhm und Ehre bringen. Haben Sie ein derart gutes Feng Shui, geht das Glück auch auf die nächste Generation über.

- ein Bach langsam am Haus vorbeifließt. Von dieser Lage sollen die Kinder einer Familie enorm profitieren. Beide Generationen denken in die gleiche Richtung, die Ambitionen richten sich auf die gleichen Ziele.

Gutes Feng Shui fördert die Zuneigung unter Geschwistern. Dies ist in der Tat unerlässlich, um das Glück in einer Familie zu sichern. Ohne gutes Feng Shui ist das Glück ernsthaft beeinträchtigt. Nichts bereitet chinesischen Eltern größeren Kummer und Schande, als wenn ihre Kinder sie offen angreifen. Der Mangel an Respekt und die Meinungsverschiedenheiten zwischen Eltern und Kindern werden heutzutage als Kommunikationsstörung betrachtet und als „Generationenkonflikt" bezeichnet.

Benutzen Sie Lichter und Drachen

Leidet ein Heim an schlechtem Feng Shui, verursacht durch fehlende Ecken, einen ungünstigen Grundriss oder Ähnliches, entstehen Konflikte, die sich in größeren Meinungsverschiedenheiten zwischen Eltern und Kindern äußern. Möchten Sie eine funktionierende Kommunikation zwischen den Generationen, sollten Sie sichergehen, dass das Haus aus seiner Umgebung gutes Chi empfängt.

Liegt die Rückseite eines Hauses niedriger als die Vorderseite, bringen Sie ein helles Licht an der Rückseite an, um symbolisch die Energie „anzuheben". Liegt der Grund auf der linken Seite des Hauses niedriger als auf der rechten (von innen nach außen gesehen), bringen Sie ein nach oben scheinendes, helles Licht auf einem großen Pfosten an, um auch hier die Energie „anzuheben".

Schließen Sie vor Auseinandersetzungen die Türen

22

Eine der Hauptursachen für häufige Auseinandersetzungen zwischen Familienmitgliedern sind zu viele Türen in einem Haus – besonders jene, die ins Freie gehen. Ich habe schon Häuser mit bis zu fünf Eingangstüren gesehen, von denen mindestens zwei darum buhlten, die Haupteingangstür zu sein. Schon oft wurde ich von Lesern gefragt: „Was soll ich als Haupteingang ansehen?" und mir wurde beschrieben, dass zwei oder drei Türen regelmäßig von verschiedenen Familienmitgliedern benutzt werden.

Um ein harmonisches Familienleben ohne Streitereien zu erreichen, benutzen Sie nur eine Haupteingangstür.

In dieser Situation gibt es „zu viele Münder" – wo jeder nur spricht, aber keiner mehr zuhört. Somit kommt es zu ständigen Streitereien und Geschrei. Die Situation spitzt sich noch zu, wenn Wohn- und Esszimmer breite Schiebetüren haben – was noch weitere Eingänge entstehen lässt.

Hat ein Haus zu viele Türen, weiß das gute Sheng-Chi (die günstigste Wachstumsenergie) nicht mehr, wie es eintreten soll. Es kommt zu einem Durcheinander des Energieflusses, mehrere abzweigende Nebenflüsse des Chi durchkreuzen das Haus und verursachen Disharmonien und Ungleichgewicht. Das Feng Shui verschlechtert sich, oft nimmt die Yang-Energie überhand. Die Beziehungen unter den Bewohnern werden gestört.

Die Wahl der Haupteingangstür

1. Machen Sie sich klar, welche Tür die Haupteingangstür ist. Wählen Sie eine, die bei allen Familienmitgliedern beliebt ist, damit sie auch benutzt und somit mit Energie versorgt wird. Durch diese Tür sollte sich eine günstige Feng-Shui-Richtung für das Haus ergeben, so dass idealerweise die Rückseite höher ist und die Vorderseite auf etwas freies Land zeigt. Noch wichtiger, das Haus sollte in eine Glück bringende Richtung zeigen. Halten Sie sich dabei mindestens an eine Richtungsformel, die Sie kennen, am besten an die KUA-Zahl (siehe Tipp 68).
2. Schließen Sie alle anderen Eingangstüren bis auf einen Eingang an der Rückseite. Schließen Sie Schiebetüren, wenn die Eingangs- oder die rückwärtige Tür geöffnet werden. Öffnen Sie diese nur, wenn die beiden Haupttüren geschlossen sind.
3. Halten Sie Türen zu Schlafzimmern und anderen Zimmern eher geschlossen als offen. Zeigen zu viele Schlafzimmer auf einen langen Korridor, und werden diese Zimmer von Kindern in der Familie bewohnt, kommt es öfter zu Streitereien. Es ist günstiger, wenn Zimmer nicht auf einen geraden, leeren Flur zeigen. Korrigieren Sie diesen Missstand, indem Sie Kristalle zwischen die Kinderzimmertüren an die Decke hängen und die Türen so oft wie möglich geschlossen halten.

Spiegel spalten Beziehungen

Spiegel können den Energiefluss des Chi entscheidend verändern. Sie scheinen über spezielle Kräfte zu verfügen und können die Beziehungen zwischen Familienmitgliedern eines Haushalts beeinträchtigen, vor allem die zwischen Partnern. Spiegel am richtigen Platz, wo sie Glück bringende Objekte oder Himmelsrichtungen reflektieren, bringen wahren Segen. Am falschen Ort verursachen sie manchmal endgültige Trennungen! Über die negativen Auswirkungen von Spiegeln, die im Schlafzimmer von Paaren direkt das Bett reflektieren, haben wir bereits gesprochen. Auch in anderen Schlafzimmern sollten Spiegel keine Betten reflektieren, denn die darin Schlafenden bekommen Probleme in ihrem Freundeskreis.

Aber auch in anderen Bereichen der Wohnung können Spiegel erheblich an Unglück schuld sein. Reflektiert ein Spiegel die Eingangstüre, wird das Chi wieder hinauskatapultiert, das Glück kann nicht bleiben und wachsen. Die Inhaber der entsprechenden Wohnung sind als Folge davon oft auf Reisen und ziehen vielleicht sogar ganz aus. Es kann auch zu wiederholten Trennungen kommen, die bei astrologisch ungünstigen Zeitpunkten zum dauerhaften Bruch führen.

Auswirkungen von Spiegeln

Trennungen können sich auch im Ausziehen der Kinder manifestieren. Selbst wenn ein Spiegel die Eingangstür nicht direkt reflektiert, sondern die Tür darin nur schräg zu sehen ist, kann das bedeuten, dass die Kinder dieses Zuhause wesentlich früher verlassen als Sie damit rechnen.

Spiegel in dunklen, nicht genutzten Ecken können eine ähnlich negative Wirkung haben. Am günstigsten wäre es, sie zu beleuchten. Stellen Sie Pflanzen neben solche Spiegel, damit sich die „Wachstumsenergie" im Haus verdoppeln kann. Negative, zu Trennungen führende Energie wird dadurch abgewehrt.

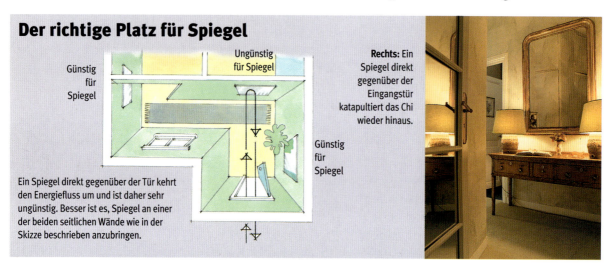

Der richtige Platz für Spiegel

Günstig für Spiegel

Ungünstig für Spiegel

Günstig für Spiegel

Ein Spiegel direkt gegenüber der Tür kehrt den Energiefluss um und ist daher sehr ungünstig. Besser ist es, Spiegel an einer der beiden seitlichen Wände wie in der Skizze beschrieben anzubringen.

Rechts: Ein Spiegel direkt gegenüber der Eingangstür katapultiert das Chi wieder hinaus.

24 Mit Feng Shui finden Sie den richtigen Partner

Es ist nicht nur möglich, sondern sehr wahrscheinlich, dass sich die Chancen, Ihr persönliches Glück zu finden, erheblich bessern, wenn die Beziehungs- und Liebesglück-Bereiche in Ihrem Heim richtig erkannt und aktiviert werden.

Vielleicht wohnen Sie in einem Zimmer, dessen Anordnung oder Einrichtung Ihre Beziehung beeinträchtigt und somit Hindernisse aufkommen, an denen vielversprechende und günstige Beziehungen scheitern. Bei festen Paaren kann es zu Unstimmigkeiten kommen oder es tritt eine dritte Person ins Spiel. Verschiedene Maßnahmen helfen, das Feng Shui des Liebeslebens im entsprechenden Bereich Ihres Zuhauses zu aktivieren. Empfehlenswert sind dafür zwei Methoden: Eine basiert auf der Lehre der „Acht Lebenssituationen", die eine bestimmte, zu aktivierende Ecke festlegt. Die andere Methode stützt sich auf Geburtsdaten und Geschlecht und ist ein Teil der „Acht-Häuser-Formel".

Beachten Sie auch bestimmte Feng-Shui-Tabus. Durch negatives Beziehungs-Feng-Shui wenden sich die Partner voneinander ab, ihr Sexualleben verschlechtert sich und sie reden nicht mehr miteinander. Singles haben es durch negatives Feng Shui schwerer, einen Partner zu finden. Beziehungen brechen ohne ersichtlichen Grund auseinander. In diesen Situationen kann Feng Shui jenen helfen, die ihr Liebesglück stimulieren möchten.

25 Benutzen Sie Kristalle, um Liebes-Chi anzuziehen

Kristalle wirken sich besonders auf die Erde-Bereiche eines Hauses aus. Im Südwesten verbessern sie Harmonie und Liebe. Ihre Präsenz verbessert das Chi dieses Bereiches und erzeugt starke Energiefelder.

Zum Aktivieren des Südwestens können Sie eine Gruppe von Kristallen verwenden. Ein Kristall, der das Chi eines Ortes beeinflussen soll, muss aber relativ groß sein. (Kleine Kristalle eignen sich eher zum Tragen am Körper.) Ebenso effektiv sind aus natürlichen Kristallteilchen bestehende Kristallkugeln. Sie können auch eine Herzform – das universelle Symbol der Liebe – haben. Legen Sie ausreichend Kristalle in den Südwesten und aktivieren Sie diese durch Licht! Beachten Sie, dass Kristalle niemals auf dem Boden liegen sollten.

Pflegen Sie Ihre Steine regelmäßig, und lassen Sie sie nicht von jedem in die Hand nehmen. Ist eine Person negativ, kann danach auch der Kristall negative Schwingungen aussenden. Hat es in der Nähe der Kristalle ernsthaften Streit gegeben, waschen Sie Ihre Steine in einer Salzlösung, und legen Sie sie etwa drei Stunden in die Sonne.

Erde und Feuer entfachen das Liebesglück

Eine schnelle und einfache Methode zum Aktivieren des Liebesglücks in Ihrem Wohnzimmer ist der Einsatz der beiden Elemente, die am häufigsten mit Liebe in Verbindung gebracht werden – Erde und Feuer. Diese beiden haben ein ausgesprochen harmonisches Verhältnis, denn Feuer erzeugt Erde. Erde ist das dominantere der beiden Elemente.

Möchten Sie in der Liebe mehr Perspektiven haben oder sie interessanter gestalten, sollten Sie im Süd- und Südwest-Sektor Ihres Wohnzimmers „Feuer" anzünden. Benutzen Sie dabei die Farbe Rot, aber achten Sie auch auf helles Licht.

Rote Lampions für Ihr Liebesglück
Um dem Liebesglück auf die Sprünge zu helfen, war es früher in China sehr beliebt, rote Lampions mit dem goldenen Doppelsymbol für Glück anzuzünden. Ehepaaren sollten sie zu Kindersegen verhelfen. Frisch verheiratete Paare hängten die roten Lampions für Fruchtbarkeit in ihr Schlafzimmer, denn damals war es viel wichtiger als heute, Nachkommen zu haben.

Der Einfluss des Feuers

Das Feuer-Element belebt diesen Bereich nicht nur im positiven Sinn, es steht auch für Yang-Energie, die wiederum spürbare, die Liebe fördernde Kräfte erzeugt. In China hängen diejenigen, die ihrem Liebesglück auf die Sprünge helfen möchten, in die Südwest-Ecke ein paar Feuerwerkskracher, die aber rein symbolische Natur haben und nicht angezündet werden müssen. Rote Kerzen können einen ähnlichen Effekt erzielen. Stellen Sie einige davon in die Südwest-Ecke Ihres Wohnzimmers. Sie müssen sie nicht unbedingt anzünden, doch gelegentlich kann es ganz sinnvoll sein, denn es gibt dem Chi darüber hinaus einen regelrechten Energieschub.

Wenn Sie möchten, können Sie außerdem die Erde-Energien in Ihrer Südwest-Ecke beleben, die über Qualität und Intensitität von Liebes- und Eheglück in Ihrem Leben bestimmt.

Nach meinen Erfahrungen lässt sich dieser Bereich am besten mit Glücksbringern aus Halbedelsteinen oder Kristallen aktivieren. Diese Steine sind im Boden „gewachsen". Sie sind so etwas wie die Ernte des Elements Erde.

Für Singles, die zu einer festen Bindung bereit sind

Sie brauchen keine rote Laterne aufzuhängen, wenn Sie nicht dazu bereit sind, eine dauerhafte Beziehung einzugehen. Im alten China symbolisierte ein roter Lampion die Vereinigung zweier Liebender und die Ehe. Es ist somit die symbolische Aktivierung von Eheglück, wenn der Lampion im Schlafzimmer einer jungen Frau im heiratsfähigen Alter hängt.

Wenn Sie sich lediglich ein aktiveres gesellschaftliches Leben wünschen, ist es nicht ratsam, Energien für Partnerschafts- oder Eheglück zu aktivieren, denn diese wirken oft anders als erwartet. Wünschen Sie sich im Grunde genommen, mehr Menschen und nicht unbedingt einen festen Lebenspartner zu treffen, genügt es, mehrere Lichter in die Südwest-Ecke des Hauses zu hängen.

Feng Shui kann Ihnen mit Hilfe der Chi-Energie bei der Suche nach einem Lebenspartner behilflich sein. Außerdem lassen sich damit neue Perspektiven eröffnen, um eine Familie zu gründen. Allerdings kann Feng Shui nicht dafür garantieren, dass diese Bindung auch wirklich erfolgreich ist. Die Qualitäten der Person, mit der Sie zusammenkommen, und wie lange Sie mit ihr glücklich sein können, hängt allein von Ihrem Schicksal ab – und nicht von Feng Shui.

Zu viele Schlafzimmertüren
Zu viele Türen in einem Schlafzimmer verursachen Disharmonie und Meinungsverschiedenheiten in einer Beziehung.

Eine Schlafposition wie unten ist ausgesprochen ungünstig.

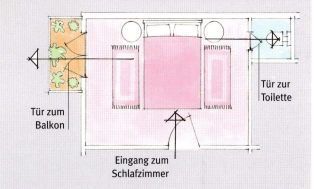

Schlafzimmer-Feng-Shui
Eine heiratswillige junge Dame ehelichte den ersten Mann, der in ihr Leben trat, nachdem sie ihre Südwest-Ecke mit einem roten Lampion, auf dem ein Doppeltes Glückssymbol angebracht war, aktiviert hatte. Auch ihr Partner war wie sie bereit, eine Familie zu gründen; aber leider endete, was so vielversprechend begonnen hatte, sehr traurig. Unter gegenseitigen Beschuldigungen trennten sich die beiden. Ich fand das sehr bedauerlich und besuchte ihr Haus, wo ich feststellte, dass sie in einem Schlafzimmer mit drei Türen geschlafen hatten. Meiner Überzeugung nach war das Feng Shui ihres Schlafzimmers so ungünstig, dass sie nie eine wirkliche Chance hatten.

Rechts: Durch Aktivieren Ihrer Südwest-Ecke können Sie einen Partner finden. Der Erfolg Ihrer Beziehung hängt aber von Ihnen ab.

FENG SHUI FÜR DIE PARTNERSUCHE

28 Aktivieren Sie Ihre Liebesecke

Die Technik basiert auf dem Feng Shui der „Acht Lebenssituationen", bei dem das achteckige Pa Kua über den Grundriss eines Hauses oder Zimmers gelegt wird. Verwenden Sie einen Kompass zum Festlegen des Südwestens. Diese Richtung ist der universelle Bereich für Ehe, Liebesglück und Familie. Er muss von der Mitte des Hauses aus bestimmt werden. Denn es ist eher ein Ort als die Richtung, so ist eine Bestimmung vom Mittelpunkt aus exakter. Verfahren Sie genauso, um die Liebesecke in Ihrem Schlafzimmer festzulegen – stellen Sie sich in die Mitte des Zimmers und benutzen Sie einen Kompass.

Diese Methode ist eine alte chinesische, auf dem I Ging basierende Vorgehensweise, um den Südwesten als die Liebesecke festzulegen. Dabei wird stets ein Kompass benutzt. Die Lage der Haupttür eines Hauses zum Festlegen der „Richtungen" spielt für diese Methode keine Rolle.

Der Südwest-Bereich gilt durch das ihm zugeordnete Trigramm als entscheidend für Partnerschaft, soziale Kontakte und Liebesglück. Dabei handelt es sich um das mächtige Trigramm K'un, das von allen Trigrammen am meisten Yin-Kraft trägt. K'un symbolisiert das mächtige Chi der weiblich-mütterlichen Kraft, die über Familie und emotionales Wohlergehen der Familienmitglieder herrscht. Mütterliche Energie nährt oder verbannt die Liebe!

Oben: Ein Kompass kann Ihnen bei der genauen Festlegung der Südwest-Ecke in Ihrem Schlafzimmer behilflich sein.

Für ein günstiges Feng Shui des Liebesglücks sollten Sie den Südwesten aktivieren. Dafür gibt es viele Möglichkeiten. Wenn Sie aber eine Toilette, Küche oder einen Abstellraum in diesem Bereich haben, ist es besser, Sie ändern erst einmal diese ungünstige Zimmeraufteilung, bevor Sie den Versuch starten, den Bereich zu aktivieren. Liegt zum Beispiel im Südwesten Ihrer Wohnung eine Toilette und Sie aktivieren diesen Raum durch Blumen, können Sie zwar potenzielle Verehrer anziehen, diese werden aber immer ungeeignet sein!

Deshalb sollten Sie stets vorher überlegen, was sich im Südwest-Bereich befindet, bevor Sie ihn aktivieren. Bei dieser Feng-Shui-Methode wird die Südwest-Ecke eines Zimmers mit Objekten des Elements Erde aktiviert. Verwenden Sie Symbole, die mit Erde in Verbindung gebracht werden, vorzugsweise Quarzkristalle. Legen Sie die Kristalle auf einen Marmor- oder Steintisch. Sie können aber auch ein Gemälde mit Bergen und einer schönen Landschaft in diesem Sektor aufhängen. Sorgen Sie in diesem Bereich so oft wie möglich für helles Licht.

So finden Sie die Ecke für Ihr Liebesglück 29

Es gibt zwei anerkannte Feng-Shui-Methoden zum Bestimmen des Südwest-Sektors, der für Liebesglück steht. Beide Methoden sind gleich gut und setzen die Verwendung eines Kompasses voraus. Haben Sie den Bereich Ihres Zuhauses gefunden, der dem Südwesten entspricht, können Sie diesen Sektor als Ihre Ecke für Liebesglück festlegen und ihn beleben.

Diese beiden Methoden sind die Lo-Shu- und die Kreisgrafikmethode. Bei der Kreisgrafikmethode wird entsprechend den Himmelsrichtungen ein Kreis über den Grundriss Ihrer Wohnung gelegt, der von der Mitte aus bis zu den Rändern in Sektoren unterteilt ist. Der Südwesten ist somit einer von acht Sektoren der Wohnung.

Bei der Lo-Shu-Methode wird, wie oben rechts gezeigt, ein Raster über den Grundriss der Wohnung gelegt, das in neun gleiche Felder unterteilt ist. Das Feld im Südwestabschnitt steht für Liebe und Romantik. Es ist einer von neun Sektoren des Hauses. Das Zentrum wird als eigenständiger Abschnitt gesehen. Im Beispiel oben weist der Kompass die untere linke Ecke als Südwesten aus.

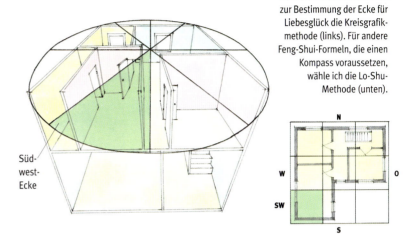

Normalerweise verwende ich zur Bestimmung der Ecke für Liebesglück die Kreisgrafikmethode (links). Für andere Feng-Shui-Formeln, die einen Kompass voraussetzen, wähle ich die Lo-Shu-Methode (unten).

Südwest-Ecke

Verbessern Sie Ihre sozialen Kontakte 30

Möchten Sie mit Feng Shui eher Ihr gesellschaftliches Leben fördern anstatt Liebe und Partnerschaft, sollten Sie den Südwest-Bereich Ihres Schlafzimmers nicht mit den „starken" Symbolen für Heirat und Familienglück aktivieren. Lassen Sie stattdessen Ihr Schlafzimmer unberücksichtigt, und erzeugen Sie in den Südwest- und Süd-Ecken Ihres Heimes einen harmonischen Fluss an Yang-Energie.

Die Süd- und Südwest-Bereiche stehen für Ihr öffentliches und soziales Leben. Das Aktivieren dieser Sektoren mit Symbolen wird Ihnen viele neue Freunde und Besucher bringen.

Suchen Sie keine feste Beziehung, wählen Sie statt der Symbole für feste Beziehungen eher dekorative Schmetterlinge, die für kurzlebige Liebe und Romanzen.

Feng Shui für die Partnersuche

31 Vermeiden Sie Feng-Shui-Komplikationen

Bevor Sie zum Verbessern Ihres Liebeslebens die Energie im Südwesten aktivieren, vergewissern Sie sich, dass in diesem Teil der Wohnung keine Feng-Shui-Komplikationen vorliegen. Durch sie kann das Chi verschlechtert werden und destruktive Auswirkungen auf Liebe und Beziehung haben.

Es gibt unterschiedliche Komplikationen, die entsprechend den Grundlagen der Feng-Shui-Praxis in bestimmte Kategorien eingeteilt werden können.

Links: Ein sehr dunkler Raum kann zu viel Yin-Energie haben und braucht einen Ausgleich durch etwas Yang in Form von Licht oder hellen Farbakzenten.

„Giftpfeile"

Sie können entstehen durch

- hervorstehende Ecken und frei stehende Säulen. Neutralisieren Sie die Kanten mit Pflanzen. Ein Windspiel mit fünf Stäben, direkt vor die scharfe Ecke gehängt, kann ebenfalls helfen. Säulen können auch mit Spiegeln verkleidet werden, was sie symbolisch verschwinden lässt.

- Frei liegende tragende Deckenbalken und scharfkantige Deckenverzierungen senden zerstörerische Energie nach unten und beeinträchtigen den gesamten Bereich. Schaffen Sie Abhilfe durch zwei kleine, hohe Kupferstäbe, die Sie mit einem roten Faden an einer Ecke zusammenbinden und zum Aktivieren ihrer Energie aufhängen.

- Befinden sich zu viele Fenster in der Südwest-Ecke, kann die Liebe durch sie entweichen. Halten Sie die Hälfte der Fenster geschlossen oder hängen Sie Vorhänge auf, damit zumindest optisch eine geschlossene Wand im Zimmer entsteht.

Ungleichgewicht von Yin und Yang

Die Ursachen:

- Zu viel Licht, zu viele Rottöne und zu viele Sonnensymbole lassen Yang-Energie vorherrschen. Dadurch wird der Südwest-Bereich zwar stimuliert, aber im Übermaß können sie stattdessen sehr schädliche Energie erzeugen. Auch zu viel Lärm kann die Energien aus dem Lot bringen. Yin und Yang sollten stets im Gleichgewicht sein, bringen Sie deshalb auch Blau- und Schwarztöne mit ein.

- Yin-Energie nimmt an ruhigen Orten überhand. In einer dunklen Ecke, wo auch noch die Farben Blau und Schwarz dominieren, stagniert die Energie und stirbt ab. Bringen Sie als Abhilfe deutliche Yang-Energie ein. Beleuchten Sie den Bereich, streichen Sie die Wände in hellem Weiß und dekorieren Sie mit etwas Rot – zum Beispiel durch Vorhänge oder Sofakissen.

Links: Ein zu heller Raum hat zu viel Yang-Energie und sollte mit Yin-Farben harmonisiert werden.

Schaffen Sie Abhilfe bei fehlenden Südwest-Ecken

Wenn Sie Schwierigkeiten haben einen passenden Lebenspartner zu finden, gibt es vielleicht keine Südwest-Ecke (Bereich für Partnerschaft und Liebesglück) in Ihrem Schlafzimmer, oder es ist eine Toilette in diesem Sektor. Vielleicht stehen auch die in dieser Ecke aufgestellten Dinge symbolisch in Gegensatz zu dem jeweiligen Element. Mit einfachen Feng-Shui-Mitteln lassen sich fast alle diese Missstände korrigieren.

Mindern Sie die ungünstige Wirkung von Toiletten

Befindet sich eine Toilette in der Südwest-Ecke eines Hauses und wird sie auch häufig benutzt, werden vor allem junge Bewohner ernste Schwierigkeiten haben, einen Lebenspartner zu finden. In ihrem Liebesleben werden viele Hindernisse auftauchen. In meinem Bekanntenkreis habe ich schon viele Beispiele dafür erlebt, dass ausgesprochen gut aussehende, nette Töchter von Freunden einfach keinen Lebenspartner fanden. Werden die ungünstigen Toiletten entfernt (keine einfache Aufgabe, ich weiß!), steht oft auch einer Beziehung nichts mehr im Weg. Versuchen Sie, diesen Raum für einen anderen Zweck zu nutzen, wenn sich das ermöglichen lässt. Andernfalls schlage ich vor, in diesen Raum ein großes Windspiel aus hohlen Metallrohren aufzuhängen, um die beeinträchtigende Erde-Energie der Toilette abzuschwächen. Günstig wäre es auch, die Tür der Toilette rot anzustreichen.

Denken Sie beim Aktivieren von bestimmten Bereichen daran, dass es zwei Arten symbolischer Objekte gibt. Die einen sind allgemeine Symbole für Liebe, die anderen sind Objekte, die besonders gut zu dem entsprechenden Element des Sektors passen.

Zu den allgemein anerkannten Symbolen in diesem Bereich gehören Mandarinenten- oder Zwergpapageienpaare. Möchten Sie die Südwest-Ecke aktivieren, verwenden Sie Enten oder Vögel aus Halbedelsteinen, die das lebenswichtige Erde-Element einbringen. Objekte aus Holz sind weniger geeignet.

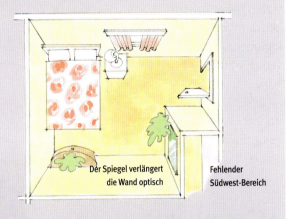

Fehlende Ecken

Fehlt eine Ecke (wie hier in der Skizze gezeigt), können Spiegel den Raum optisch vergrößern. Diese Möglichkeit sollten Sie jedoch nur dann nutzen, wenn der Spiegel nicht das Bett reflektiert, denn wie schon mehrfach erwähnt, ist von Spiegeln im Schlafzimmer allgemein abzuraten.

In der Skizze schirmt eine Pflanze die Spiegelwand ab, welche den Raum zur fehlenden Ecke hin verlängert.

Ist dieser Raum ein Schlafzimmer, wählen Sie eine künstliche Pflanze, denn die Yang-Energie von echten Pflanzen wäre hier zu stark. Manchmal liegt hinter der fehlenden Ecke eine Toilette oder ein Badezimmer. Eine Toilette im Beziehungsbereich stellt ein schwer wiegendes Problem dar.

FENG SHUI FÜR DIE PARTNERSUCHE

33 Stärken Sie die Erde-Energie im Südwesten

Für das Beleben von Beziehungsglück, gleichgültig, ob es sich um Beziehungen innerhalb oder außerhalb der Familie handelt, ist eine starke Südwest-Ecke äußerst wichtig. Dieser Sektor wirkt besonders stark auf das Glück der Mutter in einer Familie und das allgemeine Wohlergehen im häuslichen Bereich. Mangelt es daran, sollten Sie etwas Geld investieren, um ausreichend Yang-Energie in dieser Ecke zu erzeugen. Richten Sie in diesem Bereich ein Zimmer ein, wenn es vom Platz her möglich ist, oder stellen Sie ein helles Licht in die fehlende Ecke, um die Yang-Energie zum Fließen zu bringen.

Nutzen Sie die Elemente

Die effektivste Möglichkeit, das Chi im Südwesten zu stärken, besteht darin, die Elementprinzipien durchdacht und ausgeglichen einzusetzen. Der Südwesten ist der Sitz der „Großen Erde". Falls Sie einen Garten haben, legen Sie dort einen „kleinen Berg" an. Bauen Sie z.B. einen Steingarten aus dekorativen Steinen. Es braucht nur ein kleiner Hügel von ca. einem Meter Höhe zu sein. Sie können ein paar der Steine auch mit Goldfarbe besprühen, das bringt Glück. Übertreiben Sie aber nicht, denn zu viel Gold schwächt die Erde-Energie, die in diesem Bereich gestärkt werden soll.

Haben Sie keinen Garten, können Sie stattdessen ein Bild mit einem schönen Berg in die Südwest-Ecke Ihrer Wohnung hängen. Versuchen Sie, eines zu finden, das kein

Oben: Zum Stärken des Chi in der Südwest-Ecke Ihrer Wohnung können Sie das Bild eines Berges als Symbol für die „Große Erde" aufhängen oder an einem geeigneten Platz Kieselsteine anordnen.

Gewässer zeigt, denn hier benötigen Sie Erde- und nicht Wasser-Energie. Bilder mit Wasserfällen, Seen und Flüssen sind also ungeeignet. Ich persönlich hänge gerne die „mystischen" Berge der Welt auf – Berge, von denen man sagt, sie seien die „Chakren" der Erde. Meine absoluten Favoriten sind der Himalaja mit seinen majestätischen Gipfeln und der Mount Kailash – der magische Berg Tibets, der der Sitz der Götter und das „Herzchakra" der Welt sein soll. Ein solches Bild kann Ihre Südwest-Ecke mit positiver Energie versorgen. Andere geeignete Berge sind z.B. der Ayers Rock in Australien (siehe oben) oder der Tafelberg bei Kapstadt in Südafrika. Ein helles Licht im Südwesten eignet sich hervorragend dazu, das Beziehungsglück zu verbessern. Es symbolisiert Feuer, das im Entstehungskreislauf der Elemente Erde hervorbringt.

Aktivieren Sie die Erde-Energie mit Kristallen

Wenn Sie die Erde-Energien in Ihrem Heim aktivieren, verbessern Sie damit das gesamte Feng Shui. Sie können in vielfacher Hinsicht davon profitieren. Das „Erde-Glück" ist besonders mächtig und ergänzt Ihr „Himmels-Glück" ebenso wie Ihr „Menschen-Glück". Verfügt Ihr Haus über ein stabiles „Erde-Glück", bleibt die ganze Familie „geerdet" und behält den Sinn für Solidarität und Fürsorge.

So aktivieren Sie Ihr „Erde-Glück"

Es ist immer günstig, ein Haus oder eine Wohnung gut zu beleuchten. Nicht nur die Südwest-Ecke, sondern das ganze Haus profitiert von viel Yang-Helligkeit. Vermeiden Sie dunkle Ecken. Selbst Abstellräume und Garagen sollten fröhliche, hell erleuchtete Räume sein. Lichter erzeugen Yang-Chi, und damit Leben, Fortschritt, Wachstum und Erfolg. Sie symbolisieren das Element Feuer, welches das Element Erde hervorbringt.

Zusätzlich können Sie Ihr Heim, vor allem das Wohnzimmer, auch mit natürlichen Quarzkristallen aufladen. Ich glaube fest an die Wirksamkeit natürlicher Kristalle; sie sollten aber saubere, frische Energie in sich tragen. Stellen Sie keine Steine auf, die trüb und stumpf aussehen, denn sie sind nicht in der Lage, das sie umgebende Glück zu reflektieren. Solche Kristalle bringen stagnierendes Chi in Ihre Wohnung. Sie können sich davor schützen, indem Sie alle neu gekauften Kristalle sieben Tage und Nächte in eine Salzwasserlösung legen. Benutzen Sie am besten Meersalz. Legen Sie sie anschließend für mehrere Stunden in die Sonne, um sie mit Energie aufzuladen. Sonnenlicht belebt Kristalle, und wenn Sie diese anschließend in Ihre Wohnung stellen, strahlen sie wundervolle, positive Energie ab.

Betonen möchte ich, dass ich hier stets von natürlichen Kristallen spreche. Gehen Sie Ihren eigenen Vorlieben nach – wählen Sie Quarze, Amethyste, Zitrine oder Turmaline. Besonders günstig ist es, sieben unterschiedliche Steine in die Südwest-Ecke des Wohnzimmers zu legen. Ihr starkes Chi kann Singles einen Lebenspartner bescheren.

Eine dritte Möglichkeit zum Aktivieren von Erde-Energie bieten dekorative Objekte aus Porzellan oder Ton. Sie eignen sich hervorragend zum Erzeugen von starkem Erde-Chi. Vasen sind besonders geeignet.

Unten: Natürliche Quarzkristalle enthalten viel positive Energie, die Sie für Ihr Wohnzimmer nutzen können.

Die Wirkung mächtiger Frauen

Die acht Trigramme, auf denen die 64 Hexagramme des „Buchs der Wandlungen", also des I Ging, beruhen, sind die Grundlage, auf der ein großer Teil der Feng-Shui-Praxis aufbaut. Das Trigramm K'un, bestehend aus drei unterbrochenen Linien, repräsentiert die höchste Yin-Kraft, die unsichtbare Energie hinter einer Familie. Damit entspricht K'un symbolisch der mütterlichen Energie, die eine Familie nährt. Gleichzeitig steht K'un auch für die Entwicklung einer Beziehung oder Ehe und wird auch als Beziehungskarma bezeichnet.

Diese Symbolik macht den Südwesten so bedeutend für alle, die mit Feng Shui ihr Liebes- und Beziehungskarma schneller reifen lassen möchten. Der Südwest-Sektor gilt aufgrund der Trigramm-Anordnung als Ort des K'un.

Aktivieren Sie das K'un-Trigramm

Das aus drei unterbrochenen Linien bestehende K'un-Trigramm kann auf unterschiedliche Arten stimuliert werden. Die einfachste Möglichkeit wäre, das Trigramm selbst an der Decke, auf Möbeln oder in Dekorationsgegenständen im Südwest-Bereich anzubringen.

Eine andere Methode, die ich persönlich bevorzuge, besteht darin, das Bild einer Frau aufzuhängen. Es kann sich dabei um eine edle, herrschende Frau handeln, eine Königin, eine First Lady, einen weiblichen Vorfahren oder irgendeine ältere, fein gekleidete Dame. Die Abbildung muss keineswegs aus China kommen, um zu wirken.

Wer dennoch ein echt chinesisches Gemälde möchte, kann es in entsprechenden Fernostläden größerer Städte finden. Es gibt viele wunderschöne Bilder von „mächtigen Frauen", die sich ideal zum Aktivieren dieser Ecke eignen. Berücksichtigen Sie aber auch den männlichen Aspekt, um die symbolische Kraft der Familie darzustellen.

Oben und rechts: Das Aufhängen chinesischer Gemälde mit edlen, königlichen Frauengestalten aktiviert das K'un-Trigramm und fördert gute Familienbeziehungen. In der Abbildung rechts sehen Sie die „Königin des Westens".

FENG SHUI FÜR DIE PARTNERSUCHE

Dekorieren Sie mit Glück bringenden Vasen

36

Eine besonders hübsche Möglichkeit, günstiges Familien-Chi zu erzeugen – gleichgültig, ob Sie verheiratet sind oder nicht – besteht darin, Vasen und Krüge aufzustellen, was sich in China großer Beliebtheit erfreut. Sie bringen Liebe und Glück in einen Haushalt und sind relativ günstig in jedem größeren Kaufhaus oder Fernostladen zu finden. Normalerweise sind nur echt antike, absolut perfekte Stücke oder Exemplare mit seltener Farbe oder Signatur sehr teuer. Für Feng-Shui-Zwecke genügt eine Reproduktion in Rot- oder Gelbtönen. Der für den Südwest-Sektor am besten geeignete Farbton wird in China als „Hühnerkacke-Gelb" bezeichnet, da er besagten Häufchen farblich entsprechen soll. Der empfohlene Rotton ist sehr dunkel – beinahe schon kastanienbraun – und nennt sich „Ochsenblut-Rot".

Nun zu den Formen: Die ideale Form ähnelt einem Kürbis, mit schmalem Hals und ausladendem Bauch (unten). Eine andere geeignete Form hat einen langen, schmalen Hals und eine breite Standfläche (siehe links).

Glücksvasen

Für diesen Zweck eignen sich auch besonders Porzellanvasen mit Glückssymbolen darauf. Vasen oder Krüge mit Drachen- oder Phönix-Abbildungen, die sich in China besonderer Beliebtheit erfreuen, symbolisieren auf wunderschöne Weise das Partnerschaftsglück. Es liegt ganz bei Ihnen, welche Form Sie wählen und welche Symbole Sie kombinieren. Im Südwest-Bereich meines Hauses habe ich viele unterschiedlich geformte Gefäße stehen. Einige davon lasse ich leer, kleinere fülle ich mit Halbedelsteinen zum Stärken der Erde-Energie im entsprechenden Bereich. In die höheren Vasen stelle ich Pfingstrosen als Symbol für Partnerglück.

Oben: Vasen mit engem Hals und breiten Boden oder in Kürbisform locken Wohlstand an.

Rechts: Eine Porzellanvase mit Zwergpapagaienpärchen kann Partnerschaftsglück stimulieren.

Kristallkugeln für Sonnen-Energie

sollte sich dabei um Bleikristall handeln, wie es auch für Lüster hergestellt wird.

Fällt ein Sonnenstrahl auf die Facetten der Kugel, wird das weiße Licht in die Farben des Lichtspektrums gebrochen, die Kugel schickt wunderschöne Regenbogenfarben in das Zimmer. Je nach Größe der Kristallkugeln können die Reflexe wunderschön leuchten.

Ich hänge im ganzen Haus diese Kristallkugeln auf, so dass schon am Morgen die ersten Regenbogenfarben in mein nach Osten zeigendes Wohnzimmer fallen und die Reflexe am Nachmittag zu meinen nach Westen zeigenden Fenstern wandern. Mein Südwest-Bereich erhält vormittags und nachmittags Sonne, was der weiblichen Energie meines Hauses zugute kommt. Nicht nur meine Ehe profitiert davon, die Regenbogenfarben bringen besonders mir – als Frau des Hauses – Glück.

Die Regenbogenfarben erzeugen wertvolle Yang-Energien, die durch das ganze Haus wandern, sich verstärken und gleichzeitig auch das Chi verbessern. Wohnungen voller Sonnenschein und Sonnenreflexe machen ihre Bewohner normalerweise glücklich. Sie werden nicht an einem Mangel an Freunden oder fehlenden gesellschaftlichen Kontakten leiden.

Möchten Sie den Südwesten oder einen anderen Bereich der Wohnung mit Energie beleben, brauchen Sie buchstäblich nur die Sonne hereinzulassen. Das ist natürlich nur dann möglich, wenn Sie ein Fenster auf der Sonnenseite haben. Ist das der Fall, können Sie ein paar geschliffene Kristallkugeln mit einem Durchmesser von ca. fünf Zentimetern am Fenster aufhängen. Es

Oben: Hängen Sie geschliffene Kristallkugeln an die Fenster, um die Energie im Südwesten zu stärken.
Rechts: Oder stellen Sie im Südwest-Bereich sechs glatte Kristallkugeln auf.

Phönix eröffnet Perspektiven

Oben: Ein Wandbehang mit einem Phönix oder Pfau in Ihrer Beziehungs-Ecke bringt Ihnen Glück in der Liebe.

Vögel spielen in der Symbolik des Feng Shui zur Förderung des Liebesglücks eine wichtige Rolle. Mandarinenten, Gänse und Schwäne gehören ebenso zu dieser Gruppe von Symbolen wie der Phönix, der bedeutendste aller Vögel.

Der Phönix ist einer von vier göttlichen Wesen der chinesischen Mythologie und gilt als weibliches Gegenstück zum Drachen, dem Symbol für männliche Yang-Energie. Werden Phönix und Drache gemeinsam aufgestellt, versinnbildlichen sie fruchtbare Beziehungen und sind deshalb bei chinesischen Hochzeiten besonders beliebt.

Einzeln ist der Phönix nicht minder stark. Seine Gegenwart soll neue Perspektiven erschließen. Hinsichtlich der Himmelsrichtungen steht dieser Vogel für den Süden – zusammen mit dem Yang-Trigramm Li, das auch für Feuer steht. Die Farbe des Phönix ist Yang-Rot, deshalb eignet er sich hervorragend für den Südwest-Bereich, in dem das Erde-Element dominiert und wo er für die Harmonie der Elemente sorgt.

Feuer erzeugt und stärkt das Element Erde, deshalb erhöht der Phönix die Chancen für Ihr Liebesglück. Die Wahrscheinlichkeit, einen Seelenverwandten und somit eine dauerhafte Beziehung zu finden, erhöht sich durch ihn.

Das Phönix-Symbol

Jenen, die einen Phönix im Südwesten anbringen möchten, kann ich die wunderschönen Stickereien empfehlen, die in China hergestellt werden. Dieses Symbol wirkt ebenso auf Porzellan oder Bildern. Die Wahl liegt ganz bei Ihnen. Sollten Sie aus irgendeinem Grund kein Phönixbild finden, können Sie auch das Bild eines Pfaus verwenden.

Vogelpaare für die Liebe

Oben: Können Sie keine Mandarinenten finden, hängen Sie ein Bild mit Tauben in den Südwest-Bereich des Wohnzimmers, um die Liebesenergie in diesem Sektor zu aktivieren.

Mandarinenten symbolisieren Eheglück. Chinesische Künstler haben diese hübschen Wasservögel schon immer zur Darstellung der Liebe genutzt. Ein Entenpaar auf einem Bild repräsentiert das Glück zweier Menschen, die sich gefunden haben, und ist somit ein ausgesprochen günstiges Symbol für junge Beziehungen.

Auch allein stehende Frauen und Männer können von der Symbolik der Mandarinenten profitieren und ein Bild von ihnen aufhängen. In der Südwest-Ecke des Wohnzimmers verstärken sie die Liebes-Energie um ein Vielfaches.

Wer den Liebes-Bereich, also den Südwesten, mit Mandarinenten aktivieren möchte, sollte entweder ein entsprechendes Bild aufhängen oder dekorative Skulpturen wählen. Am besten eignen sich hierfür Enten aus Halbedelsteinen – also aus durchsichtigem oder Rosenquarz, Jaspis, Aventurin, Turmalin oder roter Koralle. Bestehen sie aus einem Material, das dem Erde-Element zugeordnet ist, aktivieren sie außerdem die Erde-Energie.

Enten aus Holz eignen sich weniger für diesen Zweck, denn Holz steht im Gegensatz zum Erde-Element. Sind sie aber besonders farbenfroh bemalt (vor allem in Rottönen), können auch sie verwendet werden, obgleich ihre Wirkung nicht so stark sein wird wie bei Enten aus Halbedelsteinen oder Kristallen. Immerhin sind sie besser als gar keine Enten, wenn Sie Ihrem Liebesglück auf die Sprünge helfen wollen.

Der richtige Platz für Mandarinenten

Wählen Sie einen Standort in Couchtisch-Höhe. Stellen Sie nie eine einzelne Ente auf, aber auch nicht drei auf einmal, denn das würde bedeuten, dass es in Ihrem Liebesleben zu „voll" werden kann! Nehmen Sie stets ein Pärchen, nicht mehr und nicht weniger.

Wenn Sie eine Familie haben, sind Mandarinenten besonders geeignete Dekorationsobjekte. Um das Glück des Zusammenseins darzustellen, können Sie in diesem Fall eine ganze Entenfamilie auf einer Spiegelfläche „schwimmen" lassen. Symbolisch wird dadurch eine Familie dargestellt, die in allen Lebenslagen zusammenhält.

Fliegende Gänse für die Treue

Ein hoch am Himmel dahinfliegendes Gänsepaar ist eines der stärksten Symbole für das partnerschaftliche Glück einer Beziehung. Mandarinenten eignen sich besser für jene, die noch auf der Suche nach einem passenden Lebenspartner sind. Diejenigen, die bereits eine feste Beziehung haben, sollten ein Gänsepaar wählen.

Ein Gänsepaar symbolisiert mehr als nur das Versprechen, glücklich und gemeinsam durch das Leben zu gehen. Sind Sie in einer relativ neuen Beziehung und aus beruflichen Gründen häufig getrennt, suchen Sie nach einem Wandschirm mit einem fliegenden Gänsepaar oder nach Bildern mit Gänsepaaren und hängen Sie sie an der Südwestwand Ihres Wohnzimmers auf, um eine glückliche Beziehung zu fördern. Gänse sind sich, so sagt man, ein Leben lang treu. Nie fliegt einer von ihnen ohne den anderen davon.

Gänse repräsentieren außerdem die männliche Yang-Energie – was sie zu einem Glückssymbol macht – und sind aufgrund der Tatsache, dass es sich um Zugvögel handelt, auch ein Symbol für Abenteuer. Als Hochzeits- oder Verlobungsgeschenk stehen sie für den Wunsch nach Zusammenhalt. Gänse sind sehr treu, sie paaren sich nicht mehr nach dem Tod eines der Partner.

Oben: Gänsepaare auf Tellern, Wandschirmen oder Gemälden im Südwest-Bereich des Wohnzimmers versinnbildlichen eine dauerhafte Beziehung.

Liebesvögel fördern das Liebesglück

Ein gleichwertiger Ersatz für Mandarinenten sind Wellensittiche oder Liebesvögel. Diese Vögel aus der Familie der Pagagaien und Sittiche nennt man Liebesvögel, da sie sehr an ihren Partnern hängen. Nur selten sieht man sie einzeln, sie fliegen meist paarweise.

Gleichgültig, welche Vogelart Sie wählen, stellen Sie niemals einen einzelnen Vogel oder etwa eine Gruppe von Vögeln, auf, so vermeiden Sie Liebeskummer. Wählen Sie einen gut beleuchteten Standort im Südwesten Ihres Wohn- oder Schlafzimmers.

Die Macht des Doppelten Glückssymbols

Dieses Symbol erfreut sich in China ganz besonderer Beliebtheit. Es steht für das Eintreten vieler glücklicher Anlässe. Nach alter chinesischer Tradition sind die drei wichtigsten Ereignisse („hei see") im Leben eines Menschen ein hoher Geburtstag, die glückliche Verehelichung der Kinder und die Geburt von Kindern und Enkeln. Von diesen drei Anlässen betreffen zwei – die Eheschließung und die Geburt von Kindern – das Familien- oder Beziehungsglück. Der dritte Anlass bezieht sich auf ein langes Leben. In China werden Geburtstage erst nach dem 59. Lebensjahr gefeiert, um die Götter nicht herauszufordern oder eifersüchtig zu machen.

Freudige Ereignisse gelten als Manifestation des Glücks, und das Doppelte Glückssymbol soll einer Familie viele solcher Anlässe bescheren. Diese Symbolik wird auch auf glückliche Beziehungen der Söhne und Töchter übertragen und soll jungen Paaren viele gesunde Kinder bringen. In China gilt es als höchstes Glück, fünf Söhne zu haben. Wünscht Ihnen ein Chinese fünf Söhne, meint er damit „Viel Glück!".

Ein wirkungsvolles Glückssymbol

Somit ist dieses Symbol ein besonders wirkungsvolles Mittel, um eine feste Bindung einzugehen. Für die Chinesen bedeutet es außerdem, viele Kinder nach der Heirat zu bekommen. Aus diesem Grund gibt es Schmuckstücke mit dem Doppelten Glückssymbol, die Sie immer bei sich tragen können. Besorgen Sie sich entsprechende Ringe oder Ohrringe für Ihr Liebesglück. Möchten Sie noch mehr tun, können Sie auch Ihr Schlafzimmer mit dem doppelten Glückszeichen dekorieren. Stellen oder hängen Sie dieses Symbol (z. B. an einem Lampion) in die Südwest-Ecke des Schlafzimmers.

Die Symbolik des doppelten Glücks
Das Tragen von Schmuck mit dem Doppelten Glückssymbol kann glückliche Ereignisse in Ihr Leben bringen.

Rote und gelbe Lichter für soziale Kontakte

Oben: Rote und gelbe Lichter im Südwesten stärken die Yang-Energie und verbessern soziale Kontakte ebenso wie das Liebesleben.

Möchten Sie gesellschaftlich aktiver sein oder die Glut der Romantik entfachen, sollten Sie rote und gelbe Lampenschirme kaufen und damit die Südwest-Ecken Ihres Hauses oder Ihres Wohnzimmers dekorieren. Die fröhlich aussehenden Lichter geben diesen Bereichen einen Hauch von Yang-Energie. Rot ist gleichzusetzen mit Feuer, das wiederum das lebensnotwendige Element Erde erzeugt, während Gelb die Farbe der Erde selbst darstellt. Gelb stärkt natürlich auch die Yang-Energie und kann sehr gut für sich alleine eingesetzt werden.

Verwenden Sie rote Lichter

Übertreiben Sie nicht mit zu viel Rot im Südwest-Bereich. Haben Sie schon einen roten Lampenschirm, ist es nicht erforderlich, im gleichen Zimmer auch noch einen roten Lampion aufzuhängen, obwohl natürlich nichts dagegen spricht, einen roten Lampion im Schlafzimmer und einen roten Lampenschirm im Wohnzimmer zu haben.

Wählen Sie den Standort für den Lampenschirm nicht zu niedrig. Er sollte mindestens so hoch wie eine Anrichte hängen, um die rote Licht-Energie zu stärken. Auch Stehlampen sind günstig.

Eine Alternative zu Lampenschirmen sind moderne elektrische Lichterketten. Die kleinen roten Lichter eignen sich hervorragend dafür, Yang-Energie zu aktivieren. Hängen Sie diese Lichter im Süden, Südwesten oder Nordosten auf, nicht im Westen oder Nordwesten.

43 Die Farbe Rot – was haben Sie davon?

Für eine wichtige Verabredung mit jemandem, an dem Ihnen viel liegt, kann ein rotes Kleidungsstück Ihre Persönlichkeit mit starkem Yang-Chi unterstreichen. Die ausgestrahlten Schwingungen sind ausgesprochen positiv und können sehr romantisch wirken. Vermeiden Sie aber jede Übertreibung hinsichtlich Menge und Intensität der Farbe. Vor allem in den Herbst- und Wintermonaten sind rote Farbtöne in der Kleidung günstig, denn die mit der Farbe assoziierte Wärme fügt dem Yin des Winters etwas Yang hinzu. Ist Ihr Element das Holz (siehe Tabelle) und sind Sie in den Wintermonaten geboren, kann Sie die Farbe Rot stärken und Ihnen die benötigte Wärme geben.

Rot ist darüber hinaus die Farbe der Erntezeit. Sie symbolisiert die reifende Frucht des Sommers und stellt, im übertragenen Sinne, einen Katalysator für die Liebe dar.

Oben: Rote Kleidungsstücke können Ihre Persönlichkeit für eine Verabredung günstig unterstreichen. Bestimmen Sie vorher Ihre Elemente nach der Tabelle.

Ihr Geburtsjahr

Jeder hat zwei herrschende Elemente in seinem Geburtsjahr. Das erste ist das Element Ihres „Irdischen Astes", bekannt als das chinesische Tierkreiszeichen, unter dem Sie geboren sind. Ihr persönliches Tierkreiszeichen finden Sie im Astrologieteil ab Tipp 80. Das zweite ist das Element des „Himmlischen Stammes" des Geburtsjahres, für dessen Bestimmung Sie einen chinesischen Mondkalender brauchen. Die Tabelle unten enthält zwei Kategorien zur Bestimmung Ihrer Elemente. Bestimmen Sie sie sowohl nach dem Geburtsjahr als auch nach dem chinesischen Tierkreiszeichen. Sind Sie z.B. 1966 geboren, ist Ihr Element das Feuer. Oben steht das Element des „Himmlischen Stammes", darunter der „Irdische Ast". Rot fördert das Liebesglück für den Stamm und den Ast, der das Feuer-Element darstellt.

Ihre Elemente

HOLZ	FEUER	ERDE	METALL	WASSER
		JAHRE:		
1934, 35, 44, 45, 54, 55, 64, 65, 74, 75, 84, 85, 94, 95	1936, 37, 46, 47, 56, 57, 66, 67, 76, 77, 86, 87, 97, 98	1938, 39, 48, 49, 58, 59, 68, 69, 78, 79, 88, 89, 98, 99	1940, 41, 50, 51, 60, 61, 70, 71, 80, 81, 90, 91, 2000, 01	1942, 43, 52, 53, 62, 63, 72, 73, 82, 83, 92, 93
		TIERE:		
Tiger und Hase (zugeordnetes Element)	Schlange und Pferd (zugeordnetes Element)	Hund, Büffel, Drache und Schaf (zugeord. Element)	Affe und Hahn (zugeordnetes Element)	Schwein und Ratte (zugeordnetes Element)
Rot ist günstig für die Wintermonate.	Rot ist günstig im ganzen Jahr, ergibt im Sommer aber zu viel Feuer.	Rot eignet sich das ganze Jahr, aber vor allem im Winter.	Rot ist das gesamte Jahr über ungünstig – wählen Sie Weiß und Gelb.	Rot harmoniert nicht mit Wasser, in kleinen Mengen ist es sehr günstig für den Winter.

Eine rote Wand für Ihr Liebes-Chi

Sind Sie ausgesprochen unglücklich in Ihrer Beziehung und möchten Sie drastischere Maßnahmen ergreifen, könnten Sie es mit einer leuchtend roten Wand im Südwesten versuchen. Eine rote Wand erzeugt sehr starke Yang-Energie, die das Chi in diesem Bereich beschleunigt. Rot verfügt über ausgesprochen starke Energien und kann in der richtigen Südwest-Ecke das Liebes-Chi intensivieren.

Haben Sie schon alle empfohlenen Maßnahmen ausprobiert und sind Sie bei Ihrer Suche nach einem Lebenspartner noch nicht weitergekommen, oder möchten Sie Ihren Freund oder Ihre Freundin endlich zur Heirat bewegen, können Sie den Versuch wagen, Ihre Südwest-Wand leuchtend rot anzustreichen.

Dabei ist es gleichgültig, ob Sie die Innen- oder Außenseite der Wand anstreichen oder eine rote Tapete anbringen. Hat diese Wand ihre Aufgabe erfüllt, sollten Sie sie aber wieder in ihren Originalzustand zurückversetzen! Denn zu viel Rot kann eine Überdosis an Yang-Energie ergeben, was unter bestimmten Umständen oder zu bestimmten Jahreszeiten wie eine Explosion wirken kann.

Rot für eine feste Beziehung

Ich habe schon ganze Zimmer in Rot gesehen, was recht eindrucksvoll und schön wirkt, wenn es fachmännisch gemacht ist. Vor einigen Jahren hatte ich einen Freund, einen bärbeißigen Börsenmakler in mittleren Jahren, der Single war und schon viele Jahre ganz allein in Hongkong lebte. Der arme John lebte in dem Wahn, alle Frauen würden ihn nur seines Geldes wegen heiraten. Dann begegnete er June Mei, einer Innenarchitektin, die ihn nach drei Monaten Bekanntschaft überredete, sein Penthouse neu einzurichten. Mei ließ die langweiligen Blautöne von den Wänden entfernen und eine moderne Tapete in Rot und Rotbraun anbringen. In seine Südwest-Ecke stellte sie außerdem einen roten Lampenschirm. Bereits zum folgenden Weihnachtsfest war sie mit ihm verheiratet!

Unten: Eine rote Wand im Südwesten kann diesem Bereich sehr förderlich sein und Ihre Chancen auf eine feste Beziehung erhöhen.

FENG SHUI FÜR DIE PARTNERSUCHE

Kerzen als Energiespender

Kerzen sind bestens geeignete Energiespender für Ihr Liebesglück. Benutzen Sie zum Betonen des Chi im Südwesten rote und gelbe Kerzen, deren Chi mit den Energien des Erde-Sektors harmoniert. Es ist nicht erforderlich, die Kerzen jeden Tag anzuzünden – einmal in der Woche oder in Vollmondnächten ist es ausreichend.

Unten: Stellen Sie für Ihr Liebesglück einmal in der Woche oder in Vollmondnächten eine Wasserschale mit roten oder gelben Schwimmkerzen auf.

An diesen speziellen Abenden können Sie auch Schwimmkerzen in eine Schale mit Wasser geben. Legen Sie sieben unterschiedliche Arten von Halbedelsteinen und, wenn Sie es haben, ein kleines Stück symbolisches Gold mit hinein. Dieses Gold steht für die Abrundung des Familienglücks. Das letzte Element, das noch fehlt, ist das Holz-Element. Um sicherzugehen, dass es sich um lebendiges und nicht um totes „Holz" handelt, geben Sie frisch gepflückte Blumen dazu. Diese Blumen runden die Situation sozusagen ab, lassen Ihr Liebesglück erblühen.

In diesem kleinen Ritual sind alle fünf Elemente einbezogen, der Weg wird vom Element Feuer symbolisch beleuchtet. Die Kerze repräsentiert das Feuer, die Halbedelsteine die Erde, die Blumen das Holz, das Gold das Metall und dann ist da noch das Wasser

Dieses Ritual eignet sich besonders, wenn Sie Freunde zu Besuch haben, vor allem falls jemand dabei ist, der Ihnen ganz besonders am Herzen liegt. Das Chi der Zuneigung kann somit leicht und dennoch beständig fließen und jeden im Raum mit einbeziehen. Probieren Sie das Ganze doch einmal in einer Vollmondnacht aus, um zu sehen, was der Abend Ihnen in romantischer Hinsicht bringen kann!

Feng Shui für die Partnersuche

Der mystische Knoten für unendliche Liebe

46

Der Liebesknoten

Hängen Sie ein Bild mit diesem mystischen Knoten in Ihr Schlafzimmer, um eine lange, liebevolle Beziehung zu Ihrem Partner zu fördern.

Der mystische Knoten wird auch als endloser Knoten bezeichnet, denn er „beißt sich selbst in den Schwanz". In esoterischer Hinsicht versinnbildlicht er, dass es weder Anfang noch Ende gibt und entspricht damit der buddhistischen Philosophie, nach der die Existenz ein endloser Kreislauf – „samsara" – von Geburt und Wiedergeburt ist.

So erinnert uns dieser Knoten daran, dass wir nach dem Erkennen dieser Wahrheit damit beginnen, nach einem Weg zu suchen, um uns aus dem endlosen Kreislauf von Geburt und Wiedergeburt zu befreien.

Alle Buddhisten streben nach dieser Freiheit. Das Symbol des endlosen Knotens findet sich auf der Brust der Hindu-Gottheit Vishnu und ist auch eines der acht Zeichen an Buddhas Füßen.

Auf weniger spiritueller Ebene wird der mystische Knoten oft mit unendlicher Liebe gleichgesetzt, einer Liebe, die so groß ist, dass sie weder Anfang noch Ende hat. Dadurch wird er zu einem äußerst romantischen Symbol. Bringen Sie ihn in Ihrem Schlafzimmer an, um eine lange Beziehung mit einer geliebten Person ohne Trennungen, Rückschläge oder Leid darzustellen.

Der Glücksknoten

Aufgrund seiner Stellung in der spirituellen Tradition wird dieser Knoten oft als Glücksknoten bezeichnet. Damit ist er ein sehr beliebtes Ornament.

Gefällt er Ihnen, können Sie ihn überall, vor allem aber in der Südwest-Ecke Ihres Schlafzimmers einsetzen. Er bringt die Art von Freude, die man verspürt, wenn man sich geliebt und in Sicherheit fühlt.

47 Helle Lichter sorgen für Liebeserklärungen

Wünschen Sie sich Liebes- und Beziehungsglück, können Sie ein erhöhtes, helles Licht in der Südwest-Ecke Ihres Gartens anbringen. Dadurch soll nicht nur die Flamme der Liebe lebendig bleiben, es soll auch die Heiratsaussichten aller Mitglieder in einem Haushalt verbessern – den Söhnen und Töchtern im heiratsfähigen Alter wird es nicht an Partnern mit ernsthaften Absichten mangeln!

Lichter im Südwesten, gleichgültig, wo und wie genau sie stehen, symbolisieren stets glückliche, feste Beziehungen, solange nicht andere Bereiche beeinträchtigt sind oder das Horoskop absolut ungünstige Verbindungen zeigt. Aber selbst unter diesen Umständen können die Lichter dabei helfen, die Unstimmigkeiten abzumildern und Harmonie in die Partnerschaft zu bringen.

Damit die Lichter ihre volle Kraft entfalten können, sollten sie mindestens 1,5 bis 1,8 Meter hoch über dem Erdboden an einem Pfosten abgebracht sein, wobei der Pfosten 1 Meter tief in der Erde stecken sollte. Oben bringen Sie ein leuchtend gelbes rundes Licht an, welches das Licht des Yang-Chi darstellt. Das Licht soll das Chi aus der Erde anziehen und Glück in diesen Bereich bringen.

Möchten Sie noch mehr tun, können Sie gleich drei der runden Lichter anbringen, die symbolisch gesehen Himmel und Erde zu einer Einheit verschmelzen lassen.

Liebeslicht
Ein erhöhtes, helles Licht im Südwesten des Gartens verbessert Ihre Beziehungsaussichten.

Stellen Sie hohe Lichter im Südwesten auf.

48 Orangen bringen Ihnen den richtigen Partner

Während des chinesischen Neujahrs kann es sich günstig auswirken, die Wohnung mit Orangen zu dekorieren und am fünfzehnten Tag des neuen Mondjahres ein kleines Ritual durchzuführen. In dieser Nacht, die auf einen Vollmond fällt, werfen junge Mädchen in China Orangen ins Wasser.

Möchten auch Sie dieses kleine Ritual durchführen, schließen Sie beim Hineinwerfen der Orange die Augen und stellen sich die Art von Mensch vor, die Sie sich als Lebenspartner wünschen. Während dieser Nacht spiegelt sich das silberne Mondlicht im Wasser. In China ist man davon überzeugt, dass diese Tradition jungen Mädchen einen geeigneten Ehemann beschert.

Mit ihrer auffallenden Farbe repräsentieren Orangen das Metall Gold – das wiederum für Glück steht. Das chinesische Wort „Kum" heißt gleichzeitig Orange und Gold.

Hilfe für Singles

Die Chinesen glauben an einen Gott der Ehe. Alle Singles können also Hoffnung schöpfen. Er nennt sich Chieh Lin und ist niemand Anderer als der „Mann im Mond". Er soll für alle Eheschließungen zwischen Sterblichen zuständig sein und angeblich die Vereinigung zwischen möglichen Paaren auf der Erde segnen, indem er ihre Füße mit einem unsichtbaren roten Seidenband zusammenbindet.

Aus diesem Glauben heraus entstand der chinesische Brauch, wonach Hochzeitspaare ihre Ehe besiegeln, indem sie aus zwei mit einer roten Schnur verbundenen Gläsern trinken. Um Ihr Liebesglück zu steigern, können Sie ein Bild mit einem Vollmond aufhängen. Es steht für Yang im Yin. Während des 15. Tages jedes chinesischen Mondes (bei Vollmond) kommt die günstige Zeit, um alle Herzensangelegenheiten anzupacken.

Rot für die Yang-Energie

Nach Erzählungen soll der „Mann im Mond" in der Südwest-Ecke eines Hauses ausgesprochen förderlich für das Liebesglück sein. Obwohl mir schon viel von diesem Gott der Brautpaare zu Ohren gekommen ist, habe ich nie ein Bild von ihm gesehen.

Ein etwas praktikablerer Vorschlag lautet, im Südwesten Ihres Hauses viel Zinnoberrot zu verwenden, um die Feuer-Energie dieser Ecke zu steigern. In China ist Rot von alters her eine Glücksfarbe.

Auf das Liebes- und Beziehungsglück kann es sich günstig auswirken, wenn Sie zinnoberrote Vorhänge, Tapeten oder Teppiche anbringen. Im Entstehungskreislauf der Elemente hinterlässt das zinnoberrote Feuer das Element Erde, was zusammen mit dem starken Yang den Südwest-Bereich belebt. All diese Maßnahmen sind für Ihr Wohnzimmer und nicht für Ihr Schlafzimmer gedacht.

Links:
Chinesische Brautpaare besiegeln ihr Ehegelübde mit einem Schluck Champagner aus zwei mit einer roten Schnur verbundenen Gläsern

50 Feng Shui für einen festen Partner

Im Feng Shui ist Liebe immer mit Familie gleichzusetzen – und dem Glück, eine gute Ehe zu führen, die mit vielen Kindern, vor allem Söhnen, gesegnet ist. Deshalb laufen alle Maßnahmen, das Liebesglück zu aktivieren, darauf hinaus, Unverheirateten den passenden Ehepartner zu bescheren. Sie vertiefen aber auch die Liebe und das Verantwortungsgefühl zwischen Lebenspartnern allgemein.

Die Anwendung von Feng-Shui-Symbolen setzt also voraus, dass Sie eine dauerhafte Beziehung wünschen. In China ist das immer mit der Ehe, die als heilig gilt, gleichzusetzen. Untreue in unserem Sinne gab es im alten China nicht. Die chinesische Gesellschaft war früher polygam, und Männer hatten mehrere Frauen und Konkubinen, die zur Familie zählten. Gehen Sie also vorsichtig mit Feng-Shui-Symbolen um, denn so mancher bekommt richtig „Appetit", was eventuell zu Affären und Seitensprüngen führen könnte. Es sollten auch immer bestimmte Vorsichtsmaßnahmen getroffen werden, um sicherzugehen, dass eine dritte Person die Ehe oder Beziehung nicht gefährdet.

Das Aktivieren der Liebeskräfte bringt Ihnen Gelegenheiten, eine feste Beziehung einzugehen, kann aber nicht ihre Dauer für ewige Zeiten garantieren.

51 Yang-Chi für einen Lebenspartner

Unten: Sorgen Sie für helles Licht in Ihrer Südwest-Ecke und hängen Sie Bilder auf.

Allein stehende Frauen, die sich nach Liebe und einem Lebenspartner sehnen, sollten die männliche Yang-Intensität in ihrem Heim stärken. Eine Möglichkeit ist eine helle Lampe in den Südwest-Ecken von Wohnzimmer und Schlafzimmer. Alle Bilder und Dekorationsgegenstände in der Wohnung sollten die männliche Vitalität symbolisieren; wählen Sie also Bilder von „Idolen" – männlichen Filmstars oder Musikgruppen – und hängen Sie diese neben Dinge, die Sie lieben, damit der Mann, den Sie gerne zum Partner hätten, zu Ihrem Lebensstil passt. Bilder mit romantischen Darstellungen von Paaren können ebenfalls aufgestellt werden, um die Energien auszugleichen. Auch Musik ist eine günstige „Lebensenergie"; paarweise angeordnete Objekte schaffen den Ausgleich bei der Dekoration. Meiden Sie zu viel Yin in Ihrer Einrichtung, wie z.B. dunkle Farben, minimalistisches Design und reisfarbene japanische Wandschirme, die für Yin-Chi stehen. Dunkle Möbel oder Teppiche sollten immer durch helle, aber nicht grelle Beleuchtung ausgeglichen werden. Sie sind auf der sicheren Seite, wenn Sie diese Vorschläge auf Ihr Wohnzimmer und nicht Ihr Schlafzimmer anwenden. Streichen Sie Ihr Schlafzimmer nie mit roter Farbe.

Feng Shui für die Partnersuche

Junggesellen brauchen weibliche Energie

In Junggesellenwohnungen gibt es häufig zu wenig Yin-Energien, was die Suche nach der richtigen Partnerin behindern kann. Meistens dominieren Yang-Energien, was oft auf typisch „männliche" Utensilien wie Briefbeschwerer, Aktentaschen, Aschenbecher und Zigarettenschachteln zurückzuführen ist. Um weibliche Energien einzubringen, muss die weibliche Gegenwart simuliert werden. Wirksame Symbole sind Skulpturen, Porträts und Bilder von Frauen. Ausgesprochen günstig ist es, Abbildungen weiblicher Körper aufzuhängen. Meiden Sie aber antike Gemälde mit älteren Frauen sowie Bilder mit Szenen aus chinesischen Klassikern, denn die in diesen Geschichten dargestellten Frauen entsprechen nicht dem Typ, mit dem ein moderner Mann heutzutage eine feste Beziehung eingehen möchte. Viele sind „falsch" – z.B. Animierdamen, die Männer zu einer kurzen Liaison verführen.

Oben und unten: Blumen wie Narzissen und Pfingstrosen verbessern die Chancen für Junggesellen, eine Partnerin zu finden.

Kunstobjekte und Blumen

Für ein erfolgreiches Feng Shui sind moderne Kunstobjekte geeigneter als alte Stücke, es sei denn, Sie kennen deren genaue Herkunft. Das Gleiche gilt für Möbelstücke.

Blumensymbole sollten in keiner Wohnung fehlen, denn sie stehen für schöne Frauen und Glück in der Liebe. Am besten eignen sich Pfingstrosen als wirkungsvolles Symbol für die Liebe. Es gibt auch Blumen, die feste Paare versinnbildlichen: Narzissen (sie können auch Ihrer Karriere förderlich sein, wenn sie zum Mond-Neujahr aufgestellt werden), Pflaumenblüten und Orchideen. Das Bild einer Narzisse und einer Pfingstrose zusammen symbolisiert eine bevorstehende Heirat, während Orchideen zusammen mit Pfingstrosen für eine Romanze zwischen zwei Mitgliedern eng befreundeter Familien stehen.

FENG SHUI FÜR DIE PARTNERSUCHE

Persönliche Liebessymbole für Ihr Liebesglück

Die Symbole im Feng Shui wirken auf die Qualität der Energien; je stärker der Glaube an die Symbole ist, desto stärker sind die von ihm erzeugten Energien. Es stimmt nicht, dass nur chinesische Bilder wirken. Halten Sie Ausschau nach Liebessymbolen aus Ihrem eigenen Kulturkreis und dessen Sinnbildern. Sie können z.B. rote Herzen und Turteltauben statt dem Doppelten Glückssymbol und dem Phönix einsetzen, um Ihr Liebesglück zu beleben.

Einige der stärksten Liebessymbole, die ich kenne, stammen aus der westlichen Welt. Ich denke dabei nicht ausschließlich an Gemälde mit sexuellen Darstellungen, sondern auch an echte Meisterwerke der Kunst, die Liebe oder Familienglück zum Ausdruck bringen. Dazu gehört „Der Kuss" von Gustav Klimt – ein wunderschönes Bild, das intensive und aufregende Romantik ganz wunderbar auszudrücken vermag. Wenn Sie ein Bild sehen, dessen Romantik Sie anrührt, sollten Sie es kaufen und in Ihrer Wohnung aufhängen. Die Auffassungen von Romantik sind übrigens sehr individuell!

Ein anderes westliches Feng-Shui-Symbol zur Aktivierung des Liebes-Chi ist der Kristallleuchter. Er symbolisiert die lebendig gewordene Yang-Energie der Erde. Ist Ihnen ein großer Leuchter zu teuer, sehen Sie sich doch nach einem kleineren, relativ günstigen Ersatz um.

Ihre persönliche Kraft

Wenn Sie Ihr Heim für die Liebe aktivieren möchten, sollten Sie sich darüber im Klaren sein, dass Sie selbst für die Energien um sich herum die stärkste Kraft darstellen. Viele denken nicht daran, dass Feng Shui gerade dadurch so wirksam ist.

Die menschliche Psyche strahlt durch Ihren eigenen Glauben große Kraft aus. Indem wir die Grundlage der symbolischen Bedeutung hinter den Dingen verstehen, übertragen wir ihnen positive Chi-Energie. Zusammen mit richtig angewandtem Feng Shui und dem Wissen um die fünf Elemente (oder Wu Xing) bringt uns diese Energie das Glück. Lassen Sie deshalb Ihrer Kreativität Raum!

Unten: Hängen Sie Bilder von Liebespaaren auf, die Liebe und Zuneigung symbolisieren. Hier sehen Sie mein Lieblingsbild, „Der Kuss" von Gustav Klimt.

Die genaue Festlegung mit Trigrammen

Zur Feinabstimmung Ihres Liebes-Feng-Shui können Sie sich Trigramme zunutze machen. Unter dem Yang-Pa-Kua werden die Trigramme entsprechend der so genannten „Erdsequenz" gelegt. Das Trigramm K'un liegt dabei im Südwesten (siehe Skizze). Achten Sie auch auf die Bezeichnungen der anderen Trigramme und ihren Platz in den verschiedenen Sektoren. Dann können Sie besser verstehen, wie die unterschiedlichen Hexagramme für die acht Türrichtungen aufgebaut sind.

Die Südwest-Ecke

Normalerweise wird im Feng Shui erst die Südwest-Ecke eines Hauses oder einer Wohnung festgelegt und dann zum Stimulieren des Liebesglücks aktiviert. Sie können die Glücksecke eines Hauses noch genauer bestimmen, indem Sie das festgelegte Pa Kua auf das Yang-Pa-Kua auflegen. Diese Methode des festgelegten Pa Kuas zur Bestimmung von Türrichtungen geht davon aus, dass die Ecken des Pa Kua im Verhältnis zur Haupteingangstür feststehen. Wahrscheinlich war es die Grundlage dieses Verfahrens, nach der viele Feng-Shui-Anhänger vorgegangen sind, in der Annahme, dass die Vordertür immer im Norden liegt und nach Süden zeigt. Das zur Analyse von Wohnungen oder Häusern benutzte Yang-Pa-Kua (siehe Skizze) stellt die Erde dar.

Indem das festgelegte Pa Kua über das drehbare Yang-Pa-Kua gelegt wird, ist es möglich, die Art von Liebesglück zu analysieren, das den Bewohnern entsprechend der Richtung der Haupteingangstür bevorsteht. Die Richtung der Eingangstür des jeweiligen Hauses bestimmt, wie sich die Trigramme des Yang-Pa-Kua verschieben. Daraus lässt sich ein Hexagramm zur Bestimmung des Liebes- und Beziehungsglücks erstellen.

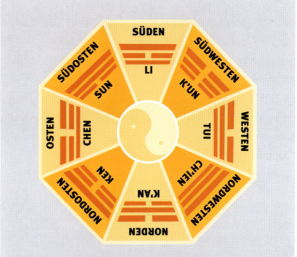

Die Verwendung des Yang-Pa-Kua

Die Anordnung der Trigramme in diesem Pa Kua gibt die verschiedenen Bedeutungen des Kompass-Sektors an. Sie lauten wie folgt:

Der **Süden** mit dem Trigramm Li: Anerkennung und Ruhm

Der **Norden** mit dem Trigramm K'an: Karriere und Beruf

Der **Osten** mit dem Trigramm Chen: Gesundheit und langes Leben

Der **Westen** mit dem Trigramm Tui: Kinder und die nächste Generation

Der **Südwesten** mit dem Trigramm K'un: Beziehungen, Liebe und Ehe

Der **Südosten** mit dem Trigramm Sun: Wohlstand und Reichtum

Der **Nordwesten** mit dem Trigramm Ch'ien: lehrende, hilfreiche, mächtige Menschen

Der **Nordosten** mit dem Trigramm Ken: Weisheit, Bildung und Studium

Die Bestimmung Ihrer Liebesecke

55 Doppeltes Liebesglück mit den beiden Pa Kuas

Normalerweise wird im Feng Shui ein Kompass benutzt, um den Südwest-Bereich eines Hauses zu bestimmen. Danach wird dieser „aktiviert", um Liebesglück zu stimulieren. Durch Auffinden einer zweiten Liebesecke können Sie jedoch Ihr Liebes-Feng-Shui noch feiner abstimmen – denn doppelt hält besser!

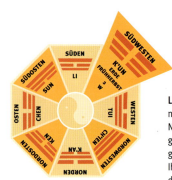

Links: Im Feng Shui wird das Pa Kua normalerweise so abgebildet, dass der Norden im „Süden" liegt. Mit den Trigrammen des Pa Kua lassen sich Lösungen für Probleme mit dem Liebes-Sektor Ihres Hauses finden oder die bestehenden Energien erheblich verbessern.

Die Verwendung des Pa Kuas

Sie benötigen zwei Kopien eines einfachen Grundrisses Ihrer Wohnung oder Ihres Hauses. Bestimmen Sie zuerst Ihre Südwest-Ecke mit Hilfe eines Kompasses. Pausen Sie das Pa-Kua-Diagramm (rechts) ab und legen Sie es auf den Grundriss, indem Sie die Südwest-Ecken aufeinander legen. Sie werden feststellen, dass der Südwest-Sektor auf dem Pa Kua von dem Trigramm K'un repräsentiert wird, welches für Beziehungen, Liebe und Ehe steht. Achten Sie auch auf die Bezeichnungen der anderen Trigramme und in welche Bereiche Ihrer Wohnung sie fallen, um die Richtungstabelle in Tipp 56 besser auswerten zu können.

Nehmen Sie jetzt die zweite Kopie Ihres Grundrisses. Stellen Sie sich vor, Ihre Eingangstür würde nach Süden zeigen, so dass Sie beim Eintreten nach Norden blicken. Markieren Sie die Südwest-Ecke auf Ihrem Plan – sie liegt links von der Eingangstür. Legen Sie diesen zweiten Grundriss, ohne die Richtungen anzugleichen, so über den ersten, dass die Lage der Zimmer zusammenpasst. Sie werden feststellen, dass Sie jetzt zwei Liebes-Bereiche haben – einen im „richtigen" Südwesten entsprechend Ihrem Kompass und einen im Südwesten links von Ihrer Eingangstür. Legen Sie jetzt K'un in diesen neuen Sektor und merken Sie sich das Trigramm, das jetzt im ursprünglichen Liebes-Sektor liegt. Dieses Trigramm über dem K'un-Trigramm ergibt das Hexagramm für Ihren Bereich. Suchen Sie in der Tabelle in Tipp 56 nach einem Feng-Shui-Tipp, der Ihr Liebesglück wirklich optimieren kann!

Das geografische oder Yang-Pa-Kua

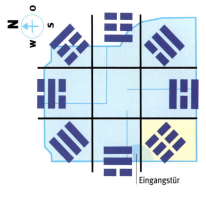

Das festgelegte Pa Kua für die Eingangstür

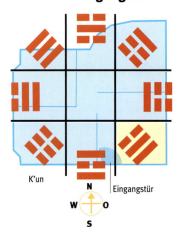

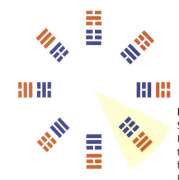

Links: Kombinieren Sie die beiden Pa Kuas, und Sie erhalten ein Hexagramm für Ihren speziellen Bereich.

Links: Wenn Sie auf ein vollständiges Pa Kua blicken, betrachten Sie die Symbole von der Mitte aus. Drehen Sie deshalb die Hexagramme so, dass K'un unterhalb von Sun liegt.

Die Bestimmung Ihrer Liebesecke

Wie Türen Ihre Heiratsaussichten bestimmen

56

In der Tabelle unten finden Sie eine Zusammenfassung der Ergebnisse, die durch das Auflegen des drehbaren Yang-Pa-Kua über das festgelegte Pa Kua entstehen. Daraus ergeben sich die Auswirkungen von Türrichtungen auf potenzielle Beziehungen der Bewohner. Wenn keiner der Bewohner im Haus auf Partnersuche ist, spielt der Mangel an günstigem Beziehungsglück keine Rolle. Wohnen aber mehrere Söhne und Töchter darin, sollten Sie nach Möglichkeiten versuchen, diese Beeinträchtigung zu beheben. Sind die Bedingungen ohnehin gut, können sie durch das Aktivieren bestimmter Ecken noch verbessert werden.

Richtung, in die die Tür zeigt: Heiratsaussichten der Bewohner	Herrschendes Hexagramm, I-Ging-Zahl und Bedeutung	Maßnahme
SÜDEN Ausgezeichnete Heiratsaussichten. (Südwesten im Südwesten)	K'un über K'un, Zahl 2 Die weibliche Kraft ist verdoppelt. Die Initiative ergreifen.	Aktivieren Sie den Westen mittels Windspielen. Ausharren lohnt sich.
NORDEN Nicht so günstig. Bewohner zu analytisch und zu wählerisch. (Nordosten im Südwesten)	Ken über K'un, Zahl 23 Keine Unterstützung. Ungünstig für feste Beziehungen.	Sie brauchen das Glück der Weisheit. Platzieren Sie einen Kristall im Nordosten und Lichter im Südwesten.
OSTEN Nicht so günstig, kann aber Hilfe von älteren Freunden oder Eltern erhalten. (Nordwesten im Südwesten)	Chien über K'un, Zahl 12 Beziehungen stagnieren. Fortschritt nur in kleinen Schritten.	Hängen Sie ein großes Windspiel mit sechs Stäben in den Nordwesten. Stärken Sie den Nordwesten.
WESTEN Weder gut noch schlecht. Besser für eine zweite Ehe. (Südosten im Südwesten)	Sun über K'un, Zahl 20 Andere sorgen für Beziehungsglück.	Falls Sie sich sehr nach einem Ehepartner sehnen, hängen Sie ein Windspiel in den Westen.
SÜDOSTEN Erfolgsglück. Erfülltes gesellschaftliches Leben mit vielen Freunden. (Osten im Südwesten)	Tui über K'un, Zahl 45 Viel Glück. Liebe kommt aus allen Richtungen.	Platzieren Sie das Element Feuer im Ost-Bereich.
SÜDWESTEN Entweder sehr gut oder sehr schlecht. Mögliche Beeinträchtigung: zu viel Lärm. Zu viel Klatsch oder eventuell viel Ruhm. (Süden im Südwesten)	Li über K'un, Zahl 35 Entweder der ideale Partner für Sohn oder Tochter oder Skandalgeschichten.	Platzieren Sie ein Wasserobjekt im Süden, um das Feuer unter Kontrolle zu halten.
NORDOSTEN Kann Liebe am Arbeitsplatz finden. Heiratsglück neutral. (Norden im Südwesten)	K'an über K'un, Zahl 8 Gut für Verbindungen. Sehr gute Vorzeichen für Ehe-Chi.	Platzieren Sie ein Wasserobjekt im Norden und viele Energiespender für Ihr Liebesglück im Südwesten.
NORDWESTEN Ausgezeichnet für jene, die eine gute Partie machen möchten. (Westen im Südwesten)	Chen über K'un, Zahl 16 Bringt großes Glück. Kein Problem bei Eheschließungen.	Aktivieren Sie den Südosten mit Pflanzen und hellen Lichtern. Stellen Sie auch Lichter in den Südwesten.

57 Mit den zwei Pa Kuas das Glück vergrößern

DIE BESTIMMUNG IHRER LIEBESECKE

Haben Sie Ihre Türrichtungen festgelegt und Ihr herrschendes Hexagramm bestimmt (siehe Tipps 55 und 56), können Sie die Energien in Ihrem Zuhause noch optimieren. Mit Hilfe von Kristallen und Windspielen, hellen Lichtern und Pflanzen oder auch mit den Elementen können Sie die Energie in einem bestimmten Sektor beleben oder beruhigen. Wasserobjekte beruhigen das Chi, Symbole des Elements Feuer wie z.B. die Farbe Rot steigern die Chi-Energie.

Sie können auch auf mehr als nur eine Ecke einwirken. Durch den Einsatz der Hexagramme lässt sich das Liebes- oder Beziehungs-Feng-Shui noch weiter verbessern. Es ist kein Grund zur Beunruhigung, wenn Sie nicht alle Mittel, die in Tipp 56 für Sie in Frage kommen, einsetzen können. Wenn Sie ein Wasserobjekt in einer bestimmten Ecke brauchen, stellen Sie dort einfach eine kleine Schale mit Wasser auf.

Oben: Für Nordost-Türen ist es günstig, ein Wasserobjekt, z.B. ein Goldfischglas, in den Norden oder Kristalle in den Südwesten zu stellen.

Links: Das Trigramm K'an über K'un steht für günstiges Beziehungsglück.

Rechts: Zeigt Ihre Tür nach Nordwesten, kann ein helles Licht in der Südost-Ecke Ihre Aussichten auf eine gute Partie steigern.

Rechts: Das Trigramm Chen über K'un steht für großes Glück und Liebe.

Es muss kein sündhaft teurer Zimmerspringbrunnen sein. Rote Lichter lassen sich ganz einfach in die Wohnung bringen, indem Sie einen dunkelblauen Lampenschirm gegen einen hellgelben oder orangefarbenen austauschen.

Auch wenn Ihnen diese Veränderungen nur sehr geringfügig erscheinen, können Sie so dennoch das Beste aus den positiven Energien um Sie herum herausholen.

Die Bestimmung Ihrer Liebesecke

Neue Tür – neues Glück

58

Eine Möglichkeit, Ihre Beziehungschancen zu verbessern, besteht darin, die Richtung Ihrer Eingangs- oder Schlafzimmertür zu verändern. Aus den vorhergehenden Seiten ist zu entnehmen, dass nach Norden oder Osten zeigende Türen für das Liebesglück nicht günstig sind – auch wenn sie auf andere Bereiche Ihres Lebens ausgesprochen positiv wirken können (worauf ich hier nicht genauer eingehen kann).

Wenn jedoch die Partnersuche höchste Priorität für Sie hat, kommt für Sie eine der folgenden Möglichkeiten in Betracht.

Leben Sie allein und brauchen Sie sich keine Gedanken über die Wirkung des Feng Shui auf andere Mitbewohner zu machen, können Sie Ihre Türrichtung verändern. Wählen Sie diese Möglichkeit nur, wenn eine günstigere Richtung entstehen kann, die auch hinsichtlich Ihres Geburtsjahres zu Ihnen passt (siehe Kapitel 4). Denken Sie auch daran, dass eine Tür nur nach innen oder nach außen aufgehen und somit nur in zwei Richtungen zeigen kann. In vielen Fällen ist es also nicht möglich, eine Türrichtung grundlegend zu beeinflussen – es sei denn, Sie besitzen ein Haus und es gibt eine zweite Tür, die sich zur Haupttür machen lässt.

Leben Sie zusammen mit anderen Personen, können Sie zumindest die Richtung Ihrer Schlafzimmertür ändern. Eine ungewöhnliche, aber effektive Methode ist, einen „zweiten Eingang" durch Vorhänge zu schaffen, die von der Decke bis zum Boden reichen. Vergessen Sie nicht, vorher entsprechend der KUA-Formel der „Acht Häuser" (siehe Kapitel 4) Ihre optimale Richtung zu bestimmen.

Wohnen Sie zur Miete und sind Sie ohnehin mit Ihrer Wohnung unzufrieden, können Sie sich überlegen, gleich ganz umzuziehen. Dies ist manchmal die beste und einfachste Lösung – vor allem dann, wenn Sie Single sind.

Leben Sie bei Ihren Eltern, ist es vielleicht möglich, in ein anderes Zimmer mit einer für Sie günstigeren Türrichtung umzuziehen.

In Tipp 56 finden Sie verschiedene Möglichkeiten, die Einflüsse ungünstiger Türrichtungen abzuschwächen.

Türrichtungen verändern

Ungünstige Türrichtungen lassen sich durchaus in günstigere abändern. Stellen Sie einfach einen Wandschirm so hinter der Tür auf, dass sich das eintretende Chi verändert (siehe oben rechts). Eine Alternative wäre ein kleiner Vorbau (siehe rechts), der in die von Ihnen gewünschte Richtung zeigt.

Ein Wandschirm hinter der Tür ändert den Fluss des Chi

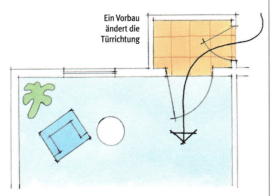

Ein Vorbau ändert die Türrichtung

Die Bestimmung Ihrer Liebesecke

59 | Liebe am Arbeitsplatz

Oben: Das Trigramm Tui über K'un

Unten: Möchten Sie an Ihrem Arbeitsplatz einen Partner finden, wäre es günstig, wenn Sie in einem Zimmer arbeiten, das nach Nordwesten zeigt. Aktivieren Sie den Osten mit einigen roten Objekten.

Haben Sie Freude an Ihrem Beruf und mögen Sie die Menschen, mit denen Sie dabei zu tun haben, kann die Liebe auch am Arbeitsplatz zu Ihnen kommen. Viele Menschen glauben, man könne seinen Traumpartner nicht bei der Arbeit kennen lernen. Dabei ist es so wichtig, gerade auch in diesem Bereich alle Maßnahmen zu ergreifen, um das Liebesglück zu aktivieren.

Eine Freundschaft am Arbeitsplatz kann durch Feng Shui zur Liebe erblühen, wenn Sie mit den entsprechenden Maßnahmen Ihr Liebesglück beeinflussen. Beginnen Sie damit, den Südwest-Bereich Ihres Zuhauses entsprechend den Tipps in Kapitel 2 zu aktivieren und wenden Sie dann zusätzlich die folgenden Empfehlungen an.

Liebe im Büro

Um das Chi des Liebesglücks am Arbeitsplatz zum Fließen zu bringen, wäre eine nach Südosten zeigende Tür am günstigsten. Diese Richtung zieht von allen Seiten Freunde und potenzielle Partner an und aktiviert das Beziehungsglück am Arbeitsplatz. So kann aus Freundschaft auch Liebe werden.

Falls an Ihrem Arbeitsplatz jemand ist, zu dem Sie sich besonders hingezogen fühlen, prüfen Sie, ob entweder bei Ihnen zu Hause die Eingangs- oder Schlafzimmertür oder aber die Tür zu Ihrem Büro nach Nordwesten zeigt. (Zur Bestimmung der Richtungen lesen Sie bitte auch Tipps 55 und 56). In diesem Fall können Sie den östlichen Bereich des entsprechenden Zimmers mit einem das Feuer-Element darstellenden Objekt aktivieren. Das kann fast alles sein, was rot ist – vielleicht eine Lampe, ein Bild oder Vorhänge. Ist keine geeignete Tür vorhanden, setzen Sie sich bei der Arbeit so, dass Sie nach Nordwesten blicken.

Versuchen Sie auch, für sich selbst ein gutes persönliches Liebesglück zu schaffen, indem Sie Ihre KUA-Richtung beachten (siehe Anweisungen in Tipp 68).

Die richtige Türrichtung für eine „gute Partie"

Möchten Sie reich heiraten, sollten Sie auf eine Türrichtung achten, die Ihre Aussichten auf Wohlstand durch Heirat und Liebe verbessert. Die in diesem Fall günstigste Richtung ist der Nordwesten.

Dadurch entsteht das Hexagramm Yu, das Freude bedeutet. Yu ergibt sich, wenn das Trigramm Chen über dem Trigramm K'un liegt (siehe unten). Es symbolisiert aus der Erde aufsteigenden Donner – und den Lärm, der weithin zu hören ist. Es steht für einen neuen Aufbruch, für Enthusiasmus, Überfluss und einen Zustand außerordentlichen Glücks. Außerdem versinnbildlicht es großen Erfolg und Wohlstand. Die versteckte Bedeutung dieses Hexagramms warnt aber gleichzeitig vor Übersättigung, die zu schlechter Gesundheit, Einschränkungen und Unglück führen kann. Das Hexagramm ist „klug", da es großes anfängliches Glück symbolisiert, aber gleichzeitig auch vor der Täuschung warnt, dass Wohlstand ewig ist. Es macht deutlich, dass die richtige Einstellung für dauerhaftes Glück vonnöten ist.

Machen Sie eine gute Partie

Eine nach Nordwesten zeigende Eingangstür soll „das große Geld" in die Familie bringen, indem die Nachkommen eine ausgesprochen gute Partie finden und reich heiraten. Ist der Westen auch eine günstige persönliche Richtung, wird das Glück noch weiter verstärkt.

Diejenigen unter Ihnen, die sich für ihren Sohn oder ihre Tochter eine gute Partie wünschen, sollten die Südwest-Ecke in ihrem Zuhause mit einer schönen, gut gewachsenen Pflanze aktivieren. Als Ergänzung zur Pflanze im Südosten können Sie auch ein Edelsteinbäumchen in den Südwesten stellen. Hängen Sie zusätzlich einen hellen Kristallleuchter in den Südwesten.

Denken Sie aber daran, dass eine reiche Heirat weder eine dauerhaft glückliche Beziehung noch Romantik garantiert. Wohlstand allein bringt kein Glück. Soll die Beziehung auch fruchtbar und glücklich werden, sollten die anderen Bereiche in Ihrem Heim ebenfalls ein gutes Feng Shui haben und, was noch wichtiger ist, auch das Zuhause des Brautpaares sollte nach Feng-Shui-Prinzipien geplant sein.

Oben: Ein Kristallleuchter im Südwesten Ihres Zuhauses kann diesen Bereich aktivieren und Ihre Heiratsaussichten verbessern.

Unten: Das Trigramm Chen über K'un.

Die Bestimmung Ihrer Liebesecke

61 Finden Sie die große Liebe durch inneres Feng Shui

Eine „gute Partie", die zwar Eltern und Großeltern zufriedenstellt, aber wenig Liebe und Romantik in sich trägt, ist nicht jedermanns Sache. Wenn Sie die große Liebe finden möchten, sollten sich Ihre Maßnahmen eher auf Ihr persönliches Glück als auf eine rasche Ehe konzentrieren. Sie stärken dadurch Ihre innere spirituelle Seite und werden sich darüber klar, was Glück für Sie wirklich bedeutet.

Um die große Liebe zu finden, bedarf es mehr als nur äußeres Feng Shui. Sie brauchen zusätzlich inneres Feng Shui – das Feng Shui Ihres Geistes – indem Sie sich lebhaft das „Bild" Ihres Idealmannes oder Ihrer Idealfrau vorstellen.

Was Ihr Zuhause betrifft, empfehle ich Ihnen, die Feng-Shui-Tipps in diesem Buch zu befolgen. Ihre Eingangstür sollte wenn irgend möglich nach Süden zeigen. Vergewissern Sie sich aber vorher, ob diese Richtung entsprechend der KUA-Formel (siehe Tipp 68) auch für Sie persönlich günstig ist. Trifft das zu, wunderbar! Daraus entsteht für Ihr Liebesglück das Hexagramm K'un, ein doppeltes K'un-Trigramm. Dieses Hexagramm ist sehr günstig für Ihr Liebesglück und symbolisiert Wohlergehen durch Zielstrebigkeit. Denn um die wahre Liebe zu finden, bedarf es Beharrlichkeit und Ausdauer. Den Mann oder die Frau Ihrer Träume gibt es wirklich. Sie müssen nur alles tun, um ihn oder sie zu finden! Seien Sie wie die Erde, die Nahrung für alles erzeugt. Die Poesie in diesem Hexagramm ist besonders schön, denn es beschreibt die Attribute der liebevollen Güte, die normalerweise mit dem mütterlichen Element in Verbindung gebracht wird, also dem Teil, der alles empfangen und ertragen kann.

Oben: Stärken Sie die mütterliche Energie, um die Liebe zu aktivieren. Die Haustür Ihrer Wohnung sollte nach Süden zeigen, und aktivieren Sie den Westen mit Windspielen.

Oben: Das doppelte Trigramm K'un.

Helfen Sie Ihrem Liebesglück auf die Sprünge

Verbessern Sie Ihr Liebesglück noch weiter, indem Sie Windspiele in den westlichen Bereich hängen. Dies ist nicht nur ein doppelter Ausgleich für die von der Erde erzeugte Kraft, sondern steht auch für einen Goldschatz – sozusagen das Erreichen Ihrer Wünsche.

Wenn möglich, sollte Ihre Schlafzimmertür nach Süden zeigen, was die Aussage des K'un-Hexagramms in Ihrem Leben stärkt. Sind diese Bedingungen erfüllt, atmen Sie tief durch und entspannen Sie sich. Erzeugen Sie keine negativen Energien, indem Sie sich ständig fragen, wann Ihre Träume wahr werden. Der häufigste Fehler im Feng Shui besteht darin, unablässig darauf zu warten, dass einem die gesuchte Person begegnet. Vermeiden Sie daher eine zu starke Erwartungshaltung.

Die Bestimmung Ihrer Liebesecke

Wie Sie einen erfolgreichen Partner finden

62

Wenn Sie einen erfolg- oder einflussreichen Partner haben möchten und selbst keine weiteren Ambitionen hegen, sollte Ihre Eingangstür möglichst nach Südwesten zeigen. Das Hexagramm für diese Art von Liebesglück wird beschrieben als „vom König viele Pferde geschenkt bekommen". Diese Beschreibung bedeutet, dass jemandem etwas in den Schoß gelegt wird, das ihn zu einer Respektsperson macht – ein Gefühl, das oft bei jenen entsteht, die einen sehr erfolgreichen Partner haben.

Das Hexagramm Li über K'un (siehe Tipp 63) stellt das sich über die Erde erhebende Feuer dar und steht für Ruhm (oder Berühmtheit) durch Heirat. Als Hexagramm der Liebe ist es weder besonders günstig noch besonders ungünstig. Je nach anderen Einflussfaktoren können Menschen in heiratsfähigem Alter, die in einer Wohnung oder in einem Haus mit einer nach Südwesten zeigenden Eingangstür leben, entweder gesellschaftlich und finanziell durch eine Heirat aufsteigen oder aber im Gegenteil betrogen werden und Schiffbruch erleiden. Das kann viel Gerede und vielleicht Unruhe von außen mit sich bringen, was zu Eifersucht und Treuebruch führen kann.

Wasser beruhigt Yang

Ein stilles Wasserobjekt im Süden kann das sich über die Erde erhebende Feuer unter Kontrolle halten. Dadurch vermindert sich die zu große Yang-Energie dieses Hexagramms, das Glück wird ausgeglichener. Das Wasser darf aber keinesfalls mit Sauerstoff angereichert sein und sprudeln, denn dies würde die Energie im Süden stören. Ein Aquarium wäre für diesen Zweck somit ungeeignet, eine mit Wasser gefüllte Vase oder ein Krug ideal.

Dieser Vorschlag ist sehr empfehlenswert, wenn Ihre Frau oder Ihr Mann erfolgreicher als Sie selbst sind und Sie mit Feng Shui die Dinge ein bisschen ausgleichen möchten. Dadurch wird die Ehe nämlich viel harmonischer.

Wer einen sehr erfolgreichen Mann hat, kann das Familienglück fördern, so dass zusammen mit dem Glück des Mannes und Vaters auch das der ganzen Familie anwächst. Das Beleuchten der Südwest-Ecke mit hellen Lichtern aktiviert das Glück der weiblichen Seite.

Wer eine erfolgreiche Frau hat, sollte die Nordwest-Ecke in seinem Zuhause beleben. Erzeugen Sie Yang-Energie durch ein großes Windspiel. Vergewissern Sie sich, ob alle wichtigen Türrichtungen für beide Partner günstig sind und stimulieren Sie Ihr Erfolgsglück.

Unten: Das Aktivieren der Südwest-Ecke Ihres Wohnzimmers mit Kerzen kann das matriarchalische Glück stimulieren.

Einen Prominenten heiraten

Eine nach Südwesten zeigende Tür bringt sozusagen die Sonne herein. Es ist sehr gut möglich, dass einer der Bewohner mit einer berühmten Person eine Beziehung eingehen wird.

Das herrschende Hexagramm, das durch eine nach Südwesten zeigende Tür entsteht, sehen Sie unten. Es handelt sich dabei um Chin, das für Fortschritt steht. Es wird symbolisiert durch die hell über der Erde scheinende Sonne. Dies bedeutet Glanz, also positive Energie, die mit der Mutter Erde in Verbindung gebracht wird.

Eine auf der Hand liegende Interpretation dieser Symbolik lautet Ruhm durch Heirat. Das heißt natürlich nicht, dass jeder mit einer solchen Türrichtung eine berühmte Person heiraten wird, es bestehen jedoch gute Chancen.

Einige I-Ging-Meister interpretieren eine Südwest-Tür so, dass sie den Bewohnerinnen Ruhm bringen soll. Denn das Trigramm K'un (unten liegend) gehört zum Südwesten – dem

Oben: Kristalle findet man in der Erde, sie können Feuer-Energie unter Kontrolle halten.

Sitz der weiblichen Energie – und kommt Frauen zugute. Das Trigramm Li (über K'un) hingegen repräsentiert den Süden, ist mit dem Element Feuer verbunden und steht damit für Ruhm, Anerkennung und Respekt oder, im negativen Sinn, für einen schlechten Ruf.

Die erfolgreiche Frau

Da in der Vergangenheit Frauen weder Karriere machen konnten, geschweige denn im Top-Management beschäftigt sein, war Erfolg für Frauen mit der Heirat eines erfolgreichen oder berühmten Mannes gleichzusetzen. Heute hat sich diese Art der Feng-Shui-Interpretation gewandelt. Frauen gelangen nicht mehr nur durch Heirat zu Ruhm und Erfolg.

Außerdem birgt eine Heirat mit einer berühmten Person auch gewisse Gefahren in sich. Bei einer solchen Verbindung sollten Sie sichergehen, dass das Element Feuer nicht überhand nimmt und die Harmonie in Ihrem Haus beeinträchtigt. Platzieren Sie Wasser im Süden, um die Feuer-Energie des Ruhms zu löschen, oder häufen Sie einen kleinen Erd- oder Steinhügel auf, um das Feuer in Schach zu halten.

Oben: Li über K'un ergibt das Hexagramm Chin für Erfolg.

Rechts: Ein paar Steine im Süden helfen, das Feuer der Berühmtheit unter Kontrolle zu halten.

Die Bestimmung Ihrer Liebesecke

Nordtüren sind schlecht fürs Liebesglück

64

Zeigt eine Eingangstür nach Norden, besteht die Gefahr, dass es die Bewohner bei der Suche nach ihrem Wunschpartner nicht leicht haben. Das dieser Lage entsprechende Hexagramm nennt sich Po, was wörtlich soviel bedeutet wie „auflösend" oder „zersetzend". Es bringt kein Glück in Ihre Beziehungen und kündigt normalerweise äußerst unangenehme Situationen an. Bei diesem Hexagramm (siehe unten rechts) steht der Berg über der Erde, d.h. das Trigramm Ken über K'un. Dieser einzelne Berg steht symbolisch für Einsamkeit sowie wenig Unterstützung und Freunde.

Da diese Situation sehr ungünstig ist, sollten Sie etwas unternehmen, um ein anderes Zimmer mit einer günstigeren Türrichtung zu finden, oder einen Kristall in der Nordost-Ecke Ihres Zuhauses aufstellen. Beleuchten Sie außerdem den Südwest-Bereich mit hellen Lichtern.

Unglückliche Beziehungen

Sind Sie unverheiratet, bedeutet dieses Hexagramm, dass Sie oberflächliche Beziehungen haben, aber keiner Ihrer Liebhaber(innen) Sie genug lieben wird, um mit Ihnen eine feste Beziehung einzugehen. Sind noch weitere Rahmenbedingungen ungünstig, könnte ein Mann von Frauen betrogen, getäuscht und ausgenutzt werden. Eine Frau wird in ihrem Freundeskreis wahrscheinlich mehr Frauen als Männer haben.

Die beste Empfehlung, die ich für diese Situation geben kann, lautet, Ihrer Eingangstür möglichst eine andere, entweder nach Nordosten oder Nordwesten zeigende Richtung zu geben, sie also um etwa 45° zu „verschieben", um Ihr Liebesglück zu verbessern (siehe Tipp 58). Eine Türrichtung zu verändern, ist eine tief greifende Maßnahme, vergewissern Sie sich also vorher, ob eine dieser Richtungen für Sie persönlich günstig ist.

Aktivieren Sie ansonsten die Südwest-Ecke mit Mandarinenten und erzeugen Sie als Ausgleich mit Lichtern und Klängen viel Yang-Energie.

Oben: Leben Sie allein, kann Ihnen ein Haustier neben Liebe und Zuneigung auch positive Yang-Energie geben.

Unten: Ken auf K'un ergibt das ungünstige Hexagramm Po.

65 Windspiele gegen stagnierendes Liebes-Chi

Leben Sie in einer Wohnung mit nach Osten zeigender Eingangstür, kann es Ihnen an Beziehungsglück mangeln. Im allgemeinen fehlt Ihren Beziehungen die Lebendigkeit und Energie, die für deren Gelingen unabdingbar ist. Es besteht eine Tendenz zur Stagnation. Das herrschende Hexagramm für diese Situation ist Pi, was so viel wie „Stagnation" bedeutet.

Das Hexagramm Pi
Beim Hexagramm Pi liegt das Trigramm Chien auf K'un. Es steht somit für äußere Stärke, die innere Schwäche verbirgt, und äußert sich in Situationen ohne solide Basis, die leicht entgleisen können. Pi kann also Unglück in Beziehungen bringen.

Links: Ein Windspiel mit sechs Stäben im Nordwesten Ihres Zuhauses kann das stagnierende Chi wieder in Bewegung bringen.

Aber nun zu den guten Neuigkeiten: Das stagnierende Chi kann überwunden werden, indem es zum Fließen gebracht wird. Aktivieren Sie das Chien-Trigramm durch Stärken des Nordwestens. Hängen Sie ein größeres Windspiel mit sechs – der Zahl dieses Sektors – Stäben in den Nordwesten der Wohnung sowie des Schlafzimmers. Die Stäbe sollten hohl sein, damit das Chi in Bewegung geraten kann. Lassen Sie das Windspiel erklingen, z. B. mittels eines Ventilators.

Holen Sie Rat von älteren Freunden ein

Wenn Sie so verfahren, ziehen Sie die Hilfe von älteren Freunden an. Bleiben Sie empfänglich für neue Bekanntschaften, „Blind Dates" und zufällige Begegnungen. Haben Sie ein offenes Ohr für die Ratschläge Ihrer Eltern, Tanten und Onkel. Lehnen Sie deren Angebote nicht einfach ab, denn hier handelt es sich lediglich um das Nordwest-Chi, das Ihnen zu Hilfe kommt. Wenn Sie möchten, können Sie die Nordwest-Ecke mit Musik noch weiter beleben. Verwenden Sie keine Lichter, denn deren Feuer-Element zerstört das Metall-Element dieses Sektors. Aus dem gleichen Grund sollten Sie hier auch kein Wasserobjekt platzieren.

Die Bestimmung Ihrer Liebesecke

Die Wirkung von Türrichtungen auf die Liebe

66

Anhand der Türrichtungen in Ihrem Zuhause lassen sich die Art des Beziehungsglücks und die Einstellung der Bewohner ablesen. Ich unterscheide hier bewusst zwischen Tür- und Kompassrichtung. Die Zusammenfassung rechts basiert auf den Deutungen der Hexagramme, die über das Liebesglück herrschen. Diese Vorgehensweise gründet direkt auf den Hexagrammen des I Ging und unterscheidet sich von anderen Lehren und Techniken. Sie sollten sich von den unterschiedlichen Feng-Shui-Methoden nicht verwirren lassen. Es handelt sich hierbei um eine 4000 Jahre alte Wissenschaft; im Großen und Ganzen werden die damit verbundenen Methoden mit ähnlichen Symbolen und Hilfsmitteln umgesetzt. Die Hauptunterschiede liegen in der Interpretation und in der praktischen Anwendung.

Die Tabelle rechts enthält eine Zusammenfassung der Auswirkungen von Türrichtungen auf Liebe und Partnerschaft.

Türrichtungen und die damit verbundene Auffassung von Liebe

SÜDEN:
Sieht alles eher von der romantischen Seite. Recht bestimmt, wenn es um Liebe geht; ist damit erfolgreich. Günstiges Liebesglück. Sollte sich aber nicht in Liebesangelegenheiten hineinsteigern, sondern Ruhe bewahren.

NORDEN:
Sehr vernünftig, was Liebe betrifft – vielleicht zu vernünftig. Gefährlich, wenn dies zu weit getrieben wird; zu hohe Ansprüche lassen Sie auf der Strecke bleiben. Denken Sie daran, zu einer Beziehung gehören immer zwei.

OSTEN:
Macht Ausflüchte und wartet, bis andere die Initiative ergreifen. Beziehungen welken daher meist und sterben ab. Kann Hilfe bekommen von älteren Verwandten und Freunden, muss aber die Initiative ergreifen und die Yang-Energie stärken. Teilnahmslosigkeit und Bequemlichkeit bringen Sie nicht weiter!

WESTEN:
Einstellung zur Liebe wechselt je nach Stimmung. Das ist weder gut noch schlecht, aber Sie müssen Ihres eigenen Glückes Schmied werden. Hier können auch Kinder der Katalysator sein.

SÜDOSTEN:
Sehr kokette und sprunghafte Einstellung zu Liebe und Romantik. Sucht überall nach Liebe. Sehr offen – manchmal zu offen. Sollte kritischer und überlegter handeln.

NORDOSTEN:
Möglichkeiten im sozialen Umfeld werden genutzt. Meist sehr beliebt bei Kollegen. Kann Liebesglück im Büro finden.

SÜDWESTEN:
Hohe Ziele. Sehr ehrgeizig und wählerisch. Aber das Glück ist auf ihrer/seiner Seite. Meist herrscht der Verstand über das Herz, dazu kommt Hilfe vom Beziehungsglück!

NORDWESTEN:
Meist schneller Aufstieg auf der gesellschaftlichen Leiter, Liebesglück generell günstig. Gesellschaftlicher Aufstieg durch Heirat möglich. Sollte mit der Gesundheit vorsichtig umgehen. Liebe kann zu schwierigen gesundheitlichen Problemen führen.

Links: Die Lage Ihrer Eingangstür kann sich auf die Entwicklung Ihrer Beziehung auswirken.

DIE BESTIMMUNG IHRER LIEBESECKE

67 „Energiespender" für die Eingangstür

Beim Feng Shui gibt es zwei Möglichkeiten zum Stimulieren des Glücks. Eine davon besteht darin, Hilfsmittel anzubringen, die beeinträchtigtes Chi auflösen und abschwächen. Die andere Möglichkeit ist, das Umfeld neu zu gestalten.

Schlechtes, aus einem Mangel an Glück erwachsendes Chi entsteht durch eine ungünstige Türrichtung oder eine günstige Türrichtung, die durch äußere negative Strukturen beeinflusst wird. Das kann ein Ungleichgewicht der Elemente ebenso sein wie ein Ungleichgewicht zwischen Yin und Yang.

In unserem Fall geht es um Mangel oder Übermaß an Liebesglück – verursacht allein durch Türrichtungen.

Unten: Zeigt Ihre Eingangstür nach Norden oder Südosten, sollten Sie den Südwesten und Südosten Ihrer Wohnung mit Lichtern oder Kerzen aktivieren.

Was für ein glückliches Liebesleben beachtet werden sollte ...

SÜDEN:
Schaffen Sie ein Gleichgewicht durch Aktivieren des Chi im Nordosten mit Kristallen. Das bringt eine vernünftigere Einstellung zur Liebe. Sie sind nicht mehr so besessen von der Idee des Liebesglücks.

NORDEN:
Lassen Sie die Dinge etwas laufen, seien Sie lockerer. Aktivieren Sie den Südwesten mit Symbolen, z.B. Turteltauben und Herzen. Bringen Sie helle Lichter an.

OSTEN:
Stimulieren Sie den Nordwesten mit einem Windspiel aus Metall, um ihn so gut wie möglich zu stärken. Keine Lichter und Wasserobjekte hier verwenden!

WESTEN:
Starke Metallobjekte im West-Sektor sind sehr vorteilhaft. Ein großes Windspiel wäre günstig, auch eine Stereoanlage oder Glocken wirken sich positiv auf Ihr Liebesleben aus.

SÜDOSTEN:
Sie könnten Lichter in den Südosten stellen, um das Glück dieser Ecke reifen zu lassen. Auch stilles Wasser ist hilfreich.

NORDOSTEN:
Platzieren Sie ein Wasserobjekt im Norden, um das Chi dieses Sektors zu aktivieren. Das stärkt diesen Bereich; stimulieren Sie aber auch den Südwesten mit Kristallen, um die Energien im Gleichgewicht zu halten.

SÜDWESTEN:
Etwas Wasser im Süden kontrolliert das Feuer. Stellen Sie auch Kristalle im Südwesten auf, um das Beziehungsglück weiter zu fördern.

NORDWESTEN:
Aktivieren Sie das Chi des Ostbereichs mit gesunden Pflanzen; junge Pflanzen für jüngere Menschen und ältere Pflanzen für Betagtere.

Wie Sie Ihre persönliche KUA-Zahl berechnen

In den „Acht Häusern" oder Pa-Kua-Lo-Shu, einer speziellen Feng-Shui-Methode, kann die persönliche Beziehungs-Ecke entsprechend dem Geburtsdatum und dem Geschlecht berechnet werden. Grundlage dafür ist die Bestimmung des Mondjahres Ihrer Geburt. Im Allgemeinen entspricht dieses dem westlichen Kalender, Sie brauchen nur den unterschiedlichen Jahresbeginn im chinesischen Kalender zu berücksichtigen. Beziehen Sie sich auf den Kalender am Anfang dieses Buches und bestimmen Sie sehr sorgfältig Ihr chinesisches Geburtsjahr. Anschließend können Sie Ihre KUA-Zahl anhand der hier gegebenen Formel festlegen. Sind Sie nach dem 1. Januar und vor dem jeweiligen chinesischen Neujahr geboren, müssen Sie von Ihrem Geburtsjahr ein Jahr abziehen, bevor Sie die Formel anwenden.

Oben: Um Ihr Beziehungs- oder Eheglück zu verbessern, errechnen Sie Ihre KUA-Zahl zur Bestimmung Ihrer persönlichen Liebes-Ecke.

Bestimmen Sie anhand der Tabelle Ihre persönliche Beziehungs-Ecke:

Die KUA-Zahl
FÜR FRAUEN: Nehmen Sie Ihr Geburtsjahr und zählen Sie die beiden letzten Ziffern zusammen. Addieren Sie so lange, bis Sie eine einzige Ziffer erhalten. Jetzt addieren Sie 5. Ergeben sich daraus zwei Ziffern, zählen Sie diese wieder zusammen. Das Ergebnis ist Ihre KUA-Zahl. Beispiel: Geburtsjahr 1945. Also 4+5=9; 9+5=14; 1+4=5. Die KUA-Zahl ist 5. Für das Geburtsjahr 2000 und später müssen Sie 6 statt 5 dazuzählen.

FÜR MÄNNER: Nehmen Sie Ihr Geburtsjahr und zählen Sie die beiden letzten Ziffern zusammen. Addieren Sie solange, bis Sie eine einzige Ziffer erhalten. Ziehen Sie diese von 10 ab. Das Ergebnis ist Ihre KUA-Zahl. Beispiel: Geburtsjahr 1936. Also: 3+6=9; 10−9=1. Die KUA-Zahl ist 1. Für das Geburtsjahr 2000 und später müssen Sie von 9 anstatt von 10 abziehen.

Haben Sie Ihr persönliches Beziehungs-Nien-Yen (Ihren Beziehungs- und Liebesbereich) herausgefunden, sollten Sie darauf achten, dass keine Toilette, keine Küche und kein Abstellraum in diesem Bereich liegt. Diese vermindern Ihr Beziehungsglück. Stellen Sie auch keine Besen und Schrubber in diese Ecke, sondern aktivieren Sie stattdessen diesen Bereich (siehe folgende Tipps).

IHRE KUA-ZAHL	BEZIEHUNGS- UND LIEBES-BEREICH
1	SÜDEN
2	NORDWESTEN
3	SÜDOSTEN
4	OSTEN
5	(MÄNNER) NORDWESTEN
5	(FRAUEN) WESTEN
6	SÜDWESTEN
7	NORDOSTEN
8	WESTEN
9	NORDEN

AKTIVIEREN SIE IHREN PERSÖNLICHEN LIEBES-BEREICH

69 Das Aktivieren des persönlichen Liebes-Bereiches

Basierend auf der KUA- oder Acht-Häuser-Formel hat jeder Mensch seinen persönlichen Beziehungs- und Liebes-Bereich. Dieser glücksbringende Sektor (oder Richtung) wird als persönliche Nien-Yen-Richtung bezeichnet.

Es gibt verschiedene Möglichkeiten, Nien Yen anzuwenden. Alle Maßnahmen laufen darauf hinaus, die Bereiche für Glück, Gefühl, und Liebe zu verbessern. Für diejenigen, die keine feste Beziehung haben, verstärkt Nien Yen das Liebesglück. Außerdem fördert es das Familienglück. Doch zunächst muss Nien Yen aktiviert werden. Schlafen Sie z.B. mit Ihrem Kopf in die Nien-Yen-Richtung, wird Ihre Einstellung familienorientierter. Sie betrachten Ihr Zuhause als Hafen und kommen gut mit Ihren Eltern aus. Feste Beziehungen werden harmonischer.

So aktivieren Sie Ihren Liebes-Bereich:

1. Berechnen Sie Ihre KUA-Zahl (siehe Tipp 68).
2. Überprüfen Sie Ihr Nien Yen entsprechend der Tabelle auf der vorhergehenden Seite.
3. Bestimmen Sie mittels eines Kompasses die Ecke Ihres Hauses, die Ihrer Nien-Yen-Richtung entspricht.
4. Verwenden Sie ein Lo-Shu-Raster zum Auflegen auf den Grundriss Ihrer Wohnung. Daraus ergibt sich Ihr Nien-Yen-Bereich bzw. Ihre persönliche Liebesecke (siehe Tipp 29).
5. Aktivieren Sie anschließend diesen Bereich entsprechend den passenden Trigrammen, Glückszahlen und Elementen. Die folgende Tabelle gibt Hinweise, wie Sie Ihre Liebesecke am vorteilhaftesten aktivieren.

LIEBES-RICHTUNG	GLÜCKS-ZAHL	ENTSPRECHENDES ELEMENT	FARBE	TRIGRAMM
SÜDEN	NEUN (9)	FEUER	ROT, ORANGE	LI
NORDEN	EINS (1)	WASSER	SCHWARZ, BLAU	K'AN
OSTEN	DREI (3)	HOLZ	GRÜN	CHEN
WESTEN	SIEBEN (7)	METALL	WEISS	TUI
SÜDOSTEN	VIER (4)	HOLZ	GRÜN	SUN
SÜDWESTEN	ZWEI (2)	ERDE	BEIGE, GELB	K'UN
NORDWESTEN	SECHS (6)	METALL	WEISS	CH'IEN
NORDOSTEN	ACHT (8)	ERDE	BEIGE, GELB	KEN

70 Aktivieren Sie Ecken mit Farben

Haben Sie herausgefunden, welche Ecke aktiviert werden sollte, versuchen Sie, auch Schönheit in Ihr Feng Shui zu bringen. Die richtigen Farben und Farbkombinationen vollbringen oft Wunder, wenn es darum geht, die Energien Ihrer Liebesecke zu beleben.

Die Theorie der guten und schlechten Farbkombinationen basiert auf den Elementen. Farbkombinationen sollten demnach ein Gleichgewicht schaffen. Beim Aktivieren Ihres Liebes-Bereichs sollten Sie auf günstige und ungünstige Farbkombinationen achten.

Liegt Ihre Liebes-Ecke im:
- Süden: Kombinieren Sie Rot mit Grün und/oder Gelb. Meiden Sie Schwarz und Blau.
- Norden: Verwenden Sie Schwarz und Weiß oder Schwarz zusammen mit Metallicfarben und Blautönen. Meiden Sie Gelb und Grün.
- Westen und Nordwesten: Kombinieren Sie Weiß mit Gelb und Metallicfarben, meiden Sie Rot- und Blautöne.
- Osten und Südosten: Verwenden Sie Grün mit Blau und/oder Schwarz; verwenden Sie kein Grün in Verbindung mit Rot und Weiß.
- Südwesten und Nordosten: Wählen Sie Gelb, Beige und Rot; kein Gelb mit Grün oder Braun verwenden.

AKTIVIEREN SIE IHREN PERSÖNLICHEN LIEBES-BEREICH

Symbole für Ihren Liebes-Bereich

Ihre persönliche Beziehungs-Ecke wirkt sich auf alles aus, was mit Ihrem Liebesleben und Ihrem Familienglück zusammenhängt. Wird dieser Bereich auf die richtige Art und Weise aktiviert, sichert er ein harmonisches Familienleben.

Nien Yen verbessert außerdem das Verhältnis zwischen Paaren und Mitgliedern eines Haushalts. Frei übersetzt bedeutet Nien Yen soviel wie „langes Leben und viele Nachkommen".

Kennen Sie Ihre Nien-Yen-Richtung, sollten Sie den entsprechenden Bereich Ihres Zimmers oder Hauses ausfindig machen und mit Symbolen aktivieren. Folgende Symbole sind dazu besonders geeignet:

Mandarinenten sind das chinesische Symbol für Vereinigung und repräsentieren die junge Liebe. Wählen Sie ein Paar aus Holz geschnitzte Enten, wenn Ihr Nien Yen im Süden, Norden, Osten oder Westen liegt und Enten aus Kristallen oder Halbedelsteinen, wenn Ihr Nien Yen im Südwesten oder Nordosten ist. Zur Darstellung des Familienglücks können Sie eine ganze Entenfamilie aufstellen. Platzieren Sie diese auf einem Tisch oder auf dem Boden und lassen Sie sie auf einer Spiegelkachel wie auf Wasser „schwimmen".

Liebesvögel oder Wellensittiche gelten als würdiger Ersatz für Mandarinenten. Sie können entweder paarweise auf einem Bild dargestellt oder in Holz geschnitzt sein. Es ist nicht ratsam, echte Vögel in Käfigen zu halten, denn dies ist Freiheitsberaubung und bringt somit kein Glück.

Das Doppelte Glückssymbol ist ein Zeichen für frohe Ereignisse – was in China als „Hei see" bezeichnet wird. Sie können größere Darstellungen dieses Symbols in Chinaläden finden oder es selbst zeichnen, aber bitte in Rot! Es steht für Beziehung, was sich auf Singles, die den richtigen Partner nicht finden können, günstig auswirkt.

Links: Herzförmige Gegenstände stehen für die Liebe und können sich in Ihrer Nien-Yen-Ecke sehr günstig für Sie auswirken.

Liebessymbole

Valentinskarten oder andere Liebes- und Romantiksymbole sind ebenfalls ausgezeichnete „Energiespender". Sie können ruhig Ihrer Fantasie freien Lauf lassen und für sich selbst ganz persönliche Symbole erfinden. Das kann eine Tapete mit Herzen darauf ebenso sein wie ein herzförmiger Bilderrahmen oder ein chinesischer Liebesknoten.

Rosen und Pfingstrosen sind ein universelles Sinnbild für die Liebe und deshalb für die Nien-Yang-Ecke bestens geeignet. Dabei muss es sich nicht um echte Rosen handeln. Schöne Seidenrosen erfüllen den gleichen Zweck und sind, da sie niemals welken, sogar vorzuziehen! Stellen Sie echte Blumen auf, sollten Sie die Dornen entfernen und die Blumen wegwerfen, sobald sie die Köpfe hängen lassen. Verwelkte Blumen sind eine Quelle für ungünstiges Shar-Chi.

AKTIVIEREN SIE IHREN PERSÖNLICHEN LIEBES-BEREICH

Mit den Elementen Liebes-Chi erzeugen

Neben traditionellen Liebessymbolen gibt es auch noch eine andere Möglichkeit, Ihr Liebesglück zu aktivieren. Dazu gehört das Kombinieren von Elementen mit Zahlen, die Ihrem persönlichen Nien-Yen- (oder Liebes-) Bereich entsprechen. Die Tabelle in Tipp 68 kann Ihnen als Anhaltspunkt dienen. Möchten Sie einen bestimmten Bereich aktivieren, stellen Sie dort Objekte auf, die das entsprechende Element widerspiegeln, das zu der für diesen Bereich angegebenen Zahl passt. Wenn Sie sich fragen, ob das ganze Haus als Grundlage zur Bestimmung Ihres Nien Yen dienen soll, lautet die Antwort ja.

Fehlt der Liebes-Bereich oder liegt eine Toilette, Küche oder Garage darin, können Sie auf den entsprechenden Bereich im Wohn- oder Schlafzimmer ausweichen. Ich selbst bevorzuge das Wohnzimmer, wenn es darum geht, diese spezielle Art von Glück zu aktivieren, denn ich halte mein Schlafzimmer gerne frei von zu vielen unterschiedlichen Arten von Chi. Außerdem gibt es bestimmte Dekorationgegenstände, die für das Schlafzimmer tabu sind.

Aktivieren Sie die Elemente von Sektoren, ist es besonders wichtig, auch andere Feng-Shui-Lehren zu kennen, denn das Erzeugen des Chi mittels der fünf Elemente ist sehr wirkungsvoll und zieht sich durch alle Feng-Shui-Lehren. So könnten Sie also versehentlich Unglück anziehen und gefährliches Chi stärken.

Unten: Der persönliche Liebes-Sektor lässt sich auch mit dem entsprechenden Element stimulieren. Seien Sie aber sehr sorgfältig, denn Sie könnten versehentlich die Voraussetzung für eine unglückliche Beziehung schaffen.

Aktivieren Sie Ihren persönlichen Liebes-Bereich

Ihr Schlafzimmer und Ihr Nien Yen

Haben Sie mehrere Schlafzimmer zur Wahl und möchten Sie Ihr Beziehungsglück stärken, sollten Sie ein in Ihrem Nien-Yen-Bereich liegendes Zimmer bevorzugen. Nehmen Sie die Bestimmung dieses Zimmers von der Mitte des Hauses aus vor und benutzen Sie einen guten Kompass. Haben Sie die Nord-Ecke festgelegt, können Sie auch die anderen acht Ecken bestimmen. (Dieser Vorgang ist ähnlich dem Auflegen des Lo-Shu-Rasters auf den Grundriss eines Hauses zum Bestimmen der unterschiedlichen Sektoren in Tipp 29).

Falls Sie in Ihrem Nien-Yen-Abschnitt und zusätzlich mit dem Kopf in Ihre Nien-Yen-Richtung schlafen können, wird sich Ihr Liebes- und Familienglück dadurch merklich vervielfachen.

Diese „Acht-Häuser-Formel" ist ein ausgesprochen wirkungsvolles und dabei so leicht anzuwendendes Hilfsmittel des Feng Shui. Für Ihre Anwendung sollten Sie jedoch die Richtungen genau bestimmen und sichergehen, dass nichts Ihr Feng Shui beeinträchtigt.

Zur Feinbestimmung Ihrer Richtung können Sie auch noch den Einfluss der „Drei Tode" und der „Fünf Gelben" berücksichtigen, die zu den „Fliegenden Sternen" gehören (siehe Tipps 144 und 145).

Günstige Richtungen

Berechnen Sie Ihre KUA-Zahl (siehe Tipp 68) und entnehmen Sie der Tabelle unten Ihre Liebesglück-Richtungen. Bestimmen Sie aufgrund der Himmelsrichtung, ob Ihr derzeitiges Schlafzimmer günstig liegt. Überprüfen Sie dann auch Ihre Schlafrichtung.

Ihre KUA-Zahl	Ihre Nien-Yen- oder Liebesrichtung
1	Süden
2	Nordwesten
3	Südosten
4	Osten
5	Nordosten, Westen
6	Südwesten
7	Nordosten
8	Westen
9	Norden

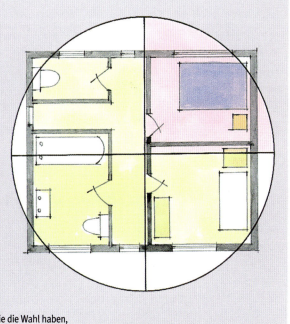

Rechts: Wenn Sie die Wahl haben, sollten Sie ein Zimmer passend zu Ihrer Nien-Yen-Richtung bevorzugen (siehe links).

74 Das richtige Feng Shui für Ihre Verabredung

AKTIVIEREN SIE IHREN PERSÖNLICHEN LIEBES-BEREICH

Für eine Verabredung können Sie Ihrem persönlichen Nien Yen entsprechend Feng Shui für sich nutzen. Ausgehend von Ihrer Nien-Yen-Richtung können Sie aus der Tabelle unten entnehmen, was Sie zur Verbesserung des Liebes- und Beziehungsglücks tun können.

Tragen Sie die richtigen Farben

Farben unterstützen den Fluss des Chi innerhalb der Umgebung. Indem Sie zu Ihren persönlichen Liebesrichtungen die passenden Farben tragen, stärken Sie die Elemente, die in Ihrem Energiefeld für die Liebe stehen. Einige Feng-Shui-Meister gehen noch weiter und kleiden sich je nach Jahreszeit und variierender Kraft der Elemente in ihrer Umgebung. Im Sommer ist zum Beispiel das Element des Feuers sehr stark, und es ist ratsam, nicht zu viel Rot zu wählen. Im niederschlagsreichen Winter dagegen ist es günstiger, feurige Farben zu tragen, um den Mangel an Wärme auszugleichen. In diesen beiden Jahreszeiten verursachen extreme Temperaturen ein Ungleichgewicht der Energien, dem man entgegenwirken sollte. Die anderen beiden Jahreszeiten – Herbst und Frühling – üben keinen so starken saisonalen Einfluss auf die Elemente aus.

Setzen Sie sich in die richtige Richtung

Hier handelt es sich wahrscheinlich um eine der wichtigsten Feng-Shui-Empfehlungen. Sitzen Sie möglichst so, dass Sie in Ihre Nien-Yen-Richtung (siehe Tipp 68) oder in eine alternative Richtung aus der Tabelle unten blicken. Dabei sollten Sie natürlich diskret vorgehen und müssen sich eventuell etwas einfallen lassen.

Tragen Sie stets einen kleinen Kompass bei sich und machen Sie es sich zur Gewohnheit, Ihre Richtungen zu überprüfen. Ich weiß, es klingt verrückt, aber es gab eine Zeit, in der ich immer einen Kompass dabei hatte und zum Aktivieren meines Karriereglücks ständig meine Richtungen prüfte. Meist gelang es mir, dabei so diskret vorzugehen, dass es den Leuten nicht einmal auffiel.

Oben: Verabredungen laufen besser, wenn Sie z. B. im Restaurant in Ihre Nien-Yen-Richtung blicken, an einem Tisch mit Ihrer Glückszahl sitzen und Ihre Glücksfarben tragen.

Günstige Farben für Verabredungen

Ihre Nien-Yen-Richtung:	Diese Farben sollten Sie bei einer Verabredung tragen:	Ihre günstigen Zahlen:	In diese Richtung sollten Sie sitzen:
NORDEN	Schwarz, Blau oder Weiß	1, 6 und 7	NORDEN oder SÜDEN
SÜDEN	Rot, Grün	9, 2 und 5	SÜDEN oder NORDEN
OSTEN und SÜDOSTEN	Grün, Schwarz und Blau	3, 4 und 1	OSTEN oder SÜDOSTEN
WESTEN und NORDWESTEN	Weiß, Gelb und viel Glitzer	6, 7, 2 und 5	WESTEN oder NORDWESTEN
SÜDWESTEN und NORDOSTEN	Geld, Orange und Rot	2, 5 und 9	SÜDWESTEN oder NORDOSTEN

Das Feuer-Element entfacht die Leidenschaft 75

Das Feuer-Element ist eines der stärksten Elemente, wenn es um das Stimulieren des Liebesglücks geht. An der richtigen Stelle können Lampen Yang-Energie erzeugen, die das Liebesleben in diesem Bereich aktivieren. Allerdings sollten Sie das Feuer-Element im Schlafzimmer mit Vorsicht einsetzen.

Grelle Lichter sind für Schlafzimmer nicht geeignet. Diese strahlen zu viel Yang-Energie ab und führen durch übermäßige Stimulation von Geist (und Körper) zu schlaflosen Nächten. Sie können wenig zum Liebesglück beitragen, das zu einer festen Beziehung und Familie führen soll. Sind die Lampen zu grell, verstärkt das Feuer-Element die männliche Libido.

Setzen Sie deshalb das Feuer-Element immer in Verbindung mit anderen wichtigen Liebessymbolen ein. Das wichtigste ist das Doppelte Glückssymbol. Auf Lampenschirmen und Lampions lässt es wunderbares und günstiges Beziehungs-Chi entstehen. Die beste Möglichkeit also, die Macht des Feuer-Elements in das Schlafzimmer einzubringen.

Eine zweite Möglichkeit, das Schlafzimmer mit dem Feuer-Element zu aktivieren, sind rote Vorhänge. Es ist günstig, wenn Sie Vorhänge mit Mustern und Liebessymbolen aufhängen. Mandarinenten, Gänse und andere Liebesvögel verbessern die Vertrautheit zwischen Paaren und helfen, Yang-Energie in die gewünschte Richtung zu leiten.

Mäßigen Sie aber das Feuer-Element stets mit anderen Liebessymbolen.

Links: Gedämpfte Lichter im Schlafzimmer können das Liebesleben fördern.

Vermeiden Sie Wasserobjekte im Schlafzimmer 76

Da das Schlafzimmer zum Verbessern des Liebesglücks ein besonders wichtiger Bereich ist, sollten Sie beim Aktivieren dieses Bereichs Vorsicht walten lassen. Abgesehen von den erwähnten Symbolen kann es sich ungünstig auswirken, im Schlafzimmer zu experimentieren. Ungünstiges Chi verursacht dort schwere Krankheiten oder Konflikte zwischen den Partnern – was zur Trennung führen kann.

Wasser ist ein Element, das Sie im Schlafzimmer grundsätzlich meiden sollten. In praktischer Hinsicht heißt das, dass Sie hier nie Aquarien, Goldfischgläser oder ähnliches aufstellen sollten. Ich habe schon ein Schlafzimmer gesehen, in dem das Bett direkt neben einem großen künstlichen Wasserfall stand. Die Bewohnerin behauptete steif und fest, das Geräusch des Wassers würde ihr beim Einschlafen helfen. Außerdem hielt sie es für ausgesprochen romantisch – bis sie dahinter kam, dass sich ihr Ehemann auch mit anderen Frauen in diesem Bett amüsierte.

Verbannen Sie auch Bilder von Wasserfällen, Flüssen und Seen aus ihrem Schlafzimmer. Eine Freundin von mir, die unklugerweise ein Aquarium hinter ihrem Bett installiert hatte, wurde kurz danach dreimal innerhalb von zwei Wochen ausgeraubt.

Wasser im Schlafzimmer bringt keinen Reichtum. Es steht für Verlust, Krankheit und Untreue. Ein Glas Wasser ist in Ordnung, größere Wasserobjekte oder Bilder mit Wassermotiven sollten Sie aber meiden.

AKTIVIEREN SIE IHREN PERSÖNLICHEN LIEBES-BEREICH

77 Finden Sie heraus, wer zu Ihnen passt

Oben: Für eine erfolgreiche Beziehung kann es von Vorteil sein, von vornherein zu wissen, ob Ihr Partner zur gleichen Gruppe gehört.

Die „Acht-Häuser-Formel" ist eine der besten Methoden, um herauszufinden, ob zwei Menschen der gleichen Typ-Gruppe angehören. Mit ihr lässt sich die Verträglichkeit der Tierkreiszeichen – die im nächsten Kapitel behandelt werden – weiter ergänzen. Bei dieser Feng-Shui-Lehre werden die Menschen in zwei Gruppen eingeteilt: die westliche und die östliche Gruppe. Zu welcher Gruppe Sie gehören, hängt von Ihrer KUA-Zahl ab. Diese wiederum berechnet sich aus Geburtsjahr und Geschlecht (siehe Tipp 68). Mit der KUA-Zahl können Sie bestimmen, ob Sie zur östlichen oder westlichen Gruppe gehören. Verwenden Sie dazu die Tabelle rechts.

Im allgemeinen empfehlen Feng-Shui-Meister, möglichst mit jemandem aus der gleichen Gruppe eine feste Beziehung einzugehen. Geht ein östlicher Typ mit einem westlichen eine Verbindung ein, wird ihre Beziehung immer wieder auf die Probe gestellt. Ihr Feng Shui verträgt sich nicht; was für den einen gut ist, kann für den anderen schlecht sein. Die für einen Partner günstigen Türrichtungen, Bereiche und Schlafpositionen sind für den anderen eher problematisch.

Und wenn Sie unterschiedlichen Gruppen angehören?

Ist Ihnen bekannt, dass Sie und Ihr Partner unterschiedlichen Gruppen angehören, sollten Sie diese unglückliche Situation entschärfen. In diesem Fall empfehle ich Ihnen, in getrennten Betten zu schlafen. Dadurch können beide Partner in einer für sie günstigen Richtung liegen. Wenn Sie beide einwilligen, können Sie auch getrennte Schlafzimmer einrichten. Diese extreme Maßnahme verbessert Ihr Beziehungsglück.

Kompatibilität östlicher und westlicher Gruppe

Ihre KUA Zahl:	Ihre entsprechende Gruppe:	Die für Sie günstigen Richtungen:
1, 3, 4 oder 9 für Männer und Frauen	Osten	Süden, Norden, Osten & Südosten
2, 6, 7 oder 8 für Frauen und Männer	Westen	Nordwesten, Südwesten, Nordosten & Westen
5 für Frauen	Westen	Nordwesten, Südwesten, Nordosten & Westen
5 für Männer	Westen	Nordwesten, Südwesten, Nordosten & Westen

Feng Shui und Ihr Horoskop

Tierkreiszeichen
Die entsprechende Himmelsrichtung ist:

Wenn Sie ihr persönliches Feng Shui mit Ihrem Horoskop in Einklang bringen möchten, sollten Sie sich zunächst mit dem chinesischen Mondkalender vertraut machen. Der Kalender gliedert sich in Zyklen von 60 Jahren, die aus zehn Himmlischen Stämmen und zwölf Irdischen Ästen bestehen.

In einem 60-Jahre-Zyklus sind die Himmlischen Stämme, die entweder einen Yin- oder einen Yang-Aspekt besitzen, mit den zwölf Irdischen Ästen oder Tierkreiszeichen kombiniert. Die Stämme und Äste stehen symbolisch für die himmlischen und irdischen Energien, die das Schicksal jedes Einzelnen bestimmen. Deshalb basieren alle chinesischen Weissagungen letztlich auf dem Prinzip, die „Stämme" und „Äste" einer Person zu interpretieren.

Diese Stämme und Äste werden herangezogen, um das Feng Shui ganz individuell zu gestalten. Eine Möglichkeit zur Verbesserung bietet die Aktivierung der Himmelsrichtung, die zum Tierkreiszeichen Ihres Geburtsjahres gehört. Jedem Zeichen ist eine Himmelsrichtung zugeordnet. In diesem Bereich Ihrer Wohnung befindet sich Ihr „Glückspunkt", denn dort sind die Energien für Sie besonders günstig.

Im folgenden Teil werden die Beziehungen zwischen den verschiedenen Tierkreiszeichen erklärt. Darüber hinaus finden Sie Tipps, wie Sie größere Unterschiede zum Horoskop Ihres Partners überbrücken können. Die Himmelsrichtungen der Tierkreiszeichen werden auf Ihre Wohnung übertragen und geben wichtige Hinweise darauf, welche „Gefahrenbereiche" in einem bestimmten Jahr entstehen. Es bringt Glück, die Himmelsrichtung Ihres Tierkreiszeichens durch Symbole zu aktivieren. Doch sollten Sie immer prüfen, ob nicht eine Ihrer Himmelsrichtungen in einem Jahr negativ beeinflusst wird.

Drei goldene Regeln bannen die Gefahr

Wenn Sie wissen, welche Bereiche in ihrer Wohnung Ihrem Tierkreiszeichen entsprechen, können Sie prüfen, ob die für Ihr Glück wichtige Himmelsrichtung nicht von einem „jährlichen Gefahrenbereich" betroffen ist. Diese Gefahrenbereiche wechseln jedes Jahr. Solange Sie nicht wissen, wo sie sich innerhalb Ihrer Wohnung befinden, ist es gut möglich, dass sie ihr persönliches Feng Shui negativ beeinflussen.

Diese Gefahrenbereiche beinhalten „Zeit-Dimensions-Sterne", die den Ruf haben, Probleme zu bringen. Man kann sie auch als jährliche Tabus im Feng Shui der „Fliegenden Sterne" bezeichnen. Sie sind von großer Bedeutung und müssen unbedingt beachtet werden. Es handelt sich um die Bereiche, die vom „Großherzog" Jupiter, den „Drei Toden" und den „Tödlichen Fünf Gelben" beherrscht sind. Unabhängig davon, welche KUA-Zahl und Glück bringende Himmelsrichtung Sie haben – beachten Sie folgende drei goldene Regeln:

- Stören Sie nie den „Großherzog" Jupiter, und blicken Sie ihn nie direkt an
- Stören Sie nie den Platz der „Drei Tode", meiden Sie ihn am besten.
- Stören Sie nie den Bereich der „Fünf Gelben"; schlafen oder essen Sie dort nicht, und aktivieren Sie ihn auch nicht.

Oben: Beachten Sie jedes Jahr die Tabus im Feng Shui der Fliegenden Sterne. Sitzen oder essen Sie nie in den Gefahrenbereichen.

Im Jahr:

JAHR	TIERKREISZEICHEN oder Irdischer Ast:	Platz der „Fünf Gelben" (90 Grad):	Platz der „Drei Tode" (45 Grad):	Die Richtung des „Großherzogs" Jupiter (nur 15 Grad)
1999	HASE	SÜD	WEST	OST
2000	DRACHE	NORD	SÜD	OST-SÜDOST
2001	SCHLANGE	SÜDWEST	OST	SÜD-SÜDOST
2002	PFERD	OST	NORD	SÜD
2003	SCHAF	SÜDOST	WEST	SÜD-SÜDWEST
2004	AFFE	MITTE	SÜD	WEST-SÜDWEST
2005	HAHN	NORDWEST	OST	WEST
2006	HUND	WEST	NORD	WEST-NORDWEST
2007	SCHWEIN	NORDOST	WEST	NORD-NORDWEST
2008	RATTE	SÜD	SÜD	NORD
2009	BÜFFEL	NORD	OST	NORD-NORDOST
2010	TIGER	SÜDWEST	NORD	OST-NORDOST

Diese Tabelle ist sehr wertvoll, lesen Sie sie aufmerksam.

Chinesische Astrologie für Ihre Liebe

Die vier harmonierenden Gruppen

In der chinesischen Astrologie gibt es vier Gruppen, die aus jeweils drei harmonierenden Sternzeichen bestehen. Man glaubt, dass die Menschen innerhalb jeder einzelnen Gruppen ähnliche Charakterzüge aufweisen. Sie müssen nicht unbedingt alle Dinge auf die gleiche Weise angehen, und auch ihre Energie, ihr Mut und ihr Selbstvertrauen ist nicht immer gleich ausgeprägt, aber sie sind oft einer Meinung. Es heißt, dass sie sich gegenseitig unterstützen. Sie mögen zwar verschiedene Naturelle besitzen, aber ihre Handlungen ergänzen sich im Allgemeinen und fördern bei den Angehörigen derselben Gruppe das Beste zutage. Partnerschaften und Ehen zwischen Menschen, die beide unter Tierkreiszeichen einer Gruppe geboren sind, haben die allerbesten Erfolgschancen. Die vier harmonierenden Dreiergruppen sind unten zusammengefasst.

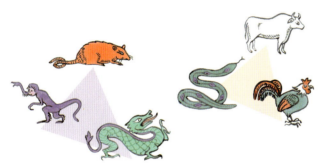

DIE KONKURRENTEN:
Die Ratte, der Affe und der Drache
Sie alle sind tatkräftige, stark wetteifernde, positive und sehr bestimmte Individuen. Die Ratte ist extrem unsicher und benötigt den Mut und das unerschütterliche Selbstvertrauen des Drachen. Der Drache ist halsstarrig und braucht die Gerissenheit des Affen oder den scharfen Blick für Gelegenheiten, der die Ratte auszeichnet. Der Affe lässt sich vom Enthusiasmus des Drachens antreiben und von der Intelligenz der Ratte leiten.

DIE INTELLEKTUELLEN:
Die Schlange, der Hahn und der Büffel
Sie sind die Denker, Visionäre und Pragmatiker des Tierkreises. Sie denken zweckorientiert, sind zuversichtlich, resolut, zäh, unerschütterlich und haben meist hervorragende Fähigkeiten und eine starke Persönlichkeit. Der Büffel ist stabil, ein Fels in der Brandung, profitiert aber vom Charme und der sanften Diplomatie der Schlange ebenso wie von der „farbenprächtigen" Art des Hahnes. Die Schlange ist gerissen und ehrgeizig, kommt aber weiter mit der Hilfe des Büffels oder des Hahnes. Die unverblümte Offenheit des Hahnes wird durch die verführerische Schlange oder den stabilen Büffel gemildert.

DIE UNABHÄNGIGEN:
Das Pferd, der Hund und der Tiger
Sie sind die Freigeister des Tierkreises – emotional, subjektiv, von ihren Prinzipien geleitet, ungestüm und rastlos. Das Pferd ist der Stratege, aber es braucht den Antrieb des Tigers, um in Gang zu kommen, oder die Entschlossenheit des Hundes, um manche Dinge zu durchschauen. Die Wildheit des Tigers wird durch die Güte des Hundes gezähmt, während der ruhelose Geist des Pferdes beim Tiger ein Ventil und beim Hund den beruhigenden Einfluss findet.

DIE DIPLOMATEN
Der Hase, das Schaf und das Schwein
Sie sind kooperative, eher zurückhaltende Menschen und haben sich meist im Griff. Gewöhnlich sind sie empfindsam, mitfühlend, gesellig und stets darauf bedacht, anderen zu gefallen. Sie gehen ungern Risiken ein und sind nicht besonders intellektuell oder gar gerissen. Sie umgeben einander mit zärtlich liebender Fürsorge. Die Schlauheit des Hasen zähmt die Großzügigkeit des Schafes, und das Schaf profitiert vom Sinn des Hasen für Prioritäten. Die Stärke des Schweines, das strategische Denken des Hasen und die Sanftheit des Schafes ergänzen sich hervorragend.

CHINESISCHE ASTROLOGIE FÜR IHRE LIEBE

Liebesglück für Menschen im Zeichen Ratte

Jahre der Ratte
1912
1924
1936
1948
1960
1972
1984
1996

Das erste Zeichen im chinesischen Tierkreis ist die Ratte. Ihr natürliches Element ist Wasser. Die „Stunde" der Ratte ist zwischen 23.00 Uhr und 1.00 Uhr morgens. Wenn jemand also um Mitternacht geboren wurde, sagt man, er sei in der Stunde der Ratte geboren.

Die Kompassrichtung der Ratte ist zwischen 337,5 und 7,5 Grad. Sie befindet sich also Richtung Nord und ist auf dem Kompass oben zu sehen, wo die Ratte abgebildet ist.

Im Haus ist dieser Bereich, der einen Winkel von 30 Grad einnimmt, besonders Glück bringend für alle Bewohner, die in einem Jahr der Ratte geboren sind. Einige dieser Jahre sind oben aufgelistet. Der genaue Beginn eines neuen Mondjahres ist dabei jedoch noch nicht berücksichtigt. Wenn Sie also in einem dieser Jahre im Monat Januar geboren sind, gehören Sie möglicherweise nicht zum Zeichen Ratte, sondern zu dem Zeichen davor – also dem Schwein. Genauso können Sie immer noch im Zeichen Ratte geboren sein, wenn Sie im Januar eines darauf folgenden Jahres Geburtstag haben. Um ihr Geburtsdatum richtig einzuordnen, beachten Sie bitte den Mondkalender am Anfang dieses Buches.

Es gibt mehrere Symbole, die das Liebes- und Beziehungsleben von Menschen mit dem Zeichen Ratte positiv beeinflussen:

Hängen Sie das Bild einer Ratte in den Bereich Ihres Hauses, der in der oben angegebenen Richtung liegt. Dies wird Ihre Präsenz zu Hause verstärken, vor allem in Ihrer Glücksecke. Sie können aber ebenso das Bild eines Drachen oder Affen im Norden aufstellen.

Sie können diesen Bereich mit einem Wasserobjekt aktivieren, denn dies ist das Element, das Ihrem Tierkreiszeichen innewohnt. Es kann Ihnen Unglück bringen, wenn Ihr Bereich (also der Norden) negativ beeinflusst wird. Nachdem Ihr Tierkreiszeichen die Ratte ist, gibt es noch zwei andere für Sie positive Bereiche. Diese entsprechen den Jahren des Drachen und des Affen. Die Himmelsrichtung des Drachen ist Ost-Südost, und die des Affen ist West-Südwest.

Ein perfekter Partner für die geistvolle Ratte

Jahre des Affen
1 9 2 0
1 9 3 2
1 9 4 4
1 9 5 6
1 9 6 8
1 9 8 0
1 9 9 2
2 0 0 4

Jahre des Drachen
1 9 1 6
1 9 2 8
1 9 4 0
1 9 5 2
1 9 6 4
1 9 7 6
1 9 8 8
2 0 0 0

Der Affe – Spiel und Spaß auf einer Achterbahnfahrt:

Diese beiden äußerst harmonierenden Tierkreiszeichen werden viel Spaß haben. Die scharfsinnige Ratte wird vom Affen dank seines stark ausgeprägten Sinns für Spaß gleich wohlwollend aufgenommen. Sie leben in ihrer eigenen materialistischen Welt, haben dieselben Wertvorstellungen und verfolgen dieselben ehrgeizigen Ziele. Sie bewundern sich gegenseitig für ihre List und ihre Tricks, und werden jeweils die Erfolge des anderen enthusiastisch feiern. Da sie beide schlau und erfinderisch sind, geben sie auch bei der Arbeit ein gutes Team ab - sie vertiefen Ihre Beziehung, die buchstäblich im Himmel geschlossen wurde. Der eine toleriert die Schwächen des anderen. Sie werden gemeinsam über dasselbe lachen, die gleichen Ziele anstreben und gegenseitig ihr Selbstvertrauen stärken.

Das natürliche Element der Ratte ist das Wasser, während das Element des Affen das Metall ist. Im Entstehungskreislauf der Elemente produziert Metall Wasser. Also unterstützt der eine den anderen. In dieser Beziehung unterstützt der Affe die Ratte. Die Ratte „saugt" daher eigentlich den Affen aus! Nachdem sich aber beide von Natur aus mögen, wird der Affe diese Rolle gerne übernehmen, und er/sie wird vieles tun, um das schwache Selbstvertrauen der Ratte aufzubauen und ihr die vielen Unsicherheiten zu nehmen. Mit anderen Worten, der Affe wird der Ratte Stärke verleihen. In dieser Beziehung spielt es keine Rolle, welcher Partner der Mann und welcher die Frau ist – es funktioniert immer! Eine Partnerschaft zwischen einer Metall-Ratte und einem Erde-Affen bringt zusätzlich die Elemente Metall für die Ratte (sehr gut) und Erde für den Affen (weniger gut) ein. Eine Verbindung aus Metall-Affe und Wasser-Ratte ist hervorragend; die Himmlischen Stämme und die Irdischen Äste passen perfekt zusammen.

Der Drache für eine wunderbare Ehe

Diese Verbindung bringt die Lebensenergie des Drachen mit der Findigkeit der Ratte zusammen. Der eine fördert die Stärken und Fähigkeiten des anderen. Die Ratte bewundert die Dynamik des Drachen und fühlt sich zu ihm hingezogen. Sie kann Inspiration und Kraft aus dem überbordenden Enthusiasmus des Drachen schöpfen, und das mildert ihre eigene Unsicherheit. Jeder Partner vertraut und glaubt dem anderen, und keiner muss eifersüchtig sein. Der Drache sieht sich eher für die großen Dinge zuständig – die lästigen Details überlässt er gerne der fähigen und findigen Ratte. Gleichzeitig wird der Mangel an List, der den Drachen kennzeichnet, durch die Gerissenheit der Ratte mehr als ausgeglichen.

Das natürliche Element der Ratte ist das Wasser, und das des Drachen ist die Erde. Im Kreislauf der Elemente kontrolliert die Erde das Wasser. Zusammen jedoch sind Erde und Wasser die Bedingung dafür, dass Pflanzen wachsen und gedeihen können. In dieser Beziehung wird also der Drache immer „die Hosen anhaben" und sollte auch der eher dominante Partner sein. Die Ratte muss zum Drachen aufschauen und ihn oder sie immer wieder ermutigen und anfeuern. Aufgrund der natürlichen Sympathie füreinander wird die Ratte diese etwas untergeordnete Rolle gerne übernehmen.

Chinesische Astrologie für Ihre Liebe

83 Liebesglück für Menschen im Zeichen Büffel

Der Büffel ist das zweite Zeichen im chinesischen Tierkreis. Sein inneres Element ist Erde. Die „Stunde" des Büffels ist zwischen 1.00 Uhr und 3.00 Uhr morgens. Jeder, der in diesem Zeitraum auf die Welt kam, ist in der Stunde des Büffels geboren.

Die Kompassrichtung des Büffels liegt zwischen 7,5 und 37,5 Grad. Sie fällt in die Richtung Nord-Nordost, also die Richtung, die oben mit dem Bild des Büffels markiert ist.

Sie werden feststellen, dass dieser Bereich einen Winkel von 30 Grad einnimmt. In Ihrem Heim ist dieser Sektor für alle Bewohner besonders günstig, die in einem Jahr des Büffels geboren sind. Einige dieser Jahre sind oben aufgelistet. Der genaue Beginn eines neuen Mondjahres ist dabei jedoch noch nicht berücksichtigt. Wenn Sie also in einem dieser Jahre zum Beispiel im Monat Januar geboren sind, ist es gut möglich, dass Sie nicht zum Zeichen Büffel, sondern zum vorhergehenden Zeichen – nämlich der Ratte – gehören. Genauso gut können Sie noch ein Büffel sein, wenn Sie im Januar eines darauf folgenden

Jahre des Büffels
1913
1925
1937
1949
1961
1973
1985
1997

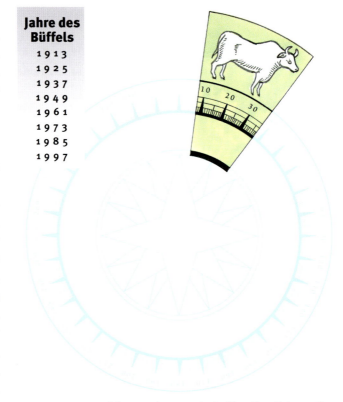

Jahres geboren sind. Um ihr Geburtsdatum richtig einzuordnen, beachten Sie bitte den Mondkalender am Anfang dieses Buches.

Um Liebes- und Familienglück in den Büffel-Bereich Ihres Hauses zu bringen, können Sie einige symbolische Dinge tun:

Stellen Sie das Symbol einer Kuh in den entsprechenden Bereich Ihres Hauses. Verwenden Sie eine Kuh oder einen Büffel aus Ton, Kristall oder einem anderen Material des Elements Erde. Diese Kühe sollen Ihre Wünsche wahr werden lassen.

Zwei weitere Bereiche sind für den Büffel positiv – sie entsprechen den Jahren der Schlange und des Hahnes. Die Richtung der Schlange ist Süd-Südost, und die des Hahnes West.

CHINESISCHE ASTROLOGIE FÜR IHRE LIEBE

Liebe für den stählernen Büffel

Oben: Schlange und Büffel passen in der Liebe gut zusammen, Büffel und Hahn führen eine erfolgreiche Ehe.

Jahre des Hahnes
1921
1933
1945
1957
1969
1981
1993
2005

Jahre der Schlange
1917
1929
1941
1953
1965
1977
1989
2001

Mit der Schlange eine tiefe und dauerhafte Verbindung eingehen

In dieser Beziehung tun sich beide gegenseitig gut. Der kräftige und zuverlässige Büffel fühlt sich unwiderstehlich von der verführerischen und ehrgeizigen Schlange angezogen. Diese wiederum findet die Stärke des Büffels beruhigend und attraktiv. Beide werden von dieser Verbindung profitieren, und ihre gegenseitige Unterstützung lässt die Beziehung im Laufe der Zeit noch intensiver werden. Die listige Schlange übt zwar einen stärkeren Einfluss auf den Büffel aus und ist der dominierende Part, der Büffel aber wird in der Öffentlichkeit große Erfolge verbuchen, obwohl er/sie immer dem Zauber der Schlange unterlegen bleibt. Ihre Beziehung ist immun gegen Angriffe von außen, und beide geben sich dem anderen voll und ganz hin.

Das natürliche Element der Schlange ist das Feuer, das des Büffels ist die Erde. Im Kreislauf der Elemente bringt Feuer Erde hervor. Ein Element ernährt also das andere. In dieser Beziehung unterstützt die Schlange den Büffel. Der Büffel kann die Schlange in der Tat „aussaugen", wenn er/sie nicht zusätzliches Feuer bekommt oder vom Element Holz unterstützt wird. Aufgrund der natürlichen Nähe zwischen beiden ist die Schlange bereit, die „zweite Geige" zu spielen.

Hahn und Büffel – eine im Himmel geschlossene Verbindung

Was für ein vernünftiges und hilfsbereites Paar! Beide sind praktisch veranlagt, gelassen, bereit, etwas einem höheren Zweck zu opfern – und beide sind entschlossen und ehrgeizig darauf bedacht, dass ihre Partnerschaft funktioniert! In ihrer gemeinsamen Wohnung wird alles wie ein Uhrwerk funktionieren. Sofort erkennt man die effiziente Hand des Hahnes, und der Einfluss des Büffels mit seinem bodenständigen Geschmack für Möbel und Einrichtung ist auch nicht zu übersehen. Der geduldige Büffel arrangiert sich mit der Neigung des Hahnes, die Kontrolle zu übernehmen und zu dominieren, während den pragmatischen Hahn die oft ausschweifenden Reden des Büffels nicht stören. Der Hahn versteht, wie der Verstand des Büffels funktioniert, und akzeptiert, dass er ihn nicht hetzen kann.

Das natürliche Element des Büffels ist die Erde, und das des Hahnes ist das Metall. Im Kreislauf der Elemente produziert Erde Metall. Ein Partner unterstützt daher den anderen – in diesem Fall der Büffel den Hahn. Aufgrund ihrer natürlichen Verbundenheit ist der Büffel dazu aber gerne bereit, und der Hahn genießt die Rolle des Nehmenden in dieser Partnerschaft. Der Büffel verehrt den Hahn oft wie einen Helden!

Liebesglück für Menschen im Zeichen Tiger

Der Tiger ist das dritte Zeichen im chinesischen Tierkreis. Sein natürliches Element ist das Holz. Die „Stunde" des Tigers ist zwischen 3.00 Uhr und 5.00 Uhr morgens. Jeder, der in diesem Zeitraum zur Welt kam, ist in der Stunde des Tigers geboren. Die Kompassrichtung des Tigers liegt zwischen 37,5 und 67,5 Grad. Sie fällt in die Richtung Ost-Nordost, wie sie an dem Kompass rechts ersehen, wo der Tiger eingezeichnet ist.

Dieser Bereich eines Hauses, der den oben eingezeichneten 30 Grad entspricht, ist für den Tiger am günstigsten. Der Sektor bringt allen Hausbewohnern Glück, die in einem Jahr des Tigers geboren sind. Diese Jahre sind rechts aufgelistet.

Um die positive Energie für Liebes- und Beziehungsglück im Bereich Ihres persönlichen Irdischen Astes zu verstärken, können Menschen im Zeichen Tiger Folgendes tun:

Platzieren Sie dekorative Abbildungen von Tigern in dem Bereich Ihres Hauses, der der oben angegebenen Himmelsrichtung entspricht. Als Tiger werden Sie von dem Chi profitieren, das die Tigerbilder ausstrahlen, egal, ob es sich dabei um Keramik oder um Bilder handelt. Hölzerne Skulpturen von Tigern sind besonders gut, weil sie die Energie des natürlichen Elements Holz aktivieren. Windspiele aus Metall üben hier einen negativen Einfluss aus.

Sie können diesen Sektor mit jedem Holz-Objekt aktivieren, da dies das Element Ihres Zeichens ist. Es bringt jedoch Unglück, wenn Ihr persönlicher Bereich (in diesem Fall Ost-Nordost) durch eine Toilette oder Küche geschwächt wird, denn dies bringt negative Energien.

Zwei weitere Bereiche sind günstig für den Tiger. Diese entsprechen den Tierkreiszeichen Pferd und Hund. Die Himmelsrichtung des Pferdes ist Süd, und die des Hundes ist West-Nordwest.

Jahre des Tigers
1914
1926
1938
1950
1962
1974
1986
1998

Partner für den faszinierenden Tiger

Tiger und Pferd – eine glückliche und vulkanische Leidenschaft

Zwei verwandte Seelen! Ihre impulsiven, rastlosen, energiegeladenen Naturen passen perfekt zusammen, und beide haben ein tiefes, vollkommenes Verständnis für das Temperament des anderen. Sie werden kämpfen und streiten, sich gleich danach aber wieder gut gelaunt in den Armen liegen. Beide sind hitzig und launisch.

Sie beide sind Freigeister, nicht an Konventionen gebunden, und sie haben Mut. Sie werden gemeinsam große Abenteuer bestehen. Wenn sie zusammen leben, gehen sie große Risiken ein, und in der Liebe teilen sie eine Leidenschaft, die nur sie selbst begreifen.

Das natürliche Element des Pferdes ist das Feuer, das des Tigers ist das Holz. Im Kreislauf der Elemente erzeugt Holz Feuer. Ein Partner trägt also den anderen. In diesem Fall unterstützt der Tiger das Pferd und liefert den Boden und die Substanz für die Beziehung. Die natürliche Verbundenheit zwischen den beiden feuert den Enthusiasmus des Tigers an, und seine Produktivität und Entschlossenheit werden gesteigert.

Tiger und Hund – eine perfekte Beziehung

Hier geht es um den absolut liebenswerten Hund und den ebenso einnehmenden Tiger! Beide haben ihre Launen und können sehr wütend werden. Wenn sie jedoch zusammen sind, spürt man sogleich ihre natürliche Affinität – sie sind zwar manchmal aufeinander böse, doch nie für lange Zeit. Der Hund versteht die impulsive Natur des Tigers voll

Jahre der Pferde
1918
1930
1942
1954
1966
1978
1990
2002

Jahre der Hunde
1922
1934
1946
1958
1970
1982
1994
2006

und ganz und ist gerne nachsichtig. Der Tiger hat ebenso Verständnis für die Vorsicht und die Uneigennützigkeit des Hundes, und so macht es ihm nichts aus, wenn er ab und zu in seine Schranken gewiesen wird. Gegenseitiger Respekt prägt diese Beziehung, und der sonst so wilde Tiger wird als Partner des Hundes zur sanften Katze.

Das natürliche Element des Hundes ist die Erde, und das des Tigers ist das Holz. Im Kreislauf der Elemente kontrolliert das Holz die Erde. Ein Partner ist daher dominant. In diesem Fall ist es der Tiger, der immer die Kontrolle behält. Doch den Hund stört das überhaupt nicht. Die natürliche Anziehung zwischen beiden lässt den Tiger zahmer werden.

Liebesglück für Menschen im Zeichen Hase

Der Hase ist das vierte Zeichen im chinesischen Tierkreis. Sein Element ist das Holz. Die „Stunde" des Hasen ist zwischen 5.00 Uhr und 7.00 Uhr morgens. Jeder, der in diesem Zeitraum zur Welt kam, ist in der Stunde des Hasen geboren.

Die Kompassrichtung des Hasen liegt zwischen 67,5 und 97,5 Grad. Sie fällt in die Richtung Ost, wie Sie auf dem Kompass rechts sehen können, wo der Hase eingezeichnet ist.

Dieser Bereich des Hauses, der einen Winkel von 30 Grad einnimmt, ist sehr vorteilhaft für alle Bewohner, die in einem Jahr des Hasen geboren sind. Einige dieser Jahre sind rechts aufgelistet. Der genaue Beginn eines neuen Mondjahres ist dabei jedoch noch nicht berücksichtigt. Wenn Sie also in einem Jahr des Hasen im Monat Januar geboren sind, ist es gut möglich, dass ihr Zeichen nicht Hase ist, sondern das frühere Zeichen, also Tiger. Genauso gut können Sie noch ein Hase sein, wenn Sie im Januar des darauf folgenden Jahres geboren sind. Um ihr Geburtsdatum richtig einzuordnen, beachten Sie bitte den Mondkalender am Anfang dieses Buches.

Um das Liebesglück in Ihrem persönlichen Bereich des Irdischen Astes zu aktivieren, können Sie verschiedene symbolische Dinge tun:

Platzieren sie Abbildungen von Hasen in dem Bereich Ihres Hauses, der dem oben angegebenen Winkel entspricht. Um die Energie dieses Ortes zu steigern, verwenden Sie am besten Holzschnitzereien oder Skulpturen – aber immer in Paaren, niemals einen Hasen allein!

Sie können den Bereich auch mit einem Holzobjekt aktivieren, denn das Holz ist das Element Ihres Zeichens. Wenn sich im östlichen Bereich Ihres Hauses allerdings eine Toilette oder

Jahre des Hasen
1915
1927
1939
1951
1963
1975
1987
1999

Küche befindet, wird Ihnen das Unglück bringen, weil es Ihren persönlichen Sektor stört und negativ beeinflusst.

Zwei weitere Bereiche sind für alle Hasen sehr positiv. Sie entsprechen den Tierkreiszeichen Schaf und Schwein. Die Richtung des Schafes ist Süd-Südwest, und die des Schweines Nord-Nordwest.

Die tugendhafte Hase-Frau und der nette Mann

Schaf und Hase – ein holpriger Anfang, aber eine solide Beziehung

Dies ist eine Beziehung zwischen zwei wundervoll harmonierenden Partnern, die perfekt zusammenpassen. Das sonst eher verschlossene Schaf wird dem schlauen und diplomatischen Hasen sein oder ihr Herz öffnen, und der Hase wird mit einer Kombination aus zärtlicher Fürsorge und wahrhaftiger Liebe geschickt alle verborgenen Talente des Schafes hervorlocken. Die besondere Fähigkeit des Hasen zu ermutigen und zu motivieren, wird das Schaf zu Meisterleistungen anspornen. Beide zusammen sind daher auch bei der Arbeit ein gutes Team. Sie bringen einiges zustande und schaffen sich ein gemütliches und liebevolles Heim. Dem Hasen gelingt es auch, die Neigung des Schafes zu Depressionen und Mutlosigkeit abzuschwächen, indem er ihm Selbstvertrauen einflößt und es anspornt. Eine wirklich großartige Verbindung!

Das natürliche Element des Schafes ist die Erde, während das des Hasen das Holz ist. Im Kreislauf der Elemente kontrolliert das Holz die Erde. Ein Partner hat also ganz klar die Kontrolle. In diesem Fall dominiert der Hase die Beziehung. Das ist sehr gut für die Verbindung, weil der Hase das Beste aus dem Schaf herausholt. Er kontrolliert zwar die Beziehung, doch tut er dies auf eine sanfte Art, die kaum zu spüren ist, denn er agiert lieber hinter der Bühne.

Jahre des Schafes
1919
1931
1943
1955
1967
1979
1991
2003

Jahre des Schweines
1923
1935
1947
1959
1971
1983
1995
2007

Unten: Ein Hase und ein Schaf passen perfekt zusammen; Hase und Schwein auch.

Liebe zwischen Hase und Schwein – für beide geradezu maßgeschneidert

In vielerlei Hinsicht ist diese Beziehung ein Beispiel für das Sprichwort: „Gegensätze ziehen sich an." Das Schwein ist laut und manchmal aggressiv, der Hase ist stiller und scharfsinniger. Das Schwein nutzt seine Stärke und sein Durchhaltevermögen, während der Hase seine angeborene Intelligenz einsetzt, um Probleme sorgfältig zu durchdenken. Dennoch denken die beiden sehr ähnlich, und sie haben dieselben Lebensziele. Sie unterscheiden sich allerdings darin, wie sie diese Ziele verwirklichen. Zusammen sind die beiden wie zwei Hälften, die sich ergänzen. Ihre natürliche Verbundenheit bewirkt, dass sie sich auf Anhieb mögen, und wenn sie beginnen, die Talente des anderen zu entdecken, sind sie nicht mehr aufzuhalten. Sie sind ein hervorragendes Team, denn während der Hase die Fäden lieber im Verborgenen zieht, macht es dem Schwein nichts aus, im Rampenlicht zu stehen. Jeder bringt in seinem Partner das Beste zum Vorschein, und wenn einer stolpert, ist der andere immer da, um ihn zu halten.

Das natürliche Element des Schweines ist das Wasser, und das des Hasen ist das Holz. Im Kreislauf der Elemente erzeugt Wasser Holz. Ein Partner liefert also den Halt und die Unterstützung. Hier ist es das Schwein, was für den Hasen ein echter Glücksfall ist! Ein sehr gutes Zeichen für diese Verbindung.

CHINESISCHE ASTROLOGIE FÜR IHRE LIEBE

Liebesglück für Menschen im Zeichen Drache

Der Drache ist das fünfte Zeichen im chinesischen Tierkreis. Sein Element ist die Erde. Die „Stunde" des Drachen ist zwischen 7.00 Uhr und 9.00 Uhr morgens. Jeder, der in diesem Zeitraum zur Welt gekommen ist, ist in der Stunde des Drachen geboren.

Die Kompassrichtung des Drachen liegt zwischen 97,5 und 127,5 Grad. Sie fällt in die Richtung Ost-Südost und ist in dem Kompass unten mit dem Drachen markiert.

Dieser Sektor nimmt einen Winkel von 30 Grad ein und ist zu Hause für alle Bewohner, die in einem Jahr des Drachen geboren sind, der günstigste Bereich. Einige dieser Jahre sind oben aufgelistet. Der genaue Beginn eines neuen Mondjahres ist dabei jedoch noch nicht berücksichtigt. Wenn Sie also in einem Jahr des Drachen im Monat Januar geboren sind, ist es gut möglich, dass ihr Zeichen nicht der Drache ist, sondern das frühere Zeichen, also Hase. Genauso gut können Sie noch ein Hase sein, wenn Sie im Januar des darauf folgenden Jahres geboren sind. Um ihr Geburtsdatum richtig einzuordnen, beachten Sie bitte den Mondkalender am Anfang dieses Buches.

Um ihr Liebesglück in diesem Bereich, der Ihrem Irdischen Ast oder Tierkreiszeichen entspricht, zu aktivieren, können Sie verschiedene Dinge tun:

Platzieren Sie Abbildungen von Drachen in dem Bereich Ihres Hauses, der zwischen den oben angegebenen Graden liegt. Um die innere Energie des Sektors zu vergrößern, verwenden Sie Drachen aus irdischen Materialien – zum Beispiel Ton, Porzellan, Kristall etc. – oder hängen Sie ein Bild von einem Drachen auf.

Jahre des Drachen
1916
1928
1940
1952
1964
1976
1988
2000

Sollte sich im Ost-Südosten Ihrer Wohnung allerdings eine Toilette oder Küche befinden, kann Ihnen das Unglück bringen.

Die beiden anderen Bereiche, die günstig für Menschen sind, die in einem Jahr des Drachen geboren sind, sind diejenigen, die den Tierkreiszeichen Affe und Ratte entsprechen. Die Richtung des Affen ist West-Südwest, und die der Ratte ist Nord.

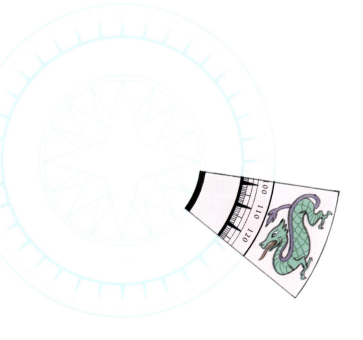

Die charismatische Lady und der ungestüme Drache

Die Beziehung zwischen Drache und Affe lässt bei beiden das Beste zum Vorschein kommen

Die resolute Entschlossenheit und Energie dieser beiden sind wirklich kaum zu schlagen. Die großen Pläne des Drachen werden vom ehrgeizigen Affen sofort akzeptiert und unterstützt. Falls irgendetwas schief läuft – und das wird immer wieder der Fall sein – findet der Affe mit seiner List und seinem Scharfsinn gleich eine Lösung, wie er beide aus der Schlinge ziehen kann. Der Drache bewundert den erfinderischen Affen, wird sogar magnetisch von ihm angezogen, während der Affe den Mut und die Stärke des Drachen großartig findet. Zusammen ergeben sie ein Paar, mit dem nicht zu spaßen ist, vor allem weil ihre natürliche Affinität sie zu Verbündeten macht. In geschäftlichen Dingen spornen sie sich gegenseitig zu Höchstleistungen an.

Das natürliche Element des Drachen ist die Erde, während das des Affen das Metall ist. Im Kreislauf der Elemente produziert Erde Metall. Daher ist er auch in der Partnerschaft der dominierende Part. In diesem Fall unterstützt der Drache den Affen. Der Affe kann sogar den Drachen „aussaugen", wenn er nicht eine Extradosis Erde oder Feuer bekommt

Die Ratte: Seelenverwandte und idealer Partner

Die Lebensenergie des Drachen verbindet sich hervorragend mit der Findigkeit der Ratte. Einer wird die Fähigkeiten und das Wesen des anderen verbessern. Die Ratte ist überwältigt vom Charisma des Drachen, seinem Enthusiasmus und seiner überschäumenden Art. Er oder sie findet eine Stütze in seinem lauten Wesen, denn es hilft ihm/ihr über die eigenen Unsicherheiten hinweg. Beide respektieren einander. Der Drache fühlt sich nur für die großen Dinge zuständig und überlässt den Kleinkram nur allzu gerne der fähigen und erfinderischen Ratte. Die mangelnde List des Drachen gleicht die Ratte aus

Das natürliche Element der Ratte ist das Wasser, und das des Drachen ist die Erde. Im Kreislauf der Elemente kontrolliert die Erde das Wasser. Zusammen allerdings schaffen Wasser und Erde die Grundlage dafür, dass Pflanzen wachsen können. Dennoch hat der Drache „die Hosen an" und dominiert.

Jahre des Hundes
1 9 2 0
1 9 3 2
1 9 4 4
1 9 5 6
1 9 6 8
1 9 8 0
1 9 9 2
2 0 0 4

Jahre der Ratte
1 9 1 2
1 9 2 4
1 9 3 6
1 9 4 8
1 9 6 0
1 9 7 2
1 9 8 4
1 9 9 6

Liebesglück für Menschen im Zeichen Schlange

Jahre der Schlange
1917
1929
1941
1953
1965
1977
1989
2001

Die Schlange ist das sechste Zeichen im chinesischen Tierkreis. Ihr Element ist das Feuer. Die „Stunde" der Schlange ist zwischen 9.00 Uhr und 11.00 Uhr morgens. Jeder, der in diesem Zeitraum das Licht der Welt erblickt hat, ist also in der Stunde der Schlange geboren.

Die Kompassrichtung der Schlange liegt zwischen 127,5 und 157,5 Grad. Sie fällt in die Richtung Ost-Südost, wie sie unten auf dem Kompass sehen können, dort wo die Schlange eingetragen ist.

Dieser Bereich des Hauses, der einen Winkel von 30 Grad einnimmt, ist für alle Bewohner besonders Glück bringend, die in einem Jahr der Schlange geboren sind. Einige dieser Jahre sind links aufgelistet. Der genaue Beginn eines neuen Mondjahres ist dabei jedoch noch nicht berücksichtigt. Wenn Sie also in einem Jahr der Schlange im Monat Januar geboren sind, ist es gut möglich, dass ihr Zeichen nicht die Schlange ist, sondern das frühere Zeichen, also Drache. Genauso gut können Sie noch eine Schlange sein, wenn Sie im Januar des darauf folgenden Jahres geboren sind. Um ihr Geburtsdatum richtig einzuordnen, beachten Sie bitte den Mondkalender am Anfang dieses Buches.

Um die Energie für ein glückliches Liebesleben im Bereich Ihres persönlichen Irdischen Astes zu verstärken, können Sie verschiedene symbolische Dinge tun:

Platzieren Sie Abbildungen einer Schlange in den Bereich Ihres Hauses, der zwischen den oben angegebenen Graden liegt.

Ungünstig ist es, wenn sich im Süd-Südosten Ihrer Wohnung eine Toilette oder Küche befindet, weil dadurch ihr persönlicher Bereich negativ belastet wird.

Für alle, die in einem Jahr der Schlange geboren sind, sind auch die Bereiche günstig, die den Zeichen Hahn und Büffel entsprechen. Die Richtung des Hahnes ist West, und die des Büffels Nord-Nordost.

Die aufreizende Lady und der Schlange-Mann

Jahre des Büffels
1 9 1 3
1 9 2 5
1 9 3 7
1 9 4 9
1 9 6 1
1 9 7 3
1 9 8 5
1 9 9 7

Jahre des Hahnes
1 9 2 1
1 9 3 3
1 9 4 5
1 9 5 7
1 9 6 9
1 9 8 1
1 9 9 3
2 0 0 5

Unten: Hahn und Schlange können eine machtvolle Liebe entwickeln. Die Beziehung zwischen Büffel und Schlange ist beständig.

Hahn und Schlange – beide haben nur Augen für den Partner

Sie denken gleich, haben einen ähnlichen Geschmack und lieben einander bedingungslos. In dieser Beziehung ist die Schlange der Planer und Stratege. Sie hat stets ein offenes Auge für günstige Gelegenheiten. Der Hahn aber besitzt das Durchhaltevermögen, die Entschiedenheit und die Fähigkeiten, Dinge in die Tat umzusetzen. Gemeinsam sind sie ein starkes Paar. Der Hahn lauscht den Plänen der Schlange mit Bewunderung und setzt sie mit seiner Effizienz und harter Arbeit um. Beide haben einen stark ausgeprägten Intellekt. Während die Schlange sich auf ihre Intuition verlässt, ist der Hahn praktisch veranlagt. Im Berufsleben sind sie kaum zu schlagen.

Das Element der Schlange ist das Feuer, und das des Hahnes ist Metall. Im Kreislauf der Elemente kontrolliert Feuer Metall. Ein Partner ist daher eindeutig dominant. In diesem Fall dominiert die Schlange den Hahn. Aufgrund der natürlichen Sympathie füreinander ist der Hahn aber gerne bereit, sich der eher überlegenen Schlange zu beugen. Es überrascht ihn nicht einmal, wenn er der Schlange und ihren Reizen mit Haut und Haar verfällt!

Schlange und Büffel – eine tiefe und dauerhafte Verbindung

Die Beziehung zwischen Büffel und Schlange ist für beide Partner gleichermaßen lohnend. Der starke und verlässliche Büffel fühlt sich unwiderstehlich von der verführerischen und findigen Schlange angezogen, die ihrerseits die Stärke des Büffels sehr attraktiv findet. Beide schätzen die Synergie ihrer Verbindung, und die gegenseitige Unterstützung lässt die Beziehung im Laufe der Jahre immer intensiver werden. Die listige Schlange übt zwar einen stärkeren Einfluss auf den Büffel aus, aber der Büffel ist derjenige, der die großen Dinge vollbringt, weil er der Entschlossenere von beiden ist. Die Beziehung ist tief und beständig. Wenn keiner der Partner es zulässt, dass sich jemand zwischen sie stellt, wird diese Liebe mit der Zeit immer tiefer.

Das natürliche Element der Schlange ist das Feuer, das des Büffels ist die Erde. Im Kreislauf der Elemente produziert Feuer Erde. Daher nährt der eine den anderen. In dieser Beziehung ist es die Schlange, die den Büffel unterstützt. Der Büffel kann daher die Schlange „aussaugen", wenn er/sie nicht eine Extradosis Feuer bekommt oder vom Holz-Element unterstützt wird. Die natürliche Sympathie aber macht es der Schlange sehr leicht, die „zweite Geige" zu spielen. Der Büffel hingegen wird von seiner innigen Liebe für die Schlange kaum überrascht sein!

CHINESISCHE ASTROLOGIE FÜR IHRE LIEBE

Liebesglück für Menschen im Zeichen Pferd

Das Pferd ist das siebte Zeichen im chinesischen Tierkreis. Sein Element ist das Feuer. Die „Stunde" des Pferdes ist zwischen 11.00 Uhr und 13.00 Uhr. Jeder, der in diesem Zeitraum zur Welt gekommen ist, ist in der Stunde des Pferdes geboren.

Die Kompassrichtung des Zeichen Pferd liegt zwischen 157,5 und 187,5 Grad. Sie fällt in die Richtung Süd, wie sie auf dem Kompass unten sehen können, dort wo das Pferdesymbol eingezeichnet ist. Dieser Bereich eines Hauses ist für alle seine Bewohner besonders günstig, die in einem Jahr des Pferdes geboren sind. Einige dieser Jahre sind rechts aufgelistet. Der genaue Beginn eines neuen Mondjahres ist dabei jedoch noch nicht berücksichtigt. Wenn Sie also in einem Jahr des Pferdes im Monat Januar geboren sind, ist es gut möglich, dass ihr Zeichen nicht das Pferd ist, sondern das frühere Zeichen, also Schlange. Genauso gut können Sie noch ein Pferd sein, wenn Sie im Januar des darauf folgenden Jahres geboren sind. Um ihr Geburtsdatum richtig einzuordnen, beachten Sie bitte den Mondkalender am Anfang dieses Buches.

Jahre des Pferdes
1 9 1 8
1 9 3 0
1 9 4 2
1 9 5 4
1 9 6 6
1 9 7 8
1 9 9 0
2 0 0 2

Um die positive Energie für Liebesglück und Wohlstand im Bereich Ihres persönlichen Irdischen Astes zu maximieren, können Sie verschiedene symbolische Dinge tun:

Platzieren Sie Abbildungen von Pferden in dem Bereich Ihres Hauses, der zwischen den hier angegebenen Graden liegt. Um die innere Energie des Ortes zu aktivieren, sollten sie Bilder in Weiß und Rot verwenden, denn diese Farben sind Yang-Farben. Stellen Sie auch Figuren aus Holz auf, denn dieses Element produziert Feuer!

Sie können den Bereich mit jedem Feuerelement aktivieren, denn dieses Element ist Ihrem Zeichen zugeordnet. Lassen Sie den Bereich also immer hell erleuchtet. Es kann Ihnen Unglück bringen, wenn sich an diesem Ort eine Toilette oder Küche befindet, weil dann negative Energie Ihren persönlichen Bereich beeinflusst.

Für alle, die in einem Jahr des Pferdes geboren sind, sind zwei weitere Orte sehr günstig, nämlich der Bereich der Zeichen Hund und Tiger. Die Himmelsrichtung des Hundes ist West-Nordwest und die des Tigers ist Ost-Nordost.

Die warmherzige Lady und der Pferde-Mann

Eine zärtliche Beziehung zwischen Hund und Pferd

Die Temperamente dieser beiden Zeichen ergänzen sich perfekt. Sie leben friedlich zusammen, ohne Streitigkeiten und schlechte Laune. Meistens sind sie nachgiebig, denn beide sind vernünftige und rationale Menschen. Im Allgemeinen setzen sie auf Kooperation und Kommunikation, und selbst wenn das Pferd manchmal störrisch ist, schadet das der Beziehung nicht, weil der Hund bereit ist zuzuhören und zu verstehen. Keiner wird versuchen, den anderen zu dominieren oder zu übertrumpfen, und die natürliche Zuneigung zwischen den beiden schafft großes Vertrauen.

Bei der Arbeit ist das Pferd der aggressivere Part, und der Hund ist froh, dass das Pferd die Führung übernimmt. In der Liebe sind sie sehr zärtlich und respektvoll zueinander, und keiner ergreift Besitz vom anderen.

Das natürliche Element des Hundes ist die Erde, und das des Pferdes ist das Feuer. Im Kreislauf der Elemente produziert Feuer Erde. Ein Partner unterstützt daher eindeutig den anderen. In diesem Fall sorgt das Pferd für den Hund und unterstützt ihn. Aufgrund der natürlichen Anziehung zwischen beiden ist das rastlose und störrische Pferd gerne bereit zu geben. Der Hund hingegen kann sich zurücklehnen und die liebende Großzügigkeit des Pferdes in vollen Zügen genießen!

Jahre des Tigers
1914
1926
1938
1950
1962
1974
1986
1998

Jahre des Hundes
1922
1934
1946
1958
1970
1982
1994
2006

Pferd und Tiger – eine leidenschaftliche Verbindung

Die verwandten Seelen von Tiger und Pferd ziehen sich durch ihre impulsiven, rastlosen und energischen Naturen unwiderstehlich an. Sie entwickeln eine tiefe und vollendete Leidenschaft füreinander. Ihr jeweiliges Temperament harmoniert perfekt, obwohl beide hitzig und launisch sind. Ihr Sinn für Abenteuer stachelt sie zu großen Plänen an, und sie genießen es gleichermaßen, auf dem Südpol Ski zu fahren oder auf den Malediven zu tauchen. Beide sind Freigeister, nicht an Konventionen gebunden, und ihr Mut und gegenseitiger Respekt sind Quelle der Anziehung und Elektrizität zwischen ihnen. Gemeinsam werden sie große Abenteuer erleben. Im Berufsleben gehen beide gerne Risiken ein, und in der Liebe erleben sie eine Leidenschaft, die nur sie selbst verstehen können. Eine sehr spannungsgeladene Beziehung!

Das natürliche Element des Pferdes ist das Feuer, und das des Tigers ist das Holz. Im Kreislauf der Elemente produziert Holz Feuer. Ein Partner unterstützt also den anderen, und hier ist es der Tiger, der das Pferd fördert. Er liefert den Boden und die Substanz der Beziehung. Die natürliche Affinität der beiden tut der Partnerschaft gut.

Chinesische Astrologie für Ihre Liebe

Liebesglück für Menschen im Zeichen Schaf

Das Schaf ist das achte Zeichen im chinesischen Tierkreis. Die „Stunde" des Schafes ist zwischen 13.00 Uhr und 15.00 Uhr. Jeder, der in diesem Zeitraum auf die Welt gekommen ist, ist in der Stunde des Schafes geboren.

Die Kompassrichtung des Schafes liegt zwischen 187,5 und 217,5 Grad. Sie fällt in die Richtung Süd-Südwest und ist unten auf dem Kompass zu sehen, dort wo das Schaf eingezeichnet ist.

Dieser Bereich eines Hauses ist für alle seine Bewohner besonders günstig, die in einem Jahr des Schafes geboren sind. Einige dieser Jahre sind rechts aufgelistet. Der genaue Beginn eines neuen Mondjahres ist dabei jedoch noch nicht berücksichtigt. Wenn Sie also in einem Jahr des Schafes im Monat Januar geboren sind, ist es gut möglich, dass ihr Zeichen nicht Schaf ist, sondern das frühere Zeichen, also Pferd. Genauso gut können Sie noch ein Schaf sein, wenn Sie im Januar des darauf folgenden Jahres geboren sind. Um ihr Geburtsdatum richtig einzuordnen, beachten Sie bitte den Mondkalender am Anfang dieses Buches.

Um das Liebesglück im Bereich Ihres persönlichen Irdischen Astes zu aktivieren, können Sie verschiedene symbolische Dinge tun:

Platzieren Sie Abbildungen eines Schafes oder einer Ziege in dem Bereich Ihres Hauses, der dem oben angegebenen 30-Grad-Winkel entspricht. Verwenden Sie Abbildungen aus Materialien, die dem Element Erde angehören, um die innere Energie des Bereichs zu verstärken.

Sie können den Bereich auch mit einem Feuersymbol aktivieren, denn Feuer produziert Erde. Auch Porzellan und Keramikgegenstände sind günstig.

Für Menschen mit dem Zeichen Schaf gibt es zwei weitere positive Bereiche. Sie entsprechen den Jahren des Schweines und des Hasen. Der Bereich des Schweines liegt im Nord-Nordwesten, der des Hasen im Osten.

Jahre des Schafes
1919
1931
1943
1955
1967
1979
1991
2003

Die sanfte Lady und der romantische Schaf-Mann

Eine glückliche und sanfte Beziehung zwischen Schwein und Schaf

Die Verbindung zwischen diesen beiden Zeichen ist nach dem chinesischen Horoskop sicher eine der liebevollsten. Die natürliche Anziehung zwischen Schaf und Schwein äußert sich in ihrem immer währenden Interesse an dem Partner und ihrer gegenseitigen Geduld. Das empfindsame Schaf findet hier Geborgenheit, Trost und Zuneigung, und die starken Arme des Schweines umschließen es in einem warmen Kokon der Liebe. Doch ist das Schaf nicht nur ein Liebesobjekt; beide haben genauso viel Spaß bei der Arbeit oder bei der Planung ihres gemeinsamen Lebens. Das sinnliche Schwein bewundert den vornehmen, noblen Charakter des Schafes. Beide haben einen gesunden Appetit und sind gleichermaßen großzügig. In der Liebe genießen sie die einfachen Freuden, und keiner betrügt den anderen oder lässt sich ablenken. Loyalität gehört zu den hervorstechenden Eigenschaften dieser Beziehung, die zu den harmonischsten Horoskop-Verbindungen gehört.

Oben: Schaf und Schwein führen eine loyale und warmherzige Beziehung. Schaf und Hase können wahre und zärtliche Liebe erfahren.

Das natürliche Element des Schafes ist die Erde, und das des Schweines ist das Wasser. Im Kreislauf der Elemente kontrolliert Erde Wasser. Ein Partner hat daher die Führung, und hier ist es das Schaf, das die Beziehung dominiert. Die natürliche Affinität der beiden Zeichen aber sorgt für Sanftheit im Umgang miteinander, und das eher aggressive Schwein ist gegenüber dem scharfsinnigen und bescheidenen Schaf sehr nachgiebig. Es überrascht nicht, dass das Schaf den dominanten Part übernimmt, denn das Schwein ist weniger geschickt und weltklug als das Schaf. In dieser Partnerschaft holt das Schaf das Schwein oftmals aus einer misslichen Lage, und dieses nimmt die Hilfe bereitwillig an!

Hase und Schaf sind wie Topf und Deckel

Dieses Paar ergibt ein wundervolles Duett! Das sonst eher zurückhaltende Schaf wird dem aufmerksamen und extrem sensiblen Hasen sein oder ihr Herz öffnen. Der Hase hat mit seiner Zärtlichkeit und ehrlichen Liebe ein Gespür für die inneren Bedürfnisse des Schafes. Er ermutigt und verzaubert es gleichermaßen und holt dadurch das Beste aus ihm heraus. Beide genießen ihre gemeinsame Zeit, und sie werden viel erreichen, sowohl als Liebespaar als auch später bei der Gründung einer Familie. Der Hase besänftigt die Neigung des Schafes zu Depressionen und gibt ihm Kraft und Selbstvertrauen – wirklich eine großartige Verbindung.

Das natürliche Element des Schafes ist die Erde, und das des Hasen ist das Holz. Im Kreislauf der Elemente kontrolliert Holz die Erde. Ein Partner ist also dominant, und hier ist es der Hase. Dies ist ein gutes Zeichen für die Beziehung, denn der Hase bringt die besten Eigenschaften des Schafes zum Vorschein, und obwohl er in der Beziehung dominiert, ist dies kaum zu spüren, da der Hase lieber hinter der Bühne agiert.

Jahre des Schweines
1923
1935
1947
1959
1971
1983
1995
2007

Jahre des Hasen
1915
1927
1939
1951
1963
1975
1987
1999

Chinesische Astrologie für Ihre Liebe

97 Liebesglück für Menschen im Zeichen Affe

Jahre des Affen
1920
1932
1944
1956
1968
1980
1992
2004

Der Affe ist das neunte Zeichen im chinesischen Tierkreis. Sein Element ist das Metall. Die „Stunde" des Affen ist zwischen 15.00 Uhr und 17.00 Uhr. Jeder, der in diesem Zeitraum auf die Welt gekommen ist, ist in der Stunde des Affen geboren.

Die Kompassrichtung des Affen liegt zwischen 217,5 und 247,5 Grad. Sie fällt in die Richtung West-Südwest, wie auf dem Kompass unten zu sehen ist, dort wo der Affe eingezeichnet ist.

Dieser Bereich des Hauses, der einen Winkel von 30 Grad einnimmt, ist für alle Bewohner sehr günstig, die in einem Jahr des Affen geboren sind. Einige dieser Jahre sind oben aufgelistet. Der genaue Beginn eines neuen Mondjahres ist dabei jedoch noch nicht berücksichtigt. Wenn Sie also in einem Jahr des Schafes im Monat Januar geboren sind, ist es gut möglich, dass ihr Zeichen nicht Affe ist, sondern das frühere Zeichen, also Schaf. Genauso gut können Sie noch ein Affe sein, wenn Sie im Januar des darauf folgenden Jahres

geboren sind. Um ihr Geburtsdatum richtig einzuordnen, beachten Sie bitte den Mondkalender am Anfang dieses Buches.

Um das Liebesglück im Bereich Ihres persönlichen Irdischen Astes zu aktivieren, können Sie verschiedene symbolische Dinge tun:

Platzieren Sie Abbildungen von Affen in dem Bereich Ihres Hauses, der zwischen den links angegebenen Graden liegt. Um die innere Energie des Sektors zu vergrößern, verwenden Sie ein Bild von einem Affen mit Pfirsichen. Dieses Bild bringt besonders viel Glück, wenn es auf Ton oder Porzellan gemalt ist.

Sie können den Bereich mit jedem Metallobjekt aktivieren, denn dieses Element gehört zu Ihrem Zeichen. Glocken und Windspiele sind dort sehr vorteilhaft. Es wird Ihnen jedoch Unglück bringen, wenn sich eine Toilette oder Küche in Ihrem persönlichen Bereich befindet, denn das erzeugt negative Energie.

Wenn Sie im Jahr des Affen geboren sind, können Sie auch von positiven Symbolen profitieren, die in den Bereichen von Ratte oder Drache aufgestellt sind. Die Richtung der Ratte ist Nord, und die des Drachen ist Ost-Südost.

CHINESISCHE ASTROLOGIE FÜR IHRE LIEBE

Die reizende Lady und der freche Affe-Mann

Oben: Der Affe und die Ratte können eine himmlische Beziehung führen, während die Beziehung zwischen Affe und Drache aufregend ist.

Ratte und Affe haben richtig viel Spaß im Leben

Der Affe mit seinem ausgeprägten Sinn für Spaß findet in der Ratte eine Seelenverwandte. Beide genießen das Leben in ihrer eigenen, materialistischen Welt. Sie haben dieselben Wertvorstellungen und verfolgen die gleichen Ziele. Sie bewundern sich gegenseitig für ihre Schlauheit und ihren Ideenreichtum. Jeder Erfolg des Partners wird mit Enthusiasmus begrüßt. In der Arbeit sind sie ein gutes Team, denn beide sind gleichermaßen gewitzt und erfinderisch, somit vertiefen sie eine Beziehung, die buchstäblich im Himmel geknüpft wurde. Jeder toleriert die Schwächen des anderen, seine gesellschaftlichen Ambitionen und seinen Spaß an Partys. Sie werden über dieselben Witze lachen, für dieselben Ziele kämpfen und das Selbstvertrauen des Partners aufbauen. Gemeinsam können sie viel erreichen!

Das natürliche Element der Ratte ist das Wasser, und das des Affen Metall. Im Kreislauf der Elemente produziert Metall Wasser. Daher unterstützt ein Partner den anderen. In dieser Beziehung stützt der Affe die Ratte. Die Ratte kann die Energie des Affen „aussaugen". Doch wegen der natürlichen Anziehung zwischen beiden wird der Affe diesen Part gerne übernehmen, und er/sie wird vieles tun, um das schwache Selbstvertrauen der Ratte zu stärken und ihr die Unsicherheit zu nehmen. Mit anderen Worten – der Affe verleiht der Ratte Stärke. In dieser Beziehung spielt es keine Rolle, welcher der Partner welches Geschlecht hat – es funktioniert immer.

Jahre der Ratten
1912
1924
1936
1948
1960
1972
1984
1996

Jahre des Drachen
1916
1928
1940
1952
1964
1976
1988
2000

Affe und Drache: ein starkes Team

Hier gibt es keinen Zweifel: diese beiden sind zu Höchstleistungen fähig. Ihre gemeinsame Entschlossenheit und ihr Ehrgeiz sind schwer zu übertreffen. Die großartigen Ideen des Drachen finden beim findigen Affen sofort Anklang. Wenn irgendetwas einmal schief geht, tragen die Schlauheit des Affen und der unerschütterliche Optimismus des Drachen dazu bei, alles wieder ins Lot zu bringen. Der Drache bewundert die Kreativität des Affen und wird von ihr magisch angezogen. Der Affe hingegen ist begeistert vom Enthusiasmus des Drachen und seiner positiven Grundeinstellung. Gemeinsam sind sie ein hervorragendes Paar, vor dem man Respekt haben sollte. Ihre Affinität macht sie zu natürlichen Verbündeten. Im Geschäftsleben spornen sie sich gemeinsam zu großen Leistungen an. In der Liebe werden sie voneinander ebenso inspiriert wie erregt.

Das natürliche Element des Drachen ist die Erde, und das des Affen ist das Metall. Im Kreislauf der Elemente produziert Erde Metall. Einer unterstützt daher den anderen. In dieser Beziehung stützt der Drache den Affen. Der Affe kann den Drachen regelrecht „aussaugen", außer er bekommt zusätzlich Kraft durch Erde oder Feuer. Durch die natürliche Harmonie ist der Affe gerne bereit, die „zweite Geige" zu spielen. Der Drache wird hingegen feststellen, dass er den Affen über alles liebt.

CHINESISCHE ASTROLOGIE FÜR IHRE LIEBE

Liebesglück für Menschen im Zeichen Hahn

Jahre des Hahnes
1 9 2 1
1 9 3 3
1 9 4 5
1 9 5 7
1 9 6 9
1 9 8 1
1 9 9 3
2 0 0 5

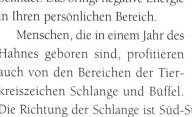

Der Hahn ist das zehnte Zeichen im chinesischen Tierkreis. Sein Element ist das Metall. Die „Stunde" des Hahnes ist zwischen 17.00 Uhr und 19.00 Uhr. Jeder, der in diesem Zeitraum auf die Welt gekommen ist, ist in der Stunde des Hahnes geboren.

Die Kompassrichtung des Hahnes liegt zwischen 247,5 und 277,5 Grad. Sie fällt in die Richtung West, wie Sie oben auf dem Kompass sehen können, dort wo das Bild des Hahnes eingezeichnet ist.

Dieser Bereich eines Hauses, der einen Winkel von 30 Grad einnimmt, ist für alle Bewohner sehr günstig, die in einem Jahr des Hahnes geboren sind. Einige dieser Jahre sind oben aufgelistet. Der genaue Beginn eines neuen Mondjahres ist dabei jedoch noch nicht berücksichtigt. Wenn Sie also in einem Jahr des Hahnes im Monat Januar geboren sind, ist es gut möglich, dass ihr Zeichen nicht Hahn ist, sondern das frühere Zeichen, also Affe. Genauso gut können Sie noch ein Hahn sein, wenn Sie im Januar des darauf folgenden Jahres geboren sind. Um ihr Geburtsdatum richtig einzuordnen, beachten Sie bitte den Mondkalender am Anfang dieses Buches.

Um das Liebesglück im Bereich Ihres persönlichen Irdischen Astes zu aktivieren, können sie verschiedene symbolische Dinge tun: Platzieren Sie Abbildungen eines Hahnes in dem Bereich Ihres Hauses, der zwischen den hier angegebenen Graden liegt. Um die innere Energie Ihres Tierkreiszeichen zu verstärken, sollten Sie Bilder und Skulpturen aus Ton oder Porzellan verwenden. Aktivieren Sie diesen Bereich mit dem Element Metall, denn dieses ist fest mit Ihrem Zeichen verbunden. Glocken und Windspiele sind hier also besonders vorteilhaft. Es kann Ihnen jedoch Unglück bringen, wenn sich in dieser Himmelsrichtung, also im Westen, eine Toilette oder Küche befindet. Das bringt negative Energie in Ihren persönlichen Bereich.

Menschen, die in einem Jahr des Hahnes geboren sind, profitieren auch von den Bereichen der Tierkreiszeichen Schlange und Büffel. Die Richtung der Schlange ist Süd-Südost, und die des Büfels ist Nord-Nordost.

Die findige Hahn-Lady und der flexible Mann

Schlange und Hahn – eine Harmonie, die fast schon schmerzt

Diese beiden denken gleich, haben denselben Geschmack und lieben sich heiß und innig. In dieser Beziehung schmiedet die Schlange die Pläne, der Hahn führt sie aus. Die Schlange ist der Stratege mit dem Blick für gute Gelegenheiten, doch der Hahn packt diese Gelegenheiten beim Schopf. In der Liebe übernimmt er entschlossen die Führung. Zusammen sind sie ein starkes Team. Der Hahn bewundert die einfallsreichen Strategien der Schlange. Er findet sie brillant und kreativ, und mit der ihm eigenen Effizienz und Strebsamkeit verwirklicht er die Ideen und Vorschläge, so dass beide davon profitieren können. Beide haben einen ausgeprägten Intellekt, doch die Schlange ist eher intuitiv, während der Hahn praktisch veranlagt ist. Im Berufsleben sind sie schwer zu schlagen. In der Liebe sind sie treu und zärtlich – ein wirklich sehr leidenschaftliches Paar!

Das natürliche Element der Schlange ist das Feuer, und das des Hahnes ist das Metall. Im Kreislauf der Elemente kontrolliert Feuer Metall. Ein Partner ist daher dominant. In dieser Beziehung ist es die Schlange. Jedoch ist der Hahn aufgrund der natürlichen Harmonie zwischen beiden gerne bereit, sich der Schlange zu beugen. Der Hahn kann den Reizen der Schlange sogar mit Haut und Haar verfallen!

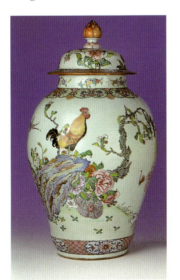

Schlange und Büffel – eine intensive Beziehung zwischen zwei starken Persönlichkeiten

Diese beiden Tierkreiszeichen sind praktisch veranlagt, gelassen und bereit, Opfer für einen höheren Zweck zu bringen. Die Intensität der Beziehung ist faszinierend, denn beide sind eigentlich so beherrscht. Sie sind ehrgeizige und entschlossene Persönlichkeiten, die hart daran arbeiten, eine brillante Beziehung zu führen. In ihrer gemeinsamen Wohnung oder ihrem Büro wird alles wie ein Uhrwerk funktionieren. Sofort erkennt man die effiziente Hand des Hahnes, und der Einfluss des Büffels mit seinem bodenständigen Geschmack für Möbel und Einrichtungsgegenstände ist kaum zu übersehen. Der geduldige Büffel arrangiert sich mit der Neigung des Hahnes, die Kontrolle zu übernehmen und zu dominieren, während den pragmatischen Hahn die oft ausschweifenden Reden des Büffels nicht stören. Trotz aller Effizienz herrscht zwischen beiden wahre Liebe und Leidenschaft. Ihre Verbindung ist ernsthaft und auf Dauer angelegt.

Das natürliche Element des Büffels ist die Erde, und das des Hahnes ist das Metall. Im Kreislauf der Elemente produziert Erde Metall. Ein Partner unterstützt daher den anderen, und in diesem Fall ist es der Büffel, der dem Hahn hilft und für ihn sorgt. Die natürliche Affinität macht die Partnerschaft sehr harmonisch.

Jahre der Schlange
1917
1929
1941
1953
1965
1977
1989
2001

Jahre des Büffels
1913
1925
1937
1949
1961
1973
1985
1997

Liebesglück für Menschen im Zeichen Hund

Der Hund ist das elfte Zeichen im chinesischen Tierkreis. Sein Element ist das Metall. Die „Stunde" des Hundes ist zwischen 19.00 Uhr und 21.00 Uhr. Jeder, der in diesem Zeitraum auf die Welt gekommen ist, ist in der Stunde des Hundes geboren.

Die Kompassrichtung des Hundes liegt zwischen 277,5 und 307,5 Grad. Sie fällt in die Richtung West-Nordwest, wie Sie oben auf dem Kompass an der Stelle sehen können, die mit dem Bild eines Hundes markiert ist.

Dieser Bereich eines Hauses, der einen Winkel von 30 Grad einnimmt, ist für alle Bewohner sehr günstig, die in einem Jahr des Hundes geboren sind. Einige dieser Jahre sind oben aufgelistet. Der genaue Beginn eines neuen Mondjahres ist dabei jedoch noch nicht berücksichtigt. Wenn Sie also in einem Jahr des Hundes im Monat Januar geboren sind, ist es gut möglich, dass ihr Zeichen nicht Hund ist, sondern das frühere Zeichen, also Hahn. Genauso gut können Sie noch ein Hund sein, wenn Sie im Januar des darauf folgenden Jahres geboren sind. Um ihr Geburtsdatum richtig einzuordnen, beachten Sie bitte den Mondkalender am Anfang dieses Buches.

Um das Liebesglück im Bereich Ihres persönlichen Irdischen Astes zu aktivieren, können Sie verschiedene symbolische Dinge tun:

Platzieren Sie Abbildungen eines Hundes in dem Bereich Ihres Hauses, der zwischen den oben angegebenen Graden liegt. Um die innere Energie Ihres Tierkreiszeichen zu verstärken, sollten Sie Bilder und Skulpturen aus Keramik oder Porzellan verwenden. Sie können diesen Bereich mit dem Element Metall aktivieren, denn dieses gehört zu Ihrem Zeichen. Glocken und Windspiele sind hier also besonders vorteilhaft. Es kann Ihnen jedoch Unglück bringen, wenn sich in dieser Himmelsrichtung, also West-Nordwest, eine Toilette oder Küche befindet. Das bringt negative Energie in Ihren persönlichen Bereich.

Menschen, die in einem Jahr des Hundes geboren sind, profitieren auch von den Bereichen der Tierkreiszeichen Tiger und Pferd. Die Richtung des Tigers ist Ost-Nordost, und die des Pferdes ist Süd.

Jahre des Hundes
1922
1934
1946
1958
1970
1982
1994
2006

Partner für den großzügigen Hund

Hund und Tiger verstehen sich offensichtlich

Beide sind launisch und wechselhaft, doch ihre natürliche Nähe zueinander lässt jeden Ärger bald verfliegen. Die Harmonie der beiden ist sehr stark, und das ist kaum zu übersehen. Der Hund ist gefesselt vom Ungestüm des Tigers und ist daher tolerant und nachsichtig. Der Tiger begreift ganz selbstverständlich den vorsichtigen und uneigennützigen Charakter des Hundes und beklagt sich nicht, wenn er ab und zu in die Schranken gewiesen wird. In dieser Beziehung ist die Liebe und der gegenseitige Respekt so groß, dass der sonst so wilde Tiger zum Kätzchen wird – eine wirklich liebenswerte Verbindung!

Das natürliche Element des Hundes ist die Erde, und das des Tigers das Holz. Im Kreislauf der Elemente kontrolliert Holz Erde. Ein Partner ist also eindeutig dominant, und hier ist es der Tiger. Doch dem Hund macht das nichts aus. Der Tiger wird durch die natürliche Affinität der beiden besänftigt, und der Hund lässt sich vom Tiger gerne führen.

Hund und Pferd – eine friedliche Beziehung

Ein wundervolles Paar: das Temperament der beiden harmoniert perfekt. Sie leben friedlich zusammen, und nie gibt es Streit oder schlechte Laune. Meist sind beide sehr nachgiebig, denn sie sind vernünftige und rational denkende Menschen. Zwischen ihnen funktioniert die Kooperation und die Kommunikation, und selbst wenn das Pferd manchmal störrisch ist, schadet das der Beziehung nicht, denn der Hund versteht das und kann gut zuhören.

Jahre des Tigers
1914
1926
1938
1950
1962
1974
1986
1998

Jahre des Pferdes
1918
1930
1942
1954
1966
1978
1990
2002

Keiner der beiden versucht, den anderen zu dominieren oder zu unterdrücken, und ihre natürliche Affinität bewirkt, dass sie einander blind vertrauen. Bei der Arbeit ist das Pferd der aggressivere Part, doch der Hund überlässt ihm gerne die Führung. In der Liebe sind sie sehr zärtlich zueinander und ergreifen nie Besitz vom anderen.

Das natürliche Element des Hundes ist die Erde, das des Pferdes das Feuer. Im Kreislauf der Elemente erzeugt Feuer Erde. Ein Partner unterstützt daher den anderen. Hier ist es das Pferd, das den Hund trägt und für ihn sorgt. Aufgrund des instinktiven Einfühlungsvermögens der beiden ist das rastlose und halsstarrige Pferd aber gerne bereit, seine oder ihre Zeit dem Partner zu widmen.

Liebesglück für Menschen im Zeichen Schwein

Jahre des Schweines
1923
1935
1947
1959
1971
1983
1995
2007

Das Schwein ist das zwölfte Zeichen im chinesischen Tierkreis. Sein Element ist das Wasser. Die „Stunde" des Schweines ist zwischen 21.00 Uhr und 23.00 Uhr. Jeder, der in diesem Zeitraum auf die Welt gekommen ist, ist in der Stunde des Schweines geboren.

Die Kompassrichtung des Schweines liegt zwischen 307,5 und 337,5 Grad. Sie fällt in die Richtung Nord-Nordwest, wie Sie oben auf dem Kompass an der Stelle sehen können, die mit dem Bild eines Schweines markiert ist.

Dieser Bereich eines Hauses ist für alle Bewohner sehr günstig, die in einem Jahr des Schweines geboren sind. Einige dieser Jahre sind oben aufgelistet. Der genaue Beginn eines neuen Mondjahres ist dabei jedoch noch nicht berücksichtigt. Wenn Sie also in einem Jahr des Schweines im Monat Januar geboren sind, ist es gut möglich, dass ihr Zeichen nicht Schwein ist, sondern das frühere Zeichen, also Hund. Genauso gut können Sie noch ein Schwein sein, wenn Sie im Januar des darauf folgenden Jahres geboren sind. Um ihr Geburtsdatum richtig einzuordnen, beachten Sie bitte den Mondkalender am Anfang dieses Buches.

Um das Liebesglück im Bereich Ihres persönlichen Irdischen Astes zu aktivieren, können sie verschiedene symbolische Dinge tun:

Platzieren Sie Abbildungen eines Schweines in dem Bereich Ihres Hauses, der zwischen den oben angegebenen Graden liegt. Um die innere Energie des Sektors zu vergrößern, stellen Sie Schweine-Bilder neben Wasser auf. Das verstärkt das Wasser-Element dieses Tierkreiszeichens. Es kann Ihnen jedoch Unglück bringen, wenn sich in dieser Himmelsrichtung, also Nord-Nordwest, eine Toilette oder Küche befindet. Das bringt negative Energie in Ihren persönlichen Bereich.

Für Menschen, die in einem Jahr des Schweines geboren sind, sind auch die Bereiche der Tierkreiszeichen Schaf und Hase sehr günstig. Die Richtung des Schafes ist Süd-Südwest, und die des Hasen ist Ost.

Partner für das Schwein

Jahre des Hasen
1915
1927
1939
1951
1963
1975
1987
1999

Jahre des Schafes
1919
1931
1943
1955
1967
1979
1991
2003

Schwein und Hase – Gegensätze ziehen sich an

Das Schwein ist laut und manchmal aggressiv, während der Hase ruhig und scharfsinnig ist – ein gutes Beispiel für das Sprichwort: „Gegensätze ziehen sich an." Das Schwein hat die Tendenz, seine Ziele durch Macht und Stärke zu erreichen, wohingegen der Hase lieber seine List und Intelligenz einsetzt, Probleme sorgsam durchdenkt und still und leise vor sich hin arbeitet. Dennoch denken beide ähnlich und haben dieselben Ziele im Leben. Sie gehen nur anders an die Dinge heran. Wenn beide zusammenkommen, scheinen sie wie zwei komplementäre Hälften. Von Anfang an herrscht eine natürliche Anziehung zwischen beiden, und wenn sie erst die Talente des Partners entdecken, sind sie kaum mehr aufzuhalten. Auch im Team sind sie fantastisch. Während der Hase lieber hinter der Bühne die Fäden zieht, genießt es das Schwein, im Rampenlicht zu stehen. Jeder bringt beim anderen das Beste zum Vorschein.

Das natürliche Element des Schweines ist das Wasser, und das des Hasen ist das Holz. Im Kreislauf der Elemente nährt Wasser Holz. Ein Partner unterstützt daher eindeutig den anderen, und hier ist es das Schwein – ein echter Glücksgriff für den Hasen! Ein sehr gutes Zeichen für diese Beziehung.

Schaf und Schwein – ein wahrhaft glückliches Paar

Die natürliche Affinität von Schaf und Schwein zeigt sich deutlich in ihrem immer währenden Interesse für den Partner und ihre Geduld miteinander. Das empfindsame Schaf findet in dieser Beziehung Geborgenheit, Trost und Zuneigung, und die starken Arme des Schweines umschließen es in einem warmen Kokon der Liebe. Doch ist das Schaf nicht nur ein Liebesobjekt; beide haben genauso viel Spaß bei der Arbeit oder bei der Planung ihres gemeinsamen Lebens.

Das sinnliche Schwein bewundert den vornehmen, noblen Charakter des Schafes. Beide haben einen gesunden Appetit und sind gleichermaßen großzügig. In der Liebe genießen sie die einfachen Freuden, und keiner betrügt den anderen oder lässt sich ablenken. Loyalität gehört zu den auffallendsten Eigenschaften dieser Beziehung, die zu den harmonischsten Verbindungen in der chinesischen Astrologie gehört.

Das natürliche Element des Schafes ist die Erde, und das des Schweines ist das Wasser. Im Kreislauf der Elemente kontrolliert Erde Wasser. Ein Partner hat daher die Führung, und hier ist es das Schaf, das die Beziehung dominiert. Die natürliche Affinität der beiden Zeichen aber sorgt für Sanftheit im Umgang miteinander, und das eher aggressive Schwein ist gegenüber dem scharfsinnigen, bescheidenen Schaf sehr nachgiebig. Es überrascht nicht, dass das Schaf den dominanten Part übernimmt, denn das Schwein ist weniger geschickt und weltklug als das Schaf.

105 Die Pfeile des astrologischen Antagonismus

Im Rad des chinesischen Tierkreises ergeben sich Pfeile des Antagonismus zwischen den Zeichen, die sich exakt gegenüberliegen. Diese Pfeile bedeuten, dass die entsprechenden Zeichen nicht miteinander harmonieren.

Nach diesem Prinzip gibt es zwischen den zwölf Tierkreiszeichen sechs besonders ungünstige Konstellationen. Im Rad des Tierkreises, das hier abgebildet ist, sind es diejenigen Zeichen, die einander gegenüberliegen. Alle Menschen entwickeln bestimmte Verhaltensweisen, je nachdem, in welchem Zeichen sie geboren sind. Dies betrifft vor allem die Art und Weise, wie sie auf andere eingehen und reagieren. Diese unbewusste innere Einstellung ist oft der Grund für tief sitzende Konflikte zwischen nicht miteinander harmonierenden Partnern. Daher sind in China viele Eltern gegen die Heirat ihres Kindes mit einem Partner, der sechs Jahre älter oder jünger ist, denn sie wissen, dass in einer solchen Ehe viele Schwierigkeiten lauern. Dennoch sollten Sie wissen, dass viele Charaktereigenschaften einer Person vom Einfluss der Elemente und der Geburtsstunde verstärkt oder geschwächt werden. Bitte beachten Sie auch, dass sich die mangelnde Harmonie zwischen Tierkreiszeichen nur in Beziehungen wie einer Ehe oder einer engen geschäftlichen Partnerschaft bemerkbar macht. Selbst wenn zwei Menschen nach der Astrologie nicht miteinander harmonieren, so können sie doch gute Freunde werden. Das liegt daran, dass gute Freunde nicht unbedingt zusammen leben oder arbeiten müssen. In einer Liebesbeziehung jedoch sollte man vor dem astrologischen Antagonismus niemals die Augen verschließen. Vielmehr sollte man versuchen, die Probleme zu lösen.

Das Rad des chinesischen Tierkreises

- Die Ratte (Wasser) verträgt sich nicht mit dem Pferd (Feuer)
- Der Büffel (Erde) verträgt sich nicht mit dem Schaf (Erde)
- Der Tiger (Holz) verträgt sich nicht mit dem Affen (Metall)
- Der Drache (Erde) verträgt sich nicht mit dem Hund (Erde)
- Der Hahn (Metall) verträgt sich nicht mit dem Hasen (Holz)
- Die Schlange (Feuer) verträgt sich nicht mit dem Schwein (Wasser)

Oben: Das Wissen über die verborgenen Pfeile des astrologischen Antagonismus kann Sie vor Schwierigkeiten schützen.

Ratte und Pferd verstehen sich nicht

106

Diese Beziehung ist eine der schlechtesten im chinesischen Tierkreis. Hier prallen zwei willensstarke Persönlichkeiten aufeinander. Zwischen den beiden ist absolut keine Kommunikation möglich. Wenn nicht zumindest die Geburtsstunden oder die Elemente harmonieren, sollten Sie eine solche Beziehung besser gar nicht erst eingehen. Die Einstellung des Freigeistes Pferd widerspricht einfach zu sehr den snobistischen Allüren der Ratte. Außerdem hat das Pferd nicht den gesellschaftlichen Ehrgeiz, der die Ratte antreibt. Das impulsive Naturell des Pferdes wird die Ratte zur Weißglut treiben, sobald sich die erste Faszination gelegt hat, und was zunächst attraktiv erschien, wird schnell zum ewigen Streitpunkt. Beide stehen einander kämpferisch gegenüber, und ihre Elemente – Wasser und Feuer – widerstreben sich vollkommen. Da beide unter dem Einfluss von

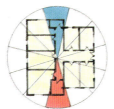

Bereich der Ratte: Nord

Bereich des Pferdes: Süd

Yang stehen, ist keiner bereit, nachzugeben.

Um die negative Wirkung des Antagonismus zwischen Ratte und Pferd zu überwinden und auszugleichen, muss man sich zunächst klar sein, welchen Einfluss die Fünf Elemente auf ihre Beziehung haben.

Das natürliche Element eines Menschen, der in einem Jahr der Ratte geboren ist, ist das Wasser, während das Element des Pferdes das Feuer ist. Im Kreislauf der Elemente kontrolliert Feuer Wasser. Die Ratte wird daher versuchen, das Pferd zu beherrschen. Doch weil das Pferd freiheitsliebend und unabhängig ist, wird dieser Versuch nur erbitterten Widerstand und Streit zur Folge haben.

Um diese Unvereinbarkeit der Temperamente zu überwinden, lokalisieren Sie die entsprechenden Bereiche des Hauses und aktivieren Sie jeden mit einem harmonisierenden Element. Der Bereich der Ratte ist der Norden, und der des Pferdes liegt im Süden. Stellen Sie Metall (ein Windspiel) im Bereich der Ratte und eine Pflanze im Bereich des Pferdes auf, denn indem Sie das Glück beider stärken, können Sie vielleicht Frieden schaffen.

Als weitere Maßnahme sollte die Ratte sein/ihr Glück stärken, indem er oder sie weiße Kleidungsstücke oder Feng-Shui-Schmuck trägt. Der Doppelte Glücksring wäre hervorragend. Für das Pferd empfehle ich Rot und Grün.

Ratten im heiratsfähigen Alter sind die Jahrgänge 1960 (Metall-Ratte: im Jahr 2000 40 Jahre) oder 1972 (Wasser-Ratte: im Jahr 2000 28 Jahre).

Pferde im heiratsfähigen Alter sind die Jahrgänge 1966 (Feuer-Pferd: im Jahr 2000 34 Jahre) oder 1978 (Erde-Pferd: im Jahr 2000 22 Jahre).

Der Büffel und das Schaf – ein ungeschicktes Paar

107

Verdruss und Ärger kennzeichnen diese Beziehung. Es gibt keine Gemeinsamkeiten zwischen Büffel und Schaf. Der Büffel ist eine sehr ernsthafte Person und verschwendet keine Zeit an Gefühle. Das Schaf hingegen ist zwar nicht halsstarrig oder impulsiv, aber dennoch sehr emotional. Beide setzen unterschiedliche Prioritäten, und ihre Ansichten über das Leben und die Liebe weichen stark voneinander ab. Jeder findet, dass der andere Unrecht hat. Beide sind zwar ehrgeizig und oft hoch motiviert, doch ihr Charakter hindert sie daran, den anderen zu verstehen oder ihn gar zu schätzen. Das ist schade, weil sich ihre Fähigkeiten eigentlich gut ergänzen würden. Doch leider harmonieren sie nicht genug, um von den Stärken des anderen zu profitieren. Der Büffel denkt im Allgemeinen lange und genau über alles nach und ist sich selbst der beste Ratgeber. Das Schaf hingegen berät seine Mitmen-

Bereich des Büffels: NNO

Bereich des Schafs: SSW

schen und hört sich gerne die Meinung der anderen an. Zudem sind beide oft dogmatisch und stur, was die Sache nicht einfacher macht. Beide sind Gegner.

Das natürliche Element des Schafes ist die Erde, und das des Büffels ebenfalls. In dieser Beziehung gibt es zu viel Erde-Energie, die zudem auch noch in verschiedene Richtungen strebt. Die Kombination der beiden lässt zu viel Starrsinn aufeinander prallen, ihre Energien vertragen sich nicht. Eine wirklich schwierige Beziehung mit geringen Chancen, daher wäre es für beide besser, sich einen anderen Partner zu suchen. Sollten sie dennoch heiraten wollen oder sind sie bereits verheiratet, kann ihnen Feng Shui helfen, die Reibungen zu vermindern.

In einer Partnerschaft zwischen einem Wasser-Büffel und einem Erde-Schaf ist das Schaf begünstigt, weil das Element des Geburtsjahres das Element des Zeichens stärkt. Das Wasser-Element schadet zwar dem Büffel in keiner Weise, doch die Beziehung bleibt problematisch.

Das Problem liegt hier im Überschuss an Erde-Energie. Es könnte helfen, diese etwas zu mindern, indem man Windspiele aus Metall zu Hause aufhängt, besonders in die Bereiche, die den Zeichen Büffel und Schaf entsprechen.

Büffel im heiratsfähigen Alter sind die Jahrgänge 1961 (Metall-Büffel: im Jahr 2000 39 Jahre) oder 1973 (Wasser-Büffel: im Jahr 2000 27 Jahre).

Schafe im heiratsfähigen Alter sind die Jahrgänge 1967 (Feuer-Schaf, im Jahr 2000 33 Jahre) oder 1979 (Erde-Schaf: im Jahr 2000 21 Jahre).

108

Tiger und Affe – mehr Hass als Liebe

Tiger im heiratsfähigen Alter sind die Jahrgänge 1962 (Wasser-Tiger: im Jahr 2000 38 Jahre) oder 1974 (Holz-Tiger: im Jahr 2000 26 Jahre).

Affen im heiratsfähigen Alter sind die Jahrgänge 1968 (Erde-Affe: im Jahr 2000 32 Jahre) oder 1980 (Metall-Affe: im Jahr 2000 20 Jahre).

Diese ungestümen Yang-Naturen ziehen sich sofort magisch an. Ihr Leben ist voller Lachen und Abenteuer, Kraft und Energie. Es herrscht auch viel Leidenschaft zwischen ihnen, mit dramatischen Trennungen und großen Versöhnungen. Jedoch ist die Freundschaft eher eine Hassliebe, und im Laufe der Zeit siegt meist der Hass. Immer fordern sie den anderen heraus, und keiner ist bereit, einmal nachzugeben. Beide sind schlechte Verlierer, und in ihrem Umgang miteinander gibt es keine Gnade und keinerlei Diplomatie. Beide sind entschlossene und impulsive Individualisten. Die Beziehung kann nur funktionieren, wenn jeder die starke und extrovertierte Natur des anderen begreift. Da die beiden aber nicht miteinander harmonieren, ist es wahrscheinlicher, dass dieses Paar im Streit auseinander geht. Die ewigen Kämpfe werden sie

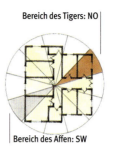

Bereich des Tigers: NO
Bereich des Affen: SW

schließlich völlig zermürben, und die Partnerschaft zwischen Tiger und Affe kann schnell zu einem lauten Dauerstreit werden.

Das natürliche Element des Tigers ist das Holz. Das des Affen ist das Metall.

Metall kontrolliert Holz, also wird der Affe die Beziehung dominieren und die Führung übernehmen. Die Wildheit des Tigers widerstrebt dem Affen. Der Tiger wird sich gegen dessen Dominanz wehren und unterhalb der Gürtellinie kämpfen.

Partnerschaften zwischen Holz-Tigern und Erde-Affen sind gut, weil die Elemente ihnen helfen. Der Tiger profitiert von der Stärke des Holz-Elements, während der Affe vom Erde-Element unterstützt wird, denn Erde erzeugt Metall! Der günstige Einfluss der Elemente gibt dieser Beziehung eine Erfolgschance, denn beide Partner werden gestärkt.

Andere Tiger-Affe-Paare können ihre Elemente stärken, indem sie jeweils ein helles Licht in die Richtung des Tigers (Ost-Nordost) und des Affen (West-Südwest) stellen. Das könnte den Mangel an Harmonie etwas ausgleichen.

109

Hahn und Hase – kein Spaß beim Sex

Hähne im heiratsfähigen Alter sind die Jahrgänge 1969 (Erde-Hahn: im Jahr 2000 31 Jahre) oder 1981 (Metall-Hahn: im Jahr 2000 19 Jahre).

Hasen im heiratsfähigen Alter sind die Jahrgänge 1963 (Wasser-Hase: im Jahr 2000 37 Jahre) oder 1975 (Holz-Hase: im Jahr 2000 25 Jahre).

Die Verhaltensweisen der beiden könnten nicht verschiedener sein: Der Hahn findet den Hasen viel zu moralisch, und den Hasen ärgert die Arroganz und der Hochmut des Hahnes. Der Hase ist zurückhaltend und scheut das Rampenlicht, während der Hahn selbstgefällig und eingebildet ist, und seine Besserwisserei geht dem Hasen gehörig auf die Nerven.

Im Tierkreis sind diese beiden Zeichen natürliche Feinde. Sie leiden unter den Giftpfeilen des anderen und lassen bei ihm vor allem die negativen Eigenschaften zum Vorschein kommen. Die Zurückhaltung des Hasen verwandelt sich in verächtliches Desinteresse, und der prahlerische Hahn wird boshaft. Sie sind wirklich schädlich füreinander. Solange sie nicht zusammenleben oder sich täglich sehen müssen, können sie vielleicht Freunde werden. Sollten sie

Bereich des Hahnes: West
Bereich des Hase: Ost

aber eine Beziehung eingehen, wird der Hase den Hahn als ein aufgeblasenes Nichts betrachten, während der Hahn nur hochmütig die Nase rümpft und den tugendhaften Charakter des Hasen verspottet.

Nebenbei bemerkt ist der Sex zwischen Hahn und Hase bestenfalls mittelmäßig!

Der Einfluss der Elemente

Das natürliche Element des Hahnes ist das Metall, und das des Hasen ist das Holz. Im Kreislauf der Elemente kontrolliert Metall Holz. Das bedeutet, dass der Hahn den Hasen dominiert, oder es zumindest versucht. Doch das heißt noch lange nicht, dass der Hase sich das gefallen lässt! Es ist sogar sehr unwahrscheinlich, und der Hahn als Yin-Zeichen wird sich beim Hasen, der ebenfalls Yin ist, kaum durchsetzen können. Eine Partnerschaft zwischen Hahn und Hase kann besser werden, wenn das natürliche Chi jedes Elements verstärkt wird.

Der Hahn sollte immer Goldschmuck tragen, und der Hase sollte viel grüne Kleidung anhaben. Für Mann wie Frau wäre es günstig, wenn sie sich mit Jade schmückten.

Drache und Hund streiten die ganze Nacht

Dieses Paar passt von Natur aus nicht zusammen! Es ist sehr unwahrscheinlich, dass sie einander überhaupt anziehend finden. Der geistvolle und impulsive Drache hat keine Zeit für den eher zynischen Hund. Sie können keine Konversation betreiben, ohne dass einer von beiden die Fassung verliert. Eine solche Verbindung sollte gar nicht erst entstehen. Im Tierkreis stehen beide direkt in der Schusslinie ihrer „Giftpfeile". Man betrachtet sie als Todfeinde. Der Hund wird für die Ideen und Meinungen des Drachen höchstens ein Naserümpfen übrig haben, und der Drache findet den Hund feindselig und wenig hilfsbereit. Diese beiden Persönlichkeiten passen wirklich überhaupt nicht zusammen. Kommunikation ist praktisch nicht möglich, und der Drache wird oft verärgert sein, während der Hund laut kläfft. Am besten sollten sie sich aus dem Weg gehen, denn sonst leiden beide darunter.

Drache und Hund sind Erde-Zeichen, und beide sind Yang. Dieses Übergewicht von Erde- und Yang-Energie verschlimmert die Feindschaft zwischen ihnen und lockt bei beiden den aggressiven Instinkt heraus. Wenn nicht die Geburtsstunde ihr Temperament besänftigt, sollten sie sich besser trennen!

Bereich des Hundes: WNW

Bereich des Drachen: OSO

Eine Beziehung zwischen Feuer-Drache und Metall-Hund wird unglücklich. Wenn der Mann der Hund ist, wird er sicherlich unter dem Pantoffel der Frau stehen.

Partnerschaften zwischen Holz-Drache und Metall-Hund sind für beide ungünstig! Der Drache wird geschwächt, und der Hund wird „ausgelaugt". Diese Verbindung wird wohl in einer Trennung oder Scheidung enden, was aber für beide besser wäre.

Mein Rat an Drachen und Hunde ist, besser nicht zusammenzukommen. Wenn Sie es bereits sind, dann können sie Reibungen am besten verringern, indem Sie zwei große, mit Wasser gefüllte Gefäße in beiden entsprechenden Himmelsrichtungen aufstellen. Das Wasser kann auch in der Nähe des Hauseingangs platziert werden. Es soll Ärger und Unglück auffangen.

Drachen im heiratsfähigen Alter sind die Jahrgänge 1964 (Holz-Drache: im Jahr 2000 36 Jahre) oder 1976 (Feuer-Drache: im Jahr 2000 24 Jahre).

Hunde im heiratsfähigen Alter sind die Jahrgänge 1970 (Metall-Hund: im Jahr 2000 30 Jahre) oder 1982 (Wasser-Hund: im Jahr 2000 18 Jahre).

Schlange und Schwein – ein echtes Trauerspiel

Diese beiden Zeichen harmonieren überhaupt nicht miteinander. Es handelt sich um eine der schlechtesten Kombinationen des gesamten Tierkreises. Schlange und Schwein sehen nichts mit den gleichen Augen und sind nie einer Meinung. Nichts, was der eine für den anderen tut, wird geschätzt, und es ist weder die Zeit noch die Mühe oder das Geld wert! Kein guter Wille der Welt kann diese Partnerschaft vor dem Untergang bewahren. Missverständnisse sind an der Tagesordnung, und am Ende geben beide auf, die Motive und Absichten des anderen auch nur verstehen zu wollen. Die beiden sind fast in jeder Hinsicht verschieden. Kommunikation findet überhaupt nicht statt. Das Schwein ist hilfsbereit, rücksichtsvoll und freundlich, doch auf die hochmütige Schlange wirkt das nur naiv, schwach und dumm. Genauso werden die guten Absichten der Schlange vom Schwein nicht gesehen. Ihre gründlichen Überlegungen und Pläne interpretiert das Schwein als Heuchelei und Unentschlossenheit.

Das liegt an der natürlichen Antipathie der beiden Elemente. Das Element der Schlange ist das Feuer, und das des Schweines ist das Wasser. Im Kreislauf der Elemente kontrolliert Wasser Feuer. Daher wird das Schwein versuchen, die Schlange zu dominieren. Beide Zeichen

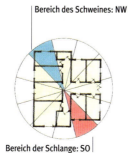

Bereich des Schweines: NW

Bereich der Schlange: SO

sind Yin, und daher sollten sie eigentlich bereit sein nachzugeben. In diesem Fall jedoch kann Yin das aggressive Yang kaum besänftigen.

Wenn man die Partnerschaft zwischen Feuer-Schlange und Metall-Schwein analysiert so kann man sich leicht täuschen.

Der Einfluss ihrer Elemente stärkt die Persönlichkeit der beiden. Beide stehen unter zusätzlichen Elementeinflüssen, die dem inneren Element Stärke verleihen. Das hilft zwar jedem der Partner, aber glücklich werden sie deshalb nicht. Daher sollten sich die beiden Zeichen meiden. Wenn sie bereits zusammen sind, können sie höchstens die Spannung verringern, indem sie ihre persönlichen Bereiche stärken. Die Schlange sollte Pflanzen in den Süd-Südosten stellen, und für das Schwein ist ein helles Licht im Nord-Nordwesten sehr günstig.

Schlangen im heiratsfähigen Alter sind die Jahrgänge 1965 (Holz-Schlange: im Jahr 2000 35 Jahre) oder 1977 (Feuer-Schlange: im Jahr 2000 24 Jahre).

Schweine im heiratsfähigen Alter sind die Jahrgänge 1971 (Metall-Schwein: im Jahr 2000 29 Jahre) oder 1959 (Erde-Schwein: im Jahr 2000 41 Jahre).

Die Wahl des richtigen Hochzeitsdatums

Abgesehen von den sechs gerade genannten ungünstigen Konstellationen, vor denen in allen herkömmlichen Werken der chinesischen Astrologie gewarnt wird, gibt es eine Reihe anderer Partnerschaften, die aus anderen Gründen unglücklich verlaufen können. Dass zwei Partner nicht zusammenpassen, kann sich auch aus der mangelnden Harmonie der Elemente in den Vier Säulen ergeben. Die drei Säulen, die ich gewöhnlich heranziehe, sind der Monat, das Jahr und die Stunde der Geburt. Den Tag lasse ich weg, weil sein Einfluss auf die Harmonie einer Partnerschaft nur gering und die Berechnung recht kompliziert ist.

Man kann aber vorhandene Harmoniestörungen ausgleichen, indem man darauf achtet, dass man an einem günstigen Tag heiratet. Der Hochzeitstag sollte richtig gewählt werden. Dafür benötigt man die Lo-Shu-Zahlen von verschiedenen günstigen Tagen und die Horoskopdaten der beiden Partner. Diese Berechnung des besten Datums ist sehr wichtig und gehört zu den grundlegenden Feng-Shui-Berechnungen. (Ich arbeite an einem Buch, in dem gezeigt wird, wie all diese Berechnungen vorgenommen werden, aber es wird frühestens 2001 erscheinen.) Die meisten Chinesen berechnen ein Glücksdatum mit Hilfe des Almanachs, doch das funktioniert nur, wenn Sie einen authentischen Chinesischen Almanach zur Hand haben.

Meine Empfehlung an alle, die nicht wissen, wie man ein günstiges Datum berechnet, ist, einen Neumondtag zu wählen. Es ist dann zwar nicht unbedingt das bestmögliche Datum, aber es ist sicher besser als irgendein anderer Tag, denn Neumond symbolisiert den Neuanfang. Eine Vollmondnacht ist ebenfalls günstig, denn nach der chinesischen Mythologie lebt der Gott der Ehe auf dem Mond.

Wenn ein Paar an einem günstigen Tag heiratet – also an einem Tag, an dem alle Elemente harmonieren –, wird jede Disharmonie zwischen ihnen sofort abgemildert. Manchmal bringt die Wahl des richtigen Hochzeitsdatums dem Paar großes Glück und Wohlstand.

Links: Wenn die Hochzeit an einem Tag um den Neumond stattfindet, kann mangelnde Harmonie in einer Partnerschaft geglättet werden.

Hochzeitsgeschenke bringen Glück

Geschenke können sehr Glück bringend und hilfreich sein, wenn es darum geht, astrologische Unterschiede von Partnern auszugleichen. Diese Differenzen entstehen meist dadurch, dass die fünf Elemente in ihren Geburtskarten nicht harmonieren. Wenn beispielsweise im Horoskop der Braut zu wenig Feuer vorhanden ist und beim Mann ein Überschuss an Wasser existiert, wird die Frau in der Partnerschaft einen Mangel an Energie verspüren. Ein Überschuss an Wasser wird das sogar noch verschlimmern. Ursache ist die Dominanz des Wassers über das Feuer.

In diesem Fall sollte der Bräutigam seiner Braut zur Hochzeit ein Feuer-Symbol schenken. Auf diese Weise stellt er die Yang-Energie des Feuers zur Verfügung und schafft mehr Harmonie zwischen beiden. Das Feuer-Symbol kann in Form eines Paars roter Schuhe, eines roten Abendkleides, von Rubin-Ohrringen, Rouge, einer roten Tagesdecke oder eines Paares heller, roter Laternen überreicht werden. All diese Gegenstände symbolisieren das Feuer-Element und sind gute Geschenke, um einen Feuer-Mangel im Horoskop der Frau auszugleichen.

Vorschläge für die anderen vier Elemente:
Um einen Mangel an Wasser auszugleichen, schenken Sie blaue Kleidung, Saphire, Aquamarine, Goldfische und blaue Lampen.
Um einen Mangel an Erde auszugleichen, schenken Sie Halbedelsteine und Kristalle.
Um einen Mangel an Holz auszugleichen, schenken Sie Seidenblumen, Blumenbilder und gesunde Blätterpflanzen.
Um einen Mangel an Metall auszugleichen, schenken Sie viel Gold.

Die Braut sollte ebenfalls das Horoskop ihres Mannes analysieren, um ein passendes Geschenk für ihn zu finden.

Solche Geschenke sind keine traditionellen Glücksbringer, die man früher als Hochzeitsgeschenke verwendet hat. Sie sind eher als moderne Umsetzung der Theorie und Methode des Wu Xing oder „Kompensation der Fünf Elemente" gedacht. Nach dem „Buch der Riten" ist die Zahl Acht entscheidend: Der Bräutigam sollte seiner Braut acht Geschenke überreichen:

Oben: Ein Fächer ist einer der acht Geschenke, die der Bräutigam seiner Braut geben sollte. Sie sind gut für Treue und Fruchtbarkeit.

- Ein Schmuckstück aus Gold und Juwelen für ihr Haar, denn es bringt Glück
- Einen vergoldeten Spiegel, der sie vor schlechtem Chi und bösen Geistern schützt
- Eine Schachtel Pralinen oder Süßigkeiten, um ihr ein süßes Leben zu wünschen
- Ein großes Stück roten Brokats oder Seide für ihr materielles Glück
- Ein Geldgeschenk (Münzen und Banknoten) für ihre Eltern und Geschwister
- Ein Gemälde von einem Kind mit Fischen, das für gesunden Nachwuchs steht
- Ein Strauß Pfingstrosen (eventuell aus Seide) für eine glückliche Ehe
- Einen Fächer aus Sandelholz, als Schutz.

Tragen Sie Rot bei der Hochzeit

In China trägt die Braut bei der traditionellen Hochzeitszeremonie ein rotes, aufwendig gearbeitetes Kleid. Dieses Hochzeitskleid ist traditionsgemäß mit Perlen, Kristallen und manchmal sogar Edelsteinen besetzt, je nachdem, wie wohlhabend die Familie der Braut ist. Man glaubt, dass sie großes Glück und Wohlstand in die Ehe bringt, wenn ihr Hochzeitskleid mit Juwelen bestückt ist. Das Kleid ist aufwendig mit all den Symbolen bestickt, die für eine glückliche, fruchtbare Ehe stehen. Zu diesen Symbolen gehört das Drache-Phönix-Paar, Pfingstrosen und das Doppelte Glückssymbol.

Jedoch sollte die Braut nie ihr Hochzeitskleid anfertigen lassen, bevor die Hochzeit fest geplant ist. Eine alte Weisheit sagt, dass es Unglück bringt, zu früh ein Hochzeitskleid oder gar ein Ehebett zu kaufen.

Kaufen Sie also niemals ein antikes Ehebett für Ihre unverheiratete Tochter!

Ich empfehle chinesischen Bräuten immer, bei der Hochzeit Rot zu tragen, vor allem beim traditionellen Hochzeitsmahl. Sie sollten nie schwarze Kleidung anziehen, denn das würde zu viel Yin für dieses yang-geprägte Fest bedeuten. Außerdem könnte es bei einem älteren Verwandten, z.B. einem Vater oder Onkel, der zu dem Hochzeitsfest eingeladen ist, zu einer schweren Krankheit führen.

Niemals Schwarz bei einer Hochzeit

Vergessen Sie nie, dass die Braut auf ihrer Hochzeit kein Schwarz tragen darf. Einmal war ich Gast bei einem festlichen Hochzeitsmahl, bei dem die Braut ein todschickes schwarzes Abendkleid trug. Ich erinnere mich, dass ein Aufschrei durch die Reihen ging, als sie in diesem Kleid den Raum betrat, denn alle Gäste kannten dieses Tabu. Ich war bestürzt, dass niemand aus der Familie sie gewarnt hatte. Fünf Monate später erlitt ihr Vater einen Herzinfarkt und starb!

Auch Hochzeitsgäste sollten kein Schwarz tragen, denn das ist sehr unpassend. Tragen Sie stattdessen Rot und vergrößern sie die Yang-Energie. Auch Gelb erfüllt diesen Zweck.

Links: Obwohl die Bräute in westlichen Ländern traditionell meist in Weiß heiraten, ist ein rotes oder rosafarbenes Kleid als Abendgarderobe sehr zu empfehlen. Als Alternative können Sie die Farbe Rot auch für das Auto oder den Blumenstrauß wählen.

Aktivieren Sie zu Hause die acht Bereiche

Bevor ein frisch vermähltes Paar eine gemeinsame Wohnung bezieht, sollte ein Feng-Shui-Ritual vorgenommen werden, das für gutes Chi sorgt und Harmonie, viele Kinder und eine lange, glückliche Ehe bringt. Wählen Sie einen Tag, an dem die Sonne scheint, und begehen Sie die Zeremonie vor 12 Uhr mittags. Jede Spannung zwischen den Ehepartnern, die durch einen Antagonismus Ihrer Horoskope entstehen kann, wird so gemildert, und aus den acht Bereichen des Hauses wird das Unglück ferngehalten.

Der richtige Bereich

In dem Bereich, in dem die Eingangstüre liegt, sollten Sie das Ritual drei Mal ausführen, um sicherzugehen, dass die Energien der Elemente wirksam gestärkt werden. Beginnen Sie bei der Eingangstür und gehen Sie dann im Uhrzeigersinn von Bereich zu Bereich. Wenn die Eingangstüre im Osten liegt, beginnen Sie im Osten, gehen dann nach Südosten, Süden und so fort. Wenn sich die Eingangstüre im Norden befindet, beginnen Sie im Norden und gehen dann nach Nordosten. Sie müssen zunächst die acht Bereiche des Hauses auf einem Grundriss Ihrer Wohnung einzeichnen, um dieses Ritual wirksam auszuführen.

Für den Norden: Füllen Sie einen Krug mit Wasser, geben Sie etwas Safran hinein, und sobald das Wasser gelb ist, besprühen Sie damit den gesamten Teil des Hauses, der im Norden liegt, und zwar in jedem Stockwerk.

Oben: Wenn Sie den Nordosten und Südwesten Ihres Hauses aktivieren wollen, mischen Sie die Asche von Räucherstäbchen mit Sand und verstreuen sie in diesen Bereichen.

Für den Nordosten und Südwesten: Besorgen Sie Fluss- oder Meeressand und füllen Sie ihn in einen Eimer. Zünden Sie drei Räucherstäbchen an und geben Sie die Asche dazu. Dann streuen Sie den Sand in den nordöstlichen und den südwestlichen Bereich des Hauses, und zwar im oberen und unteren Stockwerk. Dies bringt gute Erde-Energie in diese beiden Erde-Bereiche.

Für den Osten und Südosten: Pflücken Sie sieben verschiedene günstige Blumensorten in beliebiger Farbe. Ideal sind Chrysanthemen, Pfingstrosen, Lilien, Orchideen, Pflaumen- und Lotusblüten und alle Knollenblumen. Wenn das nicht möglich ist, versuchen Sie zumindest, Blumen aus allen vier Jahreszeiten zu finden, denn das bedeutet Glück und Harmonie das ganze Jahr hindurch. Streuen Sie die Blütenblätter in diese beiden Holz-Bereiche, um für blühenden Reichtum, Wohlstand und gute Gesundheit zu sorgen.

Für den Süden: Zünden Sie drei Kerzen in diesem Bereich an, um die Yang-Energie zu vergrößern.

Für den Westen und Nordwesten: Setzen sie drei Goldstücke oder Silberornamente auf ein Serviertablett. Tragen Sie es durch diese Bereiche zur Stärkung des Chi. Diese Rituale sollen alle Bereiche des Hauses aktivieren und jedes Jahr wiederholt werden.

116 Unglück aus den zehn Richtungen fernhalten

Dieses Ritual soll Unglück aus den zehn Richtungen abhalten und sollte vollzogen werden, bevor jemand auf eine lange Reise geht. Mein Buddha-Meister aus Tibet hat einen alten Text übersetzt und mir diesen wunderbaren Brauch verraten. Als ich dem Feng-Shui-Meister Yap Cheng Hai davon erzählte, wusste er sofort, worum es ging und sagte mir, dass er auch für die „Reinigung" gut sei, vor allem bei frisch verheirateten Paaren.

Die zehn Richtungen entsprechen zunächst den acht Hauptrichtungen des Kompasses. Die neunte Richtung ist das, was darüber liegt, und die zehnte ist darunter. Um Unglück aus allen zehn Richtungen abzuwehren, die Ihr Haus umgeben, halten Sie ein gebogenes Messer aus Metall hoch über Ihren Kopf. Schwingen Sie es vorsichtig je dreimal von links nach rechts und wieder von rechts nach links. Das Messer muss nicht sehr groß sein. Das größte, das ich benutzt habe, ist ungefähr 20 cm lang.

Meister Yap verriet mir auch, dass man zusätzlich zum Messer-Ritual auch eine Mischung aus Reis und Salz in allen inneren und äußeren Bereichen des neuen Heims verstreuen kann, kurz bevor man dort einzieht. Salz und Reis sind besonders günstig, da das Salz die mächtige reinigende Energie der Ozeane verkörpert. Gehen Sie von Raum zu Raum und streuen Sie die Mischung auf den Boden. Folgen Sie dabei dem Uhrzeigersinn. Während dieser Handlung müssen Sie sich vorstellen, dass Sie das Chi des Hauses mit dem Salz reinigen, während Sie Reis verstreuen, um alle möglicherweise vorhandenen Landgeister zu besänftigen. Denken Sie dabei: „Lass uns immer glücklich zusammenleben." Warten Sie einen Tag und eine Nacht, bevor Sie die Mischung wieder entfernen.

117 Das Doppelte Glückssymbol bringt Eheglück

Es leuchtet ein, dass glückliches Chi am wirksamsten dadurch erzeugt wird, indem das Wort „Glück" verdoppelt wird. Daher ist das mächtigste und am weitesten verbreitete Symbol für Eheglück das Doppelte Glückssymbol, das links abgebildet ist.

Auf Hochzeitskarten, Einladungen und Ziergegenständen ist es sogar beliebter als das Drache-Phönix-Symbol. Als Ornament auf Metallbetten, Stühlen und anderen Schlafzimmermöbeln sorgt es dauerhaft für das Glück des Ehepaares. Früher war dieses Symbol fast immer auf Hochzeitsgeschenke von Verwandten aufgedruckt oder gemalt. Eine Kalligraphie des Doppelten Glückssymbols zu Hause sorgt für ein glückliches Eheleben. Es wirkt besonders effektiv gegen Unverträglichkeiten in den Horoskopen der Partner. Man glaubt nämlich, dass alle chinesischen Schriftzeichen positiv wirken, wenn ihre Bedeutung positiv ist.

Hängen Sie das Doppelte Glückssymbol ins Schlafzimmer, am besten an die Wand, die nach den Acht Häusern oder der KUA-Formel in Ihre persönliche Ehe-Richtung weist. Das wird Ihnen hervorragendes Chi bringen.

Glückssymbole für Paare

Nach der chinesischen Tradition gibt es drei wichtige glückliche Ereignisse im Leben eines Menschen. Diese sollten nach der Feng-Shui-Lehre mit Glückssymbolen verstärkt werden.
Diese drei Ereignisse sind:
1) Der Tag, an dem der erstgeborene Sohn einen Monat alt wird.
2) Die Hochzeitszeremonie, vor allem die Fahrt der Braut zum Hause des Bräutigams.
3) Der 69., 79. und 89. Geburtstag des Familienoberhauptes.

Es bedeutet hervorragendes Feng Shui für die Braut, wenn sie in einer Kutsche oder einem Auto zu ihrer Hochzeit gefahren wird, das sämtliche Glückssymbole enthält. In erster Linie sollte das Auto rot sein. In China holte früher stets die Familie des Bräutigams die Braut in einer roten Sänfte ab, die aufwendig mit Glückssymbolen wie z.B. dem Drache-Phönix-Bild verziert war. Heute ist das zwar nicht mehr üblich, aber die rote Farbe hat immer noch große Bedeutung. Wenn Sie kein rotes Auto bekommen, können Sie stattdessen eine Farbe wählen, die für Glück bringende, positive Yang-Energie steht. Braun, Gelb und Weiß sind also ebenfalls erlaubt. Ihre Hochzeitskleidung und Ihr Hochzeitswagen sollten auf keinen Fall eine Yin-Farbe haben.

Ein sehr schönes Symbol ist der endlose Knoten, den Sie vorne an das Auto binden können. Er symbolisiert die niemals endende Liebe der beiden Partner. Wenn das Hochzeitspaar dort angelangt ist, wo das Hochzeitsmahl oder -fest stattfinden soll, sollte es immer mit lauten Geräuschen begrüßt werden. Früher zündete man Böller, um den Beginn der Feier anzukündigen. Eine modernere Variante wäre eine Live-Band, die Musik spielt, um die Yang-Energie zusätzlich zu aktivieren.

Eine Hochzeitskutsche oder ein schicker Wagen ist ein wunderbarer Beginn für diesen neuen Lebensabschnitt. Dem Fahrzeug darf aber niemals etwas zustoßen. Wenn ein Auto stehen bleibt, abstirbt oder in einen Unfall verwickelt wird, ist das ein sehr schlechtes Omen und bedeutet Hindernisse. Falls so etwas passiert, sollte jemand gemeinsam mit dem Brautpaar ein gebogenes Messer dreimal durch die Luft schwingen – von rechts nach links und von links nach rechts.

Oben: Ein alter chinesischer Hochzeitsbrauch ist es, das Brautpaar mit Böllern lautstark zu begrüßen.

Yin- und Yang-Farben

Yin-Farben
Alle Schattierungen von:
Blau
Schwarz
Braun

Yang-Farben:
Rot
Kastanienbraun
Gelb
Weiß
(Die Farbe Purpur kann zu Yin und Yang gehören, das hängt von den Umständen ab.)

119 Aktivieren Sie ein Kristallherz mit Mond-Energie

Da das Herz allgemein als Liebessymbol betrachtet wird, und weil Erde-Energie im Feng Shui mit Ehe und Familienglück in Verbindung gebracht wird, sind kristallene Herzen wunderbare Glücksbringer für Paare. Suchen Sie also nach dekorativen Herzsymbolen aus Quarzkristall oder ähnlichen Halbedelsteinen, die starke Erde-Energie versinnbildlichen. Ich mag besonders gerne Rosenquarz und rote Korallen aus Taiwan.

Sie sollten allerdings keine Herzen aus blauem oder grünem Stein verwenden. Ein blaues Herz symbolisiert immer eine kurzlebige Affäre. Die Herzen sollten auch nicht aus Tigerauge, Malachit oder Lapislazuli sein. Am besten nehmen Sie ein Herz aus Kristall, wenn Sie ihr Eheglück vergrößern wollen.

Um Ihrem Kristallherzen mächtige Energie zu verleihen, sollten Sie es vorher mit Mondenergie aufladen. Wählen Sie eine Vollmondnacht bei klarem Himmel. Platzieren Sie den Kristall an einem erhöhten Ort in Ihrem Garten oder auf der Terrasse und lassen Sie ihn im magischen Glanz des Mondscheins baden. Man glaubt schließlich in China, dass der Gott der Ehe auf dem Mond wohnt. Lassen Sie ihren Kristall am besten drei Nächte lang Mond-Energie aufnehmen.

Stellen Sie den Kristall in ihre Nien-Yen-Richtung

Stellen Sie dann den Kristall in den Nien-Yen-Bereich Ihres Schlafzimmers. Dieser Bereich steht für Ehe und Familie. Sie können ihn anhand Ihres Geburtsdatums und Geschlechts bestimmen (siehe Tipp 68 unter KUA-Zahl und Formel der Acht Häuser). Wenn Sie bereits mit dem Kopf in die Nien-Yien-Richtung schlafen, legen Sie den Kristall unter Ihr Kissen. Er wird still sein Werk verrichten.

Links: Wenn Sie ein rosafarbenes oder rotes Kristallherz aus Rosenquarz oder roter Koralle mit Mondlicht aufladen und in ihre Nien-Yen-Richtung ins Schlafzimmer stellen, finden Sie leichter einen Partner.

LIEBESRITUALE IM FENG SHUI

Die Laute steht für eine perfekte Beziehung

Die Klänge der traditionellen chinesischen Laute sind so harmonisch, dass sie als Symbol für die perfekte Harmonie zwischen zwei Partnern betrachtet wird. Daher wurde sie lange Zeit als Symbol für Eheglück angesehen.

Diese Lauten existieren bereits seit der Zeit von Fu Hsi, dem legendären Kaiser von China, der das I Ging geschrieben hat. Sie haben einen wunderschönen und bezaubernden Klang. Man kann ihn in etwa mit dem einer Violine vergleichen.

Schöne Musik

Man sagt, dass der Klang der chinesischen Laute nicht nur die fleischlichen Wonnen der Ehe ausdrückt, sondern auch für die Freundschaft zwischen männlichem und weiblichem Familienoberhaupt steht. Reinheit und Mäßigung werden von der wohlklingenden Laute beschworen. Daher hat sie auch den Ruf, Harmonie und Familienglück zu fördern. Sie soll an einen der herrlichen Gesänge der Kiefern erinnern. Sie fördert ebenfalls die Treue.

Traditionelle Lauten sind angeblich aus dem Holz des Phönix-Baumes gearbeitet. Das rituelle Einweichen des Holzes geht oft dem Bau dieser Instrumente voraus.

Ursprünglich hatte die Laute fünf Saiten, die fünf verschiedene Töne gaben. Diese entsprechen den fünf Elementen – Holz, Feuer, Erde, Metall und Wasser. Später kamen dann zwei weitere Saiten und damit die Elemente Wind und Luft hinzu. Die Laute verkörpert acht Eigenschaften, nämlich Glück, Eleganz, Süße, Scharfsinn, Nostalgie, Weichheit, Resonanz und Stärke. Diese Eigenschaften beschreiben ebenso das Familienglück. Wenn Sie ein Bild mit einer Laute spielenden Frau aufhängen, wird Ihnen das Glück hold sein.

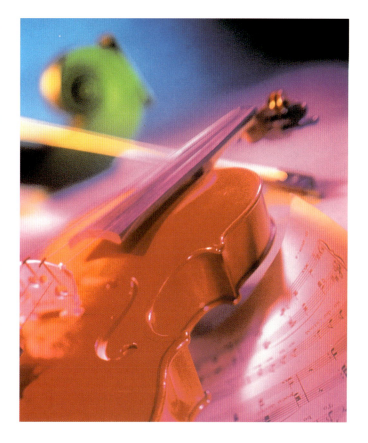

Oben: Eine Violine besitzt, wie die traditionelle Laute, acht Eigenschaften, die denen des Familienglücks entsprechen. Hängen Sie daher ein Bild mit einer Geige spielenden Frau auf, es wird Ihnen Glück bringen.

Neuerdings wird auch die Flöte als günstiges Symbol für Harmonie in der Ehe betrachtet. Bilder von schönen Chinesinnen in traditionellen Seiden- und Brokatgewändern, die Flöte spielen, sind daher inzwischen sehr beliebt. Sie haben außerdem hervorragendes Feng Shui! In diesem Zusammenhang sind die herrlichen Gemälde von Chen Yi Fei besonders empfehlenswert. Nicht viele können sich diese Bilder leisten, doch es gibt auch andere chinesische Maler, die in seine Fußstapfen treten und Ölgemälde von schönen musizierenden Frauen schaffen. Am besten sollten Sie ein solches Bild in Ihr Wohnzimmer hängen.

Rote Lampions für Kindersegen

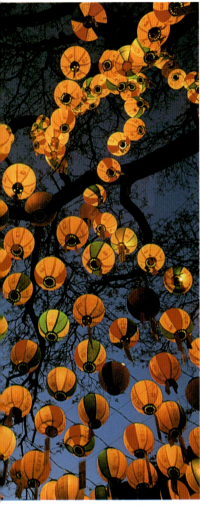

Oben: Rote und gelbe Lampions gelten in China als Fruchtbarkeitssymbole. Sie werden daher oft im ehelichen Schlafzimmer aufgehängt.

Im Feng Shui bedeutet Eheglück stets auch Kindersegen. Die Chinesen glauben, dass es ohne Nachkommen kein Glück geben kann. Eine Ehe ohne Hoffnung auf Kindersegen ist also eine unglückliche. Im traditionellen China ist Nachwuchs so bedeutend, dass man sogar Männer ermutigte, sich eine Zweitfrau zu suchen, wenn ihre Gattinnen keine Kinder bekommen konnten. Deshalb spielt dieses Thema auch im Feng Shui eine große Rolle.

Im Feng Shui gibt es viele verschiedene Fruchtbarkeitssymbole. Das bekannteste und beliebteste jedoch ist wohl der rote Lampion. In der chinesischen Literatur gibt es eine Reihe von Gedichten, die das Glück bringende Licht der Laternen rühmen und beschreiben, wie Lampions das eheliche Bett beeinflussen und großes Glück in die Familie bringen. Lampions, die mit positiven Schriftzeichen oder Symbolen bemalt sind, werden seit jeher als Fruchtbarkeitsembleme betrachtet. Daher hängt man sie oft in die Nähe des Ehebettes, um die Empfängnis zu beschleunigen. Manchmal wurden sogar zwei Lampions an beiden Seiten des Bettes aufgehängt – einer für die Braut und einer für den Bräutigam. Man zündete die Lampions gleichzeitig an. Wenn sie im selben Tempo abbrannten und im selben Moment ausgingen, wurde dies als gutes Zeichen für eine lange und glückliche Ehe betrachtet. Auf den Laternen war oftmals das Schriftzeichen für doppeltes Glück gemalt. Man sprach ihnen die Eigenschaft zu, das Yang-Chi anzuziehen, das günstig für die Empfängnis und die Geburt eines Kindes ist. Nachdem die Frau schwanger wurde, zündete man die Lampe auch weiterhin jede Nacht an.

Glück bringende Lampions

Lampions wurden allgemein als so Glück bringend betrachtet, dass man ihnen zu Ehren einen Feiertag einrichtete, nämlich das Lampionfest. Es wird am fünfzehnten Tag des ersten chinesischen Monats gefeiert. Dieser Tag ist gleichzeitig der letzte des chinesischen Neujahrsfestes zu Beginn eines neuen Mondjahres.

Ein weiteres Lampionfest fand am siebten Tag des siebten Monats statt. An diesem Tag sollen die sieben schönen Schwestern des Himmels auf die Erde hinabgestiegen sein. Meine Mutter erzählte mir früher, dass die sieben Schwestern in dieser Nacht zu jedem Haus kommen, in dem Lampions brennen. Dann streuen sie ihr magisches Mondpulver auf die Dächer. Es vermischt sich dort mit der Asche von speziellen Räucherstäbchen, die man vorher zu diesem Anlass auf Altären verbrennt. Das magische Mondpulver soll die Schönheit von unverheirateten Mädchen vergrößern und ihnen helfen, einen gut aussehenden Ehemann zu bekommen! Um die sieben himmlischen Schwestern ins Haus zu locken, kann man Lampions neben die Eingangstür hängen.

Ihre Kinder werden wahre Glückskinder

Oben: Seit Jahrhunderten glauben die Chinesen, dass viele Söhne Glück und Wohlstand bedeuten. Heute ist ein gesundes Kind immer willkommen, egal, welches Geschlecht es besitzt.

Es gibt ein sehr berühmtes Bild, das 100 Kinder zeigt, die in einem Garten spielen. Alle Kinder sind Jungen, und man glaubt noch heute in China, dass dieses Bild das beste Geschenk für eine schwangere Frau ist, da es viele Söhne verheißt.

In vielen chinesischen und asiatischen Kulturen war ein Sohn für die Familie gleichbedeutend mit Glück und Wohlstand, während Töchter eher unwillkommen waren.

In der Schlafkammer des chinesischen Kaisers hingen viele Meisterwerke, die das Gebären eines Sohnes thematisieren. Sie drückten den Wunsch aus, der „Sohn des Himmels" möge viele männliche Nachkommen zeugen. Das war schließlich auch der sicherste Weg, die Dynastie fortzuführen. Im „Buch der Oden", einem alten chinesischen Werk über Sitten und Gebräuche, ist zu lesen, dass eine Frau einen Sohn gebären wird, wenn sie von schwarzen, braunen oder weißen Bären träumt. Träumt sie von Schlangen, wird sie eine Tochter bekommen.

Die besten Geschenke für schwangere Frauen sind wohl Glück bringende Bilder mit symbolischer Bedeutung. Ein Bild von einem Jungen, der auf einem Einhorn reitet oder eine Lotosblüte hält, versinnbildlicht den Wunsch nach einem Sohn. Ein Gemälde, auf dem zwölf Kinder mit Pfirsichen oder Granatäpfeln zu sehen sind, bedeutet: „Mögest du ein langes Leben und viele Kinder haben!" Ein Bild von einem alten Mann mit einem Kind soll ebenfalls Glück bringen. Es drückt den Wunsch aus, dass die Schwangere einen klugen Sohn bekommen soll. Der alte Mann auf dem Bild ist der weise Tao-Meister Laotse.

Kluge Söhne

Mehr als 2000 Jahre war es der größte Wunsch aller chinesischen Eltern, einen klugen Sohn hervorzubringen, der die Prüfungen des Kaiserlichen Hofes mit Auszeichnung bestand. Diese Prüfungen nämlich waren der beste Weg, um erfolgreich zu sein und einen hohen Posten bei Hofe zu bekommen. Dieser Erfolg kam stets auch der gesamten Familie zugute. Heutzutage ist das gar nicht so anders! Bildung ist immer noch der Schlüssel zum Erfolg, und ein guter Studienabschluss verbessert die Berufsaussichten.

Wenn Sie also ein besonderes Geschenk mit dieser Bedeutung überreichen wollen, rate ich Ihnen zu einem Bild mit einem Drachen, oder noch besser, einem Drachenkarpfen. Das ist ein Karpfen mit dem Körper eines Fisches und dem Kopf eines Drachen. Dieses Fabelwesen stammt aus einer Legende, nach der ein Karpfen das Drachentor passiert – er schwimmt gegen den Strom, schnellt aus dem Wasser, fliegt über das Tor und verwandelt sich dadurch in einen Drachen. Das Bild symbolisiert erfolgreiches Bestehen von Prüfungen und den Aufstieg in der Beamtenhierarchie.

123 Glück für die Geburt

Oben: In China sind Goldmünzen sehr positive Symbole, wenn man sie einem neugeborenen Baby schenkt.

Man glaubte schon immer, dass zu den negativen Auswirkungen von antagonistischen Horoskopen auch Schwierigkeiten mit dem Nachwuchs zählen. Da die Geburt eines Sohnes (und Erben) zu den glücklichsten Anlässen im Leben zählt, bringt es besonders gutes Feng Shui, diese zu feiern.

Söhne waren in den reichen und mächtigen Familien des alten China immer besonders willkommen, denn sie führten den Familiennamen fort. Mädchen hingegen wurden als unbedeutend angesehen, da sie sowieso heiraten und die Familie verlassen würden. Also war die Geburt eines Sohnes immer ein Anlass für ein großes Fest.

Heute feiern wir selbstverständlich die Geburt eines Jungen und eines Mädchens auf die gleiche Weise. Wir befolgen die gleichen Glücksrituale bei beiden Geschlechtern.

Als meine Tochter geboren wurde, gab ich ein großes Fest, da sie mir genauso viel bedeutet wie mein Sohn. Zu ihrer Geburt schenkte ich ihr ein langes rosa Kleid. Normalerweise nimmt man zwar ein rotes Kleid, doch nachdem sie schon zu viel Feuer in ihrer Geburtskarte hatte, fand ich, es würde ihre Yang-Energie zu stark betonen.

Aber ich schickte rot gefärbte Eier an meine Eltern und Schwiegereltern und feierte den Tag, an dem sie einen Monat alt wurde, mit einem exquisiten, teuren Dinner. Das bringt einer Familie Glück, indem es gutes Chi anlockt. Deshalb soll man ein Festessen immer zu Hause abhalten, denn wenn viele Menschen kommen, bringt das Yang-Energie ins Haus.

Auch Goldgeschenke für das Baby – Armringe, -bänder und kleine Münzen – sind positive Symbole. Sollten Sie zu einer solchen Feier eingeladen sein, schenken Sie dem Kind am besten etwas aus Gold.

Links: Es bringt Ihrem neugeborenen Kind Glück, wenn Sie Ihren Verwandten rot gefärbte Eier schicken.

Schicken Sie nie rote Rosen mit Dornen

Ich weiß, wie romantisch es erscheint, langstielige rote Rosen zu schicken oder zu bekommen. Rote Rosen waren schon immer ein Zeichen für romantische Liebe. Am Valentinstag beispielsweise werden so viele dunkelrote Rosen verlangt, dass man die Sträuße schon lange vor dem 14. Februar bestellen muss.

In der Feng-Shui-Lehre jedoch haben dunkelrote Blumen gewöhnlich eine negative Bedeutung. Es gilt als besonders gefährlich, wenn man sie jemandem schickt, der gerade im Krankenhaus liegt und dem man gute Besserung wünscht. Auch für Liebende sind dunkelrote Blumen ungünstig – meistens verkünden sie das herannahende Ende der Beziehung.

Rote Rosen mit Dornen vermitteln eigentlich eine doppelte Botschaft, die sich auf Beziehungen sehr ungünstig auswirkt. Denn wenn man die Dornen nicht vom Stiel entfernt, verstärkt sich die negative Bedeutung der Rose. Es ist dann sehr wahrscheinlich, dass die Beziehung zwischen Sender und Empfänger zerbrechen wird. Ich habe schon viele gute Freundschaften durch Rosen zerbrechen sehen. Ich weiß sogar von Ehen, die an dieser erstaunlich starken Energie zerbrochen sind.

In manchen östlichen Traditionen bedeutet die Farbe Rot den Tod, wenn sie mit jemandem in Verbindung gebracht wird, der sich gerade von einer schweren Krankheit erholt. Ich habe gehört, dass Krankenschwestern, die mit diesem esoterischen Glauben vertraut sind, ihren Patienten niemals Sträuße zukommen lassen, die rote Blumen enthalten.

Ich möchte allerdings betonen, dass es nicht die Rosen an sich sind, die Unglück bringen. Gelbe Rosen (von denen die Dornen entfernt wurden) sind sehr günstig, ebenso wie gelbe Lilien, Narzissen und überhaupt alle gelben Blumen. Es sind die Farbe Rot und die Dornen, die zusammen die negative Wirkung entfalten. Um das bestmögliche Feng Shui für geliebte Menschen zu erreichen, sollten Sie ihnen daher gelbe Blumen schicken. Sie stehen für helle Yang-Energie und zugleich für die gebändigte Energie der Erde. Blumensträuße für Liebespaare sollten immer frische, junge Blätter enthalten, denn sie symbolisieren Wachstum. Das bedeutet immer auch Neuanfang und steht für das Wachstums-Chi des Holz-Elements. Daher sind solche Sträuße besonders günstig für frisch Verliebte und für Ehen, die wieder ein wenig frischen Wind benötigen.

Weitere Glück bringende Farben, die sich positiv auf Beziehungen auswirken, sind alle Rosa- und Lilatöne. Sie machen sich zu Hause besonders gut, weil sie in Yang-Blumensträußen für Yin-Energie sorgen.

Rechts: Rote Rosen werden zwar von Liebenden gerne gewählt, sind aber nach dem Feng Shui zu vermeiden. Gelbe Rosen hingegen bringen Glück.

Schützen Sie Ihre Beziehungen

125 Eine Teezeremonie bringt Eheglück

Chinesen und Engländer haben eine gemeinsame Leidenschaft – das Teetrinken. In China allerdings ist das Teetrinken mit zahlreichen kulturellen Traditionen verbunden. Man schreibt dem Tee auch viele günstige Wirkungen zu. Das vielleicht bedeutendste Tee-Ritual findet im Rahmen der Hochzeitszeremonie statt. Frisch verheiratete Paare nehmen in ihrem Hochzeitsgewand an diesem Ritual teil. Die Eltern geben dabei den Vermählten ihren Segen und werden ihrerseits geehrt. In der chinesischen Tradition ist der Segen, den die ältere Generation ausspricht, von sehr großer Bedeutung.

Braut und Bräutigam müssen sich nun in ihrer prächtigen Kleidung vor ihre Eltern knien und jedem Elternteil eine kleine Tasse ausgesuchten Tee reichen. Die Eltern sollten ihn annehmen, denn dadurch bezeugen sie, dass sie mit der Ehe ihrer Kinder einverstanden sind.

Dann geben sie dem Paar ihren Segen und überreichen den beiden ein rotes Päckchen, das früher mit Gold, Schmuck und anderen schönen Dingen gefüllt war. Nach chinesischem Brauch fiel das Geschenk umso großzügiger aus, je feiner der Tee war. Und je höher der Wert des Geschenkes, desto besser der Start in die Ehe.

Geldgeschenke

Heutzutage schenkt man anstelle des Goldes Bargeld in einem roten Päckchen. Besonders wohlhabende Eltern schenken ihren frisch vermählten Söhnen und Töchtern sogar Grundbesitz oder Aktienpakete.

Bei der Teezeremonie wird außerdem auch allen anderen Familienmitgliedern des Paares, die eine Generation älter sind, Tee angeboten.

All meinen chinesischen Lesern, die bereits „verwestlicht" sind, rate ich dringend, die Teezeremonie nicht zu vernachlässigen, egal, wie modern sie sich fühlen mögen. Diese Tradition hat ihre Wurzeln im Feng-Shui-Symbolismus, und sie ist sehr sinnvoll.

Teetrinken symbolisiert ewige Wachsamkeit, die Ihnen Glück bringt. Man erzählt sich in China dazu folgende Geschichte, die auf einer alten Legende beruht: Tat Mo, der indische Brahma, der den Buddhismus nach China gebracht hat, erschuf die Teepflanze. Eines Tages nämlich schlief er während der Meditation einfach ein. Als er wieder erwachte, war er fest entschlossen, dass ihm das nie wieder passieren dürfe. Da schnitt er sich seine Augenlider ab. Diese fielen zu Boden, schlugen Wurzeln und wurden zur ersten Teepflanze. Daher sagen die Chinesen, dass Teetrinken wach hält!

Unten: Die Tradition, am Hochzeitstag mit den Eltern Tee zu trinken, bevor diese ihren Segen und ein Geldgeschenk geben, wird in China heute noch ausgeübt.

Mit Pfingstrosen finden Sie Glück und Romantik — 126

Die wunderschöne Pfingstrose ist ein herrliches Symbol für Liebe und Romantik. Sie steht für Schönheit, Leidenschaft und die zärtlichen Gefühle jugendlicher Liebenden. Es gibt sie in verschiedenen prächtigen Farben. Die rosarote Pfingstrose wird jedoch am stärksten mit junger Liebe assoziiert und ist daher die wertvollste.

Pfingstrosen im Wohnzimmer dienen stets dem Wohl der Töchter. Man sagt, sie locken viele Verehrer an, die ehrliche Absichten, Witz und Charme besitzen.

Der chinesische Volksmund kennt viele Geschichten über die Pfingstrose. Einige handeln von der legendären „Weißen Pfingstrose", einem Märchenwesen, das so begabt in der Kunst der Liebe war, dass sie bald unter all denen zur Legende wurde, die auf der Suche nach solchen Genüssen waren. Die Schönheit und Liebeskunst der berühmten kaiserlichen Konkubine Yang Kuei Fei wird ebenfalls mit der einer Pfingstrose verglichen. Die Legende sagt, dass sie ihr Schlafgemach stets mit den edelsten Bergpfingstrosen schmückte.

Die Pfingstrose ist allerdings nicht in jedem Zusammenhang ein gutes Symbol. Im Schlafzimmer kann sie dazu führen, dass ein Partner eine Affäre beginnt. Ich rate Paaren, vor allem solchen, die schon länger als zehn Jahre zusammen sind, immer davon ab, ein Bild einer Bergpfingstrose im Schlafzimmer aufzuhängen. Es kann die Libido des Mannes nämlich so stark anregen, dass er sich nach „süßen jungen Dingern" umzusehen beginnt.

Ein Bild oder eine Vase mit Pfingstrosen sollten Sie immer nur im Wohnzimmer platzieren. Pfingstrosen werden für Ihre jungen Töchter oder für andere junge, ledige Menschen, die mit Ihnen zusammen wohnen, sehr nützlich sein.

Wie Sie einen geliebten Menschen zurückerobern — 127

Wenn Sie unter Depressionen leiden oder unglücklich sind, weil Sie einen geliebten Menschen verloren haben, können Sie es einmal mit der folgenden Methode versuchen. Ein Feng-Shui-Experte aus Europa hat mir davon erzählt. Er versicherte mir, dass die Technik sehr wirksam sei, wenn man einen Menschen zurückgewinnen möchte, vor allem, wenn man sich nach einem Streit wieder versöhnen oder ein Missverständnis aus der Welt schaffen möchte. Die Technik wird wahrscheinlich den Zustand vor dem großen Streit wiederherstellen. Ich verrate Ihnen die Methode, weil sie mir von jemandem in guter Absicht mitgeteilt wurde. Ich habe sie bereits ausprobiert, und es hat funktioniert.

Wie man einen Streit bereinigt
Sie brauchen vier rechteckige Spiegel in Porträtgröße.
- Machen Sie ein großes Porträtfoto von sich, am besten eines, auf dem Sie glücklich aussehen und lächeln. Kleben Sie es auf die Rückseite eines der Spiegel.
- Machen Sie dann ein ebenso großes Foto von der Person, mit der Sie gestritten haben und mit der Sie sich nun versöhnen wollen. Verwenden Sie ein Foto, auf dem sie lächelt. Kleben Sie es auf die Rückseite des anderen Spiegels.
- Nehmen Sie die beiden übrigen Spiegel und kleben Sie diese Rücken an Rücken zusammen, so dass die Spiegeloberfläche nach außen zeigt.
- Stellen Sie nun die Fotoseiten gegenüber. In die Mitte kommen die beiden zusammengeklebten Spiegel, so dass jedes der Fotos auf eine Spiegeloberfläche blickt. Schnüren Sie das Ganze mit einem roten Band zusammen.
- Rufen Sie die betreffende Person eine Woche später an und warten Sie auf deren Reaktion.

128 Küchen und Vorratskammern im Südwesten können Ihr Beziehungsglück beeinträchtigen

Achten Sie darauf, dass sich im Südwest-Bereich Ihres Hauses weder eine Küche noch eine Vorratskammer befindet. Eine Küche im Südwesten beeinflusst das Beziehungsleben aller Hausbewohner negativ. Falls bei Ihnen die Küche in diesem Bereich liegt und Sie das nicht ändern können, sollten Sie zumindest darauf achten, dass Spüle und Kühlschrank sich nicht genau im Südwesten der Küche befinden. Um die Schwierigkeiten zu mindern, die durch diese ungünstige Lage entstehen, sollten Sie die Küche unbedingt hell erleuchten.

Befindet sich im Südwesten eine Vorratskammer, ist das Problem noch größer, da das gesamte Beziehungsglück der Hausbewohner sozusagen in einem dunklen Raum eingeschlossen ist. Je kleiner jedoch die Kammer ist, desto geringer ist das Problem. Eine Lösung wäre, den angrenzenden Raum und die Vorratskammer immer hell erleuchtet zu halten. Außerdem sollten Sie dort keine Besen, Wischmops und andere Reinigungsutensilien aufbewahren. Sie könnten ihrem Beziehungsleben großen Schaden zufügen.

129 Vermeiden Sie zwei Matratzen auf einem Ehebett

Ehepaare sollten in einem Doppelbett nie auf zwei separaten Matratzen schlafen. Denn das dadurch entstehende Chi steht für Trennung und es wird zwangsläufig zur Entfremdung oder sogar zur Scheidung der Partner kommen.

Dieses Tabu sollten Sie auch dann beachten, wenn Sie ein großes Bettlaken über die Matratzen ziehen und die Ritze gut versteckt ist. Der verborgene Spalt zwischen den Matratzen führt zu ernsthaften Rissen in der Beziehung und zu tiefem Unglück. Die Probleme müssen sich zwar nicht sofort zeigen, doch sobald sie erst einmal herangereift sind, kann es bald zu schlimmen Zerwürfnissen und einer dramatischen Trennung führen. Es ist weitaus besser, in zwei getrennten Betten zu schlafen. So entstehen nämlich zwei Brennpunkte für das Chi, und das betont die Tatsache, dass das Paar aus zwei Einheiten besteht Die Betten müssen nicht unbedingt nebeneinander stehen.

Ich wurde oft nach einer Lösung für Ehepaare gefragt, bei denen der Mann und die Frau verschiedene KUA-Zahlen und somit unterschiedliche günstige Schlafrichtungen haben. Eine Möglichkeit ist, zwar in einem Raum, aber in zwei getrennten Betten zu schlafen, die man in verschiedene Richtungen aufstellt, damit jeder Partner in seiner besten Schlafrichtung liegt. Lassen Sie sich nicht davon stören, dass die Einrichtung vielleicht ein wenig gezwungen wirkt. Achten Sie nur darauf, dass jedes Bett an einer soliden Wand steht.

Für reifere Paare ist es auch nicht schlecht, zwei getrennte Schlafzimmer zu haben, denn so kann jeder für sich das beste Chi finden. Mit Hilfe des günstigen Chi wird das Paar sich auch trotz der verschiedenen Zimmer immer näher kommen und glücklicher werden. Es wäre weitaus schlechter, wenn ein Partner in einer ungünstigen Richtung schlafen würde.

Liebes-Feng-Shui und „Fliegende Sterne" bis 2004

Das Feng Shui der „Fliegenden Sterne" ist eine hoch entwickelte Variante der Kompassschule. Es zeigt den Einfluss der Zeit auf die Feng-Shui-Kräfte, die auf Ihr Heim wirken. Eine der Energien, die diesem Einfluss unterworfen ist, ist das Chi für Familien- und Beziehungsglück.

So wirken die „Fliegenden Sterne"

Für das Feng Shui der „Fliegenden Sterne" wird zunächst eine spezielle Geburtskarte Ihres Hauses angefertigt. Diese Karte spiegelt den Zeitraum wider, in dem das Haus erbaut oder renoviert wurde. Daraus ergibt sich die herrschende Periodenzahl. Außerdem wird die Richtung der Eingangstür eingezeichnet.

Wir leben zurzeit in der Periode der 7, die 1984 begann und im Februar 2004 enden wird. Danach kommen wir in die Periode der 8. Feng-Shui-Experten behaupten, dass die Zahl 7 für Wohlstand in der Gegenwart steht, während die Zahl 8 für Wohlstand in der Zukunft steht. Jede Periode dauert 20 Jahre, also wird die Zeit der 8 von 2004 bis 2023 andauern. Dann beginnt die Periode der 9.

Im Feng Shui der „Fliegenden Sterne" wird die Ausrichtung eines Hauses durch die Himmelsrichtung der Eingangstür bestimmt. (Nach dieser Formel gibt es insgesamt 24 Himmelsrichtungen, die jeweils 15 Grad auf dem Kompass ausmachen – wer mit den „Fliegenden Sternen" arbeitet, muss daher die Richtung sehr genau bestimmen.)

Sie müssen jedoch nicht das gesamte Feng

Oben: Die neun Sterne der Sichel sind die Grundlage für das Feng Shui der „Fliegenden Sterne".

Shui der „Fliegenden Sterne" kennen, um einen Nutzen aus dieser Lehre zu ziehen. Das Wichtigste finden Sie auf den folgenden Seiten (für Häuser, die seit 1984 erbaut/renoviert wurden).

131 Geburtskarten der „Fliegenden Sterne"

Das Chi der „Fliegenden Sterne" unserer aktuellen Periode der 7 ist in dem Lo-Shu-Raster unten rechts dargestellt. Die Zahl 7 liegt in der Mitte, denn sie beherrscht die momentane Periode (1984-2004). Nach der Fliegenden-Sterne-Theorie ist der beste Bereich für die Liebe derjenige, in dem der Stern 4 (hier im Südwesten) und der Stern 1 (hier im Nordosten) zusammentreffen. Während der Periode der 7 liegt der Hauptstern Nummer 4 im Südwesten. Diese Richtung steht für glückliche Beziehungen. Der Hauptstern 1 hingegen liegt im Nordosten – ebenfalls ein Bereich mit mächtiger Erde-Energie. Das bedeutet, dass in der Periode der 7 alle Menschen, deren Schlafzimmer im Südwesten oder Nordosten ihres Hauses liegt, hervorragende Voraussetzungen für eine glückliche Beziehung oder Ehe haben.

Glück bringende Bereiche für die Liebe

Wenn Sie wissen möchten, welche Bereiche Ihres Heims bis 2004 günstig für Ihr Liebesglück sind, müssen Sie zunächst die Richtung Ihrer Eingangstüre herausfinden. Wählen Sie dann unter den Rastern auf den folgenden Seiten das richtige aus und suchen Sie nach Bereichen, in denen die Ziffern 1 und 4 in kleiner schwarzer Schrift stehen. Diese Bereiche sind besonders hervorgehoben, denn sie zeigen, wohin die Sternzahlen „geflogen" sind. In der Tabelle rechts sind sie nochmals zusammengefasst.

Was die Zahlen bedeuten

Für die Analyse der Geburtskarte Ihres Hauses sind die kleinen schwarzen Ziffern wichtiger als die großen grauen. Die kleinen Ziffern sind die Wasser- und Bergsterne, die Hinweise über die genaue Beschaffenheit der Chi-Energie in den acht Bereichen Ihres Hauses geben. Der Stern zur Linken der großen Zahl ist der Bergstern, und der Stern rechts davon wird Wasserstern genannt. Um das Fliegende-Sterne-Chi Ihres Hauses zu prüfen, kopieren Sie das Raster, das der Richtung ihrer Eingangstür entspricht. Dann legen Sie das Lo-Shu-Quadrat über den Grundriss Ihres Hauses. Die Zahlen in den Kästchen helfen Ihnen, Kraft und Eigenschaften des Chi zu analysieren, das in jedem der neun Bereiche Ihres Hauses wirkt.

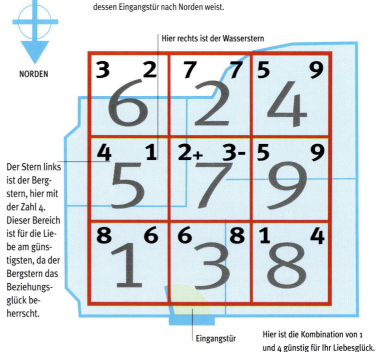

Lo-Shu-Raster
Dieses Lo-Shu-Raster legt man über den Grundriss eines Hauses, dessen Eingangstür nach Norden weist.

NORDEN

Hier rechts ist der Wasserstern

Der Stern links ist der Bergstern, hier mit der Zahl 4. Dieser Bereich ist für die Liebe am günstigsten, da der Bergstern das Beziehungsglück beherrscht.

Eingangstür

Hier ist die Kombination von 1 und 4 günstig für Ihr Liebesglück.

Das Chi der „Fliegenden Sterne" für die Periode der 7

JAHR	Die „4" ist im:	Die „1" ist im:	Das Liebes- und Eheglück ist:
2000	Süden	Nordwesten	durchschnittlich in beiden Bereichen
2001	Norden	Westen	durchschnittlich in beiden Bereichen
2002	Südwesten	Nordosten	hervorragend in beiden Bereichen
2003	Osten	Süden	sehr schlecht in beiden Bereichen

Das Liebesglück in Häusern mit Nordtüren 132

Die Geburtskarte A ist die eines Hauses mit der Eingangstür im Norden. Das heißt, dass die Tür in die Kompassrichtung zwischen 337,5 und 352,5 weist, also den ersten Unterbereich der Richtung Nord. Für die Interpretation der Geburtskarte eines Hauses sind die kleinen Ziffern wichtiger als die großen in der Mitte der Felder. Diese kleinen Ziffern entsprechen den Wasser- und Bergsternen. Sie können genaue Hinweise auf die Beschaffenheit des Chi in den acht Bereichen des Hauses geben. Der Stern links ist der Bergstern, und rechts sehen Sie den Wasserstern.

In dieser Geburtskarte liegen die beiden Bereiche, in denen sich die kleinen Sterne 4 und 1 befinden, im Osten und im Nordwesten. Wenn Sie in einem solchen Haus leben, sind dies die Bereiche, die Ihnen Glück in der Ehe und romantische Liebe versprechen.

Gemäß der Theorie der „Fliegenden Sterne" sollten Sie Ihr Schlafzimmer in eine dieser Richtungen verlegen. Wenn das nicht

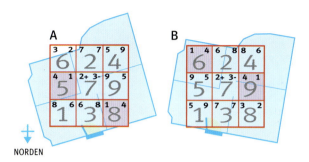

NORDEN

möglich ist, können Sie die Bereiche auch mit Energie aktivieren, um Ihr Liebesglück zu stimulieren.

Im östlichen Bereich sollten Sie eine Pflanze in voller Blüte aufstellen. Das wird den Bergstern aktivieren.

In den Nordwesten stellen Sie ein Windspiel aus Metall mit sechs Stäben, um den Wasserstern zu stärken. In einem solchen Haus sollte Ihr Schlafzimmer nicht im Westen oder Südwesten liegen.

Die Geburtskarte B betrifft Häuser, deren Tür ebenfalls nach Norden weist, allerdings in die Richtung des zweiten und dritten nördlichen Sektors, also zwischen 352,5 und 22,5 Grad. Dieses Haus hat an sich eine günstige Position, aber in der jetzigen Periode haben sich die beiden Sterne 1 und 4 in andere Bereiche bewegt. Das Liebesglück ist hier in den Westen und Südosten geflogen. Um davon zu profitieren, sollten sie in einem dieser Bereiche schlafen. Ansonsten können Sie Ihrem Glück auf die Sprünge helfen, indem Sie eine blühende Pflanze in den Südosten stellen. Frische Blumen fördern hier ebenfalls das Liebesglück. Im Westen können Sie mit einem hellen Licht den Bergstern aktivieren.

Das Liebesglück in Häusern mit Südtüren 133

Die Geburtskarte A entspricht einem Haus, dessen Eingangstür nach Süden zeigt. Das bedeutet, dass sie in die Kompassrichtung zwischen 157,5 und 172,5 Grad zeigt, also den ersten Unterbereich der Richtung Süd. Bei der Analyse der „Fliegenden Sterne" betrachten wir immer die kleinen Ziffern. Sie stehen für den Wasser- und den Bergstern. Bei dieser Methode geben die Stern-Zahlen sehr sichere Hinweise auf die Eigenschaften des Chi in den acht Bereichen eines Hauses. Der Stern links ist der Bergstern, und rechts sehen Sie den Wasserstern.

In dieser Geburtskarte sind die beiden Bereiche, in denen die kleinen Sterne 4 und 1 liegen, im Osten und im Nordwesten. Wenn Sie in einem solchen Haus leben, sind diese Bereiche vorteilhaft für Ihr Liebesglück.

Hängen Sie ein Windspiel aus

Metall in den östlichen Bereich, um ihn zu aktivieren und um den Wasserstern zu stärken. Aktivieren Sie diesen Stern nie mit Wasser – das bringt nur Probleme. Ein Windspiel mit vier Stäben wäre genau richtig. Im nördlichen Bereich des Hauses sollten Sie das Bild eines Berges aufhängen, um den Bergstern zu unterstützen. In einem so gelegenen Haus sollten Sie vermeiden, im Westen und Südwesten zu schlafen.

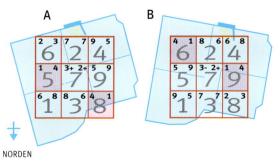

NORDEN

Die Geburtskarte B betrifft Häuser, deren Türe ebenfalls nach Süden zeigt, allerdings in den zweiten und dritten Unterbereich dieser Himmelsrichtung. Auf dem Kompass liegt diese Richtung zwischen 172,5 und 202,5 Grad. Hier liegen die kleinen Sterne 1 und 4 in anderen Bereichen. Das Liebesglück befindet sich nun im Westen und im Südosten. Um es zu aktivieren, sollten Sie in einem dieser Bereiche schlafen. Sie können aber auch Ihr Glück stärken, indem Sie den Bergstern im Südosten und den Wasserstern im Westen aktivieren. Stellen Sie hierfür einen blühenden Baum in einem großen Tonkübel in den Südosten. Aktivieren Sie den Wasserstern nie mit Wasser, denn das schwächt den Bergstern. Im Westen sollten Sie ein Windspiel mit sieben Stäben haben.

134 Das Liebesglück in Häusern mit Osttüren

Die Geburtskarte A ist die eines Hauses mit einer nach Osten gerichteten Türe. Das bedeutet, dass die Eingangstür in den Bereich zwischen 67,5 und 82,5 Grad auf dem Kompass blickt. Das entspricht dem ersten Unterbereich der Richtung Ost. Wir betrachten im Feng Shui der „Fliegenden Sterne" immer die kleinen Ziffern, die dem Wasser- und dem Bergstern entsprechen. In dieser Methode zeigen die Sternzahlen die genaueren Eigenschaften des Chi in den acht Bereichen des Hauses. Links sehen sie den Bergstern, rechts den Wasserstern. In dieser Geburtskarte gibt es keinen Bereich, in dem der kleine Stern 4 und der Stern 1 zusammentreffen. Das Liebesglück wird hier also nicht besonders begünstigt. Im Südosten jedoch haben wir die günstige Kombination 8 und 4. Der Süden ist mit der Kombination 4 und 9 ebenfalls gut. Schlafzimmer in einem dieser Bereiche werden von gutem Liebesglück profitieren. Im Gegensatz zu Häusern mit nördlicher und südlicher Eingangstür besteht hier keine Gefahr, dass die Liebe negative Energie entwickelt. Aktivieren Sie den Südosten gar nicht, und stellen Sie ein helles Licht in den Süden.

Die Geburtskarte B entspricht ebenfalls einem Haus mit nach Osten gerichteter Eingangstür. Hier weist die Tür jedoch in den zweiten und dritten Unterbereich der Richtung Ost, also zwischen 82,5 und 112,5 Grad. In diesem Haus treten die Sterne 1 und 4 auch nicht gemeinsam auf. Die Kombinationen 4/9 und 8/4 sind hier in andere Bereiche gewandert. Sie sind jetzt im Norden und Nordwesten. Diese Bereiche sind günstig, wobei das Beziehungsglück nur durchschnittlich ist. Sie können trotzdem den Bergstern im Norden und den Wasserstern im Süden aktivieren, um Ihr Liebesglück zu verbessern. Im nördlichen Bereich stärken Sie den Bergstern mit einer großen, gesunden Pflanze. Im Nordwesten hängen Sie ein Windspiel mit sechs Stäben auf. Dieses Haus hat keine auffallend negativen Bereiche.

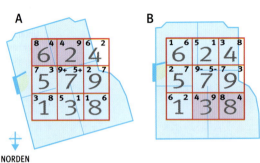

135 Das Liebesglück in Häusern mit Westtüren

Die Geburtskarte A ist die eines Hauses mit Eingangstür im Westen. Das heißt, dass die Tür in die Kompassrichtung zwischen 247,5 und 262,5 weist, also den ersten Unterbereich der Richtung West. Für die Betrachtung der Geburtskarte eines Hauses sind die kleinen Ziffern wichtiger als die großen in der Mitte der Felder. Diese kleinen schwarzen Ziffern entsprechen dem Wasser- und dem Bergstern. Sie können genaue Hinweise auf die Beschaffenheit des Chi in den acht Bereichen des Hauses geben. Der Stern links ist der Bergstern, und rechts sehen Sie den Wasserstern. In dieser Geburtskarte gibt es keinen Bereich, in dem die Sterne 1 und 4 zusammentreffen. Das bedeutet, dass Ihr Liebesglück in diesem Haus nicht besonders begünstigt wird.

Im Südosten jedoch gibt es die günstige Kombination 4 und 8. Auch der südliche Bereich mit 4 und 9 verspricht Glück. Um den Wasserstern im Südosten zu aktivieren, stellen Sie dort einen großen, gesunden Baum auf. Im südlichen Bereich können Sie den Wasserstern mit einem Windspiel aus neun Stäben aktivieren. Das wird Ihnen besonders viel Glück bringen. In diesem Haus gibt es keine besonders negativen Bereiche.

Die Geburtskarte B betrifft Häuser, deren Tür ebenfalls nach Westen weist, allerdings in die Richtung des zweiten und dritten westlichen Unterbereichs, also zwischen 262,5 und 292,5 Grad. In diesem Haus tauchen die Sterne 4 und 1 auch nicht zusammen auf. Die Kombinationen 9/4 und 4/8 haben sich in den Norden und Nordwesten verlagert. Sie können den Wasserstern im Norden und den Bergstern im Nordwesten aktivieren, um Ihrem Glück auf die Sprünge zu helfen. Im Norden wäre Wasser an sich nicht schlecht, aber es würde dem guten Bergstern 9 schaden. Halten Sie den Bereich also lieber frei von Energiequellen. Stellen Sie einen großen Kristall in den Nordwesten, um den Bergstern zu aktivieren.

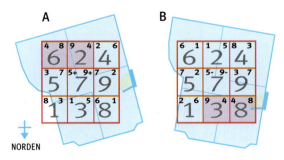

Das Liebesglück in Häusern mit Nordwesttüren 136

Die Geburtskarte A ist die eines Hauses mit nach Nordwesten gerichteter Eingangstür. Die Tür zeigt in die Kompassrichtung zwischen 292,5 und 307,5 Grad, also in den ersten Unterbereich der Richtung Nordwest. Wir betrachten für die Analyse der „Fliegenden Sterne" nur die kleinen schwarzen Ziffern. Sie entsprechen dem Wasser- und dem Bergstern und geben genaue Hinweise auf die Eigenschaften des Chi in den acht Bereichen des Hauses. Die kleine Ziffer links ist der Bergstern, und rechts ist der Wasserstern zu sehen. In dieser Geburtskarte gibt es keinen Bereich, in dem die Sterne 4 und 1 zusammentreffen. In diesem Haus wird Ihr Liebesglück also nicht besonders begünstigt. Im Süden sehen Sie die ungünstige Kombination von 2 und 4. Die Zahl 2 bedeutet einen beeinträchtigten Bergstern, der schlecht für das Liebesglück ist.

Sie sollten im Süden ein Windspiel mit fünf Stäben aufhängen, um diesen schlechten Bergstern auszugleichen. Auch ein Wasserobjekt wird hier hilfreich sein. Wasser stärkt den Wasserstern 4 und unterstützt das Liebesglück. Im Westen können Sie den Bergstern 4 mit einem Kristall aktivieren. Ein Schlafzimmer in diesem Bereich bringt Liebesglück ins Haus.

Die Geburtskarte B entspricht ebenfalls einem Haus mit nordwestlicher Ausrichtung. Allerdings zeigt die Eingangstür in den zweiten oder dritten Unterbereich Nordwest, also in die Kompassrichtung zwischen 307,5 und 337,5 Grad. Hier sehen Sie im Osten die Kombination des Bergsterns 4 mit dem günstigen Wasserstern 6. Im Norden hingegen hat der Bergstern die Zahl 2 – er ist belastet. Hängen Sie hier ein Windspiel mit fünf Stäben auf, um den Bergstern zu kontrollieren und den günstigen Wasserstern zu stärken.

Das Liebesglück in Häusern mit Südwesttüren 137

Die Geburtskarte A ist die eines Hauses mit Eingangstür im Südwesten. Die Tür zeigt also in die Kompassrichtung zwischen 202,5 und 217,5 Grad. Das ist der erste Unterbereich der Richtung Südwest. Bei der Analyse der Geburtskarte betrachten wir nur die kleinen schwarzen Ziffern, die für den Wasser- und den Bergstern stehen. Die Sternzahlen verraten viel über die Eigenschaften des Chi in den acht Bereichen des Hauses. Die kleine Ziffer links entspricht dem Bergstern, und die Ziffer rechts dem Wasserstern. Die Liebe (mit ihren positiven und negativen Aspekten) wird gefördert, wenn sich in einem Bereich eine Kombination aus 4 und 1 ergibt. Hier ist das in der Mitte und ganz besonders im Nordosten der Fall.

In diesen Bereichen ist die Energie für Ihr Liebesglück besonders günstig. Ein Schlafzimmer im Nordosten verspricht Glück in der Liebe, die mit Kristallen sogar noch verstärkt werden kann. Das Zentrum des Hauses sollten Sie besser nicht aktivieren. Schlafen Sie nicht im Südosten oder im Süden des Hauses, denn beide Bereiche sind belastet. Auch im Westen und Nordwesten können die Sterne Probleme bringen.

Die Geburtskarte B betrifft ebenfalls Häuser mit südwestlicher Ausrichtung. Die Eingangstür weist hier jedoch in den zweiten und dritten Unterbereich der Richtung Südwest, also zwischen 217,5 und 247,5 Grad. In diesem Haus gibt es im Südwesten die günstige Kombination 4 und 1. Mit einem Schlafzimmer in diesem Bereich werden Sie viel Liebesglück genießen. Um die positive Energie zu verstärken, können Sie hier Kristalle aufstellen. Verwenden Sie aber keinesfalls Wasserobjekte. Im Südwesten kann Wasser die Liebe durch Seitensprünge und Unglück trüben. Schlafen Sie nicht im Norden und Nordwesten, und stören Sie nicht den Osten und Südosten.

138 Das Liebesglück in Häusern mit Nordosttüren

Die Geburtskarte A ist die eines Hauses mit Eingangstür im Nordosten. Die Tür zeigt also in die Kompassrichtung zwischen 22,5 und 37,5 Grad. Das ist der erste Unterbereich der Richtung Nordost. Bei der Analyse der Geburtskarte nach der Fliegende-Sterne-Methode betrachten wir nur die kleinen schwarzen Ziffern, die für den Wasser- und den Bergstern stehen. Die Sternzahlen verraten viel über die Eigenschaften des Chi in den acht Bereichen des Hauses. Die kleine Ziffer links entspricht dem Bergstern, und die Ziffer rechts dem Wasserstern. Die Liebe (mit ihren positiven und negativen Aspekten) wird gefördert, wenn sich in einem Bereich eine Kombination aus 4 und 1 ergibt.

In dieser Geburtskarte finden wir diese Kombination im Nordosten und in der Mitte. Ein Schlafzimmer im Nordosten verspricht Glück in der Liebe, die mit einem Windspiel sogar noch verstärkt werden kann. Das Zentrum des Hauses sollten Sie besser nicht

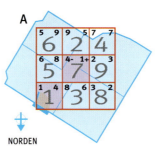

A

NORDEN

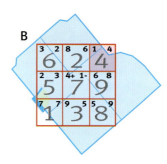

B

aktivieren. Schlafen Sie nicht im Südosten oder im Süden des Hauses, denn beide Bereiche sind belastet. Auch der Westen und Nordwesten sind problematisch.

Die Geburtskarte B betrifft ebenfalls Häuser mit nordöstlicher Ausrichtung. Die Eingangstür weist hier jedoch in den zweiten und dritten Unterbereich der Richtung Nordost, also zwischen 37,5 und 67,5 Grad. Hier hat sich die günstige Kombination von 4

und 1 nach Südwesten verschoben. Die Kombination der Sterne und Elemente weist darauf hin, dass das Haus nicht weiter aktiviert werden kann. Unternehmen Sie also nichts. Verwenden Sie vor allem keine Wasserobjekte, denn im Südwesten würden sie das Liebesglück beeinträchtigen. Schlafen Sie nicht im Norden und Nordwesten, und stören Sie nicht den Osten und Südosten.

139 Das Liebesglück in Häusern mit Südosttüren

Die Geburtskarte A ist die eines Hauses mit Eingangstür im Südosten. Die Tür zeigt also in die Kompassrichtung zwischen 112,5 und 127,5 Grad. Das ist der erste Unterbereich der Richtung Südost. Bei der Analyse der Geburtskarte betrachten wir nur die kleinen schwarzen Ziffern, die für den Wasser- und den Bergstern stehen. Die Sternzahlen verraten viel über die Eigenschaften des Chi in den acht Bereichen des Hauses. Die kleine Zahl links entspricht dem Bergstern und die Zahl rechts dem Wasserstern. Die Liebe (mit ihren positiven und negativen Aspekten) wird gefördert, wenn sich in einem Bereich eine Kombination aus 4 und 1 ergibt. Hier ist das nirgends der Fall. Es gibt im Süden die Kombination 4/2. Das bedeutet, dass der Bergstern 4, der für Liebe steht, mit einem belasteten

Wasserstern 2 zusammentrifft. Der beste Bereich für Liebes- und Beziehungsglück liegt im Westen. Dort herrscht die günstige Kombination 6/4. Durch ein Windspiel mit sieben Stäben können Sie die Energie noch verstärken.

Die Geburtskarte B betrifft ebenfalls Häuser mit südöstlicher Ausrichtung. Die Eingangstür weist hier jedoch in den zweiten

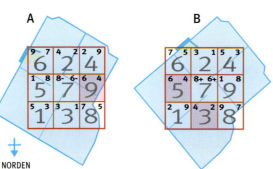

NORDEN

oder dritten Unterbereich der Richtung Südwest, also zwischen 127,5 und 157,5 Grad. Auch in diesem Haus fehlt die günstige Kombination von 4 und 1. Die gute Kombination 6/4 hat sich in den Osten verlagert. Ein Schlafzimmer in diesem Bereich verspricht gutes Beziehungsglück.

Im nördlichen Bereich dieses Hauses sind Liebes- und Beziehungsglück durch die Wasserstern-Zahl 2 belastet, die Krankheit bringt. Schlafen Sie also am besten nicht im Norden, wenn Sie sich Glück in der Liebe wünschen. Sie können den Bergstern stärken und den belasteten Wasserstern ausgleichen, indem Sie einen großen Baum in den Norden stellen. Verwenden Sie hier keine Wasserobjekte (auch wenn es der Norden ist): Schwächen Sie den Bergstern nicht, sonst könnte Ihr Glück bald nachlassen.

RUFEN SIE DIE LIEBE MIT DEM FENG SHUI DER „FLIEGENDEN STERNE"

In der Periode der 8 ändert sich Ihr Glück

Das Jahr 2004 rückt näher, und damit auch ein großes Problem für alle Feng-Shui-Experten. Es geht um die Frage, ob wir empfehlen sollten, die Eingangstüren der Häuser zu versetzen, sobald Anfang des Jahres 2004 die Periode der 7 endet und die der 8 beginnt. Hausbewohner, deren Tür in die günstige Richtung der doppelten 7 weist, werden sich damit beschäftigen müssen, dass die Zahl 7 in der Periode der 8 nicht mehr Glück bringend sein wird. Sie wird dann sogar äußerst negativ sein. Die Zahl 7 steht im Feng Shui der „Fliegenden Sterne" nämlich für Gewalt. Bleibt eine Eingangstür mit der doppelten 7 dann an ihrem Ort, steigt die Wahrscheinlichkeit von bewaffneten Überfällen und Einbrüchen.

Dies ist zwar nur ein Aspekt von vielen, doch sicherlich der ernsteste. Ich habe die Geburtskarten für die Periode der 8 studiert. Dabei fiel mir auf, dass es in diesen Karten weitaus mehr ungünstige als günstige Bereiche in den Häusern gibt. Manche Karten für bestimmte Tür-Ausrichtungen sind sogar so schlecht, dass es nur einen oder zwei günstige Bereiche im gesamten Haus gibt.

Meister Yap Cheng Hai und ich sind daher zu dem Schluss gekommen, dass Sie Ihre Renovierungen auf jeden Fall vor dem Jahr 2004 vornehmen sollten, falls Sie Ihre Tür versetzen möchten. Somit bleibt Ihr Haus nämlich ein Haus der Periode der 7.

Wenn Sie die Richtung ihrer Tür ändern, reicht es völlig aus, sie um ein paar Grad zu drehen. Wenn Sie also in den ersten Unterbereich einer Richtung zeigt, drehen Sie sie so, dass sie in den zweiten oder dritten zeigt, und umgekehrt. Lesen Sie die nächsten Seiten aufmerksam und achten Sie darauf, dass Sie bei Ihren Renovierungsarbeiten nicht aus Versehen den „Großherzog" Jupiter, die Drei Tode und die Fünf Gelben stören. Stimmen Sie den Zeitpunkt der Renovierung unbedingt darauf ab, wo sich in welchem Jahr diese wichtigen Feng-Shui-Tabus befinden. Hinweise darauf finden Sie auf den nächsten vier Seiten. Sie werden sehen, dass es gar nicht so einfach ist, die Renovierung zu planen. Falls Sie nicht umhinkönnen, eines der Tabus zu verletzen, beginnen Sie Ihre Arbeit zumindest von einem Bereich aus, der in dem Jahr der Renovierung nicht von einem solchen Tabu belastet ist. Vergessen Sie nie, dass schlechtes Feng Shui automatisch Ihrem Beziehungsglück schadet.

Unten: Wenn Sie die Richtung Ihrer Tür ändern möchten, sollten Sie dies sorgfältig planen. Achten Sie darauf, dass keine neuen negativen Einflüsse entstehen, die Ihre Beziehungen belasten.

> **Türen mit 77**
> Jeder, dessen Tür momentan die doppelte 7 besitzt, sollte sie versetzen. Das betrifft folgende Häuser:
> Tür zeigt in den zweiten und dritten Unterbereich des Nordens
> Tür zeigt in den ersten Unterbereich des Südens
> Tür zeigt in den ersten Unterbereich des Südwestens
> Tür zeigt in den zweiten und dritten Unterbereich des Nordostens

141 Ihre günstigen Bereiche für die nächsten zehn Jahre

Mit Hilfe einer Analyse der Lo-Shu-Raster für die nächsten Jahre (2000-2010) kann man die Bereiche des Hauses ausfindig machen, die für das Beziehungsglück in einem bestimmten Jahr am günstigsten sind. Diese Methode basiert ebenfalls auf dem Feng Shui der „Fliegenden Sterne", das sich mit dem Einfluss der Zeit auf die sich wandelnden Energien beschäftigt. Daher ist diese Richtung im Feng Shui derjenige Teil der Kompassschule, der Voraussagen ermöglicht.

Das Feng Shui der „Fliegenden Sterne" schreibt jeder Zahl eine Bedeutung zu. Diese wird gestärkt oder geschwächt, je nachdem, welche Sternzahlen in der Geburtskarte eines Hauses auf die entsprechenden Bereiche wirken. Hier in der Tabelle sehen Sie nicht die Geburtskarte, sondern Lo-Shu-Ziffern, die sich auf verschiedene Jahre beziehen. Ausgehend von diesen Ziffern kann ich für jedes einzelne Jahr ein Zahlenraster erstellen. Insgesamt ergibt das neun verschiedene Raster, die sich alle neun Jahre wiederholen. Somit sind auch die günstigen Bereiche alle neun Jahre dieselben. Für die Feinabstimmung Ihres Feng Shui vergleichen Sie dann diese Zahlen mit denen aus der Geburtskarte Ihres Hauses (wie in den vorhergehenden Seiten dargestellt). Suchen Sie sich die Geburtskarte heraus, die der Himmelsrichtung Ihrer Eingangstür entspricht.

Oben: Der Liebesbereich, der dem Lo-Shu-Raster ab 2000 entsprechend der günstigste ist, kann mit Kristallen aktiviert werden.

Die besten Bereiche für Beziehungen

Jahr	Lo-Shu-Zahl	Günstiger Liebesbereich	Aktivierungsmaßnahmen:
2000	9	Süd, Nordwest	Licht für den Süden, Windspiele für Nordwesten
2001	8	Nord, West	Windspiele für beide Bereiche
2002	7	Südwest, Nordost	Kristalle für beide Bereiche
2003	6	Ost, Süd	Licht für beide Bereiche
2004	5	Südost, Nord	Licht für Südost, Windspiele für Norden
2005	4	Mitte, Südwest	Kristalle
2006	3	Nordwest, Ost	Windspiele für den Nordosten, Licht für Osten
2007	2	West, Südost	Windspiele für den Westen, Licht für Osten
2008	1	Nordost, Mitte	Kristalle
2009	9	Süd, Nordwest	Licht für den Süden, Windspiele für Nordwesten
2010	8	Nord, West	Windspiele für beide Bereiche

Achten Sie den „Großherzog" Jupiter — 142

Im Feng Shui der „Fliegenden Sterne" gibt es einen sehr bedeutenden Herrn, der als Gottheit des Jahres verehrt wird. Wir nennen ihn den „Großherzog" Jupiter oder auf Chinesisch Tai Tsui. Es ist wichtig zu wissen, wo er sich gerade aufhält, um sicherzugehen, dass man ihn nicht „stört". Es gibt auch spezielle Richtlinien, wie Sie mit der Hilfe und Unterstützung des Jupiters Ihr persönliches Feng Shui verbessern können. Die Chinesen erachten es als sehr riskant, den Zorn des Jupiters zu erregen.

Mit Hilfe der Tabelle sehen Sie, wann sich Jupiter wo befindet.

Richtung des „Großherzogs" Jupiter

Tierkreiszeichen des Jahres:	Chinesische Mondjahre:			„Großherzog" Jupiter befindet sich im:
RATTE		2008	2020	NORDEN
BÜFFEL	2009	2021		NORD-NORDOSTEN
TIGER	2010	2022		OST-NORDOSTEN
HASE	1999	2011	2023	OSTEN
DRACHE	2000	2012	2024	OST-SÜDOSTEN
SCHLANGE	2001	2013	2025	SÜD-SÜDOSTEN
PFERD	2002	2014	2026	SÜDEN
SCHAF	2003	2015	2027	SÜD-SÜDWESTEN
AFFE	2004	2016	2028	WEST-SÜDWESTEN
HAHN	2005	2017	2029	WESTEN
HUND	2006	2018	2030	WEST-NORDWESTEN
SCHWEIN	2007	2019	2031	NORD-NORDWESTEN

Blicken Sie nie in Richtung Jupiter — 143

Denken Sie immer daran, dass Sie nie direkt in die Richtung des Jupiters blicken sollten. Finden Sie deshalb heraus, wo er sich aufhält. Sie sollten das ganze Jahr darauf achten, dass Sie nie in diese Richtung gewandt sitzen, wenn Sie eine private Verabredung haben, einen Brief (oder eine E-Mail) an jemanden schreiben, den Sie lieben, oder wenn Sie mit einer wichtigen Person zu Abend essen. Am besten sitzen Sie, wenn die Richtung des Jupiters hinter Ihnen liegt. Dann kann er Ihnen nämlich den Rücken stärken. Der Schutz des Jupiters ist sehr mächtig. Auch wenn seine Richtung nach der KUA-Formel zugleich Ihre günstigste Richtung ist, sollten Sie diese in dem Jahr, in dem er sich dort aufhält, meiden. Im Jahr 2000 – einem Jahr des Drachen – befindet sich der Jupiter im Ost-Südosten. In diesem Jahr werden alle, die in einem Jahr des Hundes geboren sind, mit dem Großherzog kollidieren – sie sollten sich am besten still verhalten.

Sie sollten außerdem keine Grabungs- oder Renovierungsarbeiten in der Richtung vornehmen, in der sich der Jupiter aufhält. Versuchen Sie, den Bereich in Ruhe zu lassen. Zu viel Lärm „stört" den Jupiter.

Oben: Finden Sie die Richtung des Jupiters heraus (siehe Tabelle oben) und vergewissern Sie sich, dass Sie nie direkt in seine Richtung sitzen – ob zu Hause, im Büro oder auswärts.

144 Sehen Sie den Drei Toden ins Gesicht

Oben: Der Aufenthaltsort der Drei Tode (siehe Tabelle) sollte jedes Jahr beachtet werden. Sitzen Sie nie mit dem Rücken in diese Richtung.

Ein weiterer wichtiger Faktor im Feng Shui der „Fliegenden Sterne" sind die Drei Tode. Auf der Tabelle unten können Sie sehen, wo sich die Drei Tode (oder Sarm Saat) jedes Jahr befinden. Sie sollten wissen, dass dieses gefährliche Symbol anders als der Großherzog Jupiter jeweils eine der vier Kardinalrichtungen des Kompasses einnimmt. Während der Jupiter immer nur 15 Grad einer Richtung besetzt, macht sich Sarm Saat auf 45 Grad breit. Aus der Tabelle können Sie entnehmen, dass es 2000 den Süden und 2001 den Osten betrifft.

Mit den Drei Toden müssen Sie völlig anders umgehen als mit dem Jupiter. Ich fasse hier kurz zusammen, was Sie tun und was Sie unterlassen sollten:

In keinem Fall dürfen Sie Sarm Saat oder den Drei Toden den Rücken zuwenden. Im Jahr 2000 (ein Jahr des Drachen) dürfen Sie also nicht so sitzen, dass die Richtung Süd hinter Ihnen liegt. Das bedeutet, dass Sie nicht nach Norden gewandt sitzen sollten. Sie können die Drei Tode jedoch direkt anblicken, also in die Richtung Süd gewandt sitzen. Es wird Ihnen nicht schaden, die Drei Tode anzublicken, doch wenn sie sich direkt hinter Ihnen befinden, bringt das Unheil. Im Jahr der Schlange 2001 befinden sich die Drei Tode im Osten. In diesem ersten Jahr des neuen Jahrtausends sollten Sie also nicht mit dem Rücken nach Osten gewandt sitzen. Besser blicken Sie genau nach Osten. Erinnern Sie sich stets an diese Regel, wenn Sie ein wichtiges Treffen mit jemanden haben, den Sie beeindrucken möchten.

Wenn Sie im Haus Renovierungsarbeiten durchführen möchten, sollten Sie das nie in dem Bereich des Hauses tun, in dem sich die Drei Tode aufhalten. Im Jahr 2000 sollten Sie also den Süd-Bereich Ihres Hauses nicht renovieren. Im gegenüberliegenden Bereich spricht jedoch nichts dagegen.

Beherzigen Sie stets diesen und den vorhergehenden Ratschlag bei Hausrenovierungen. Sie ersparen sich viel Ärger.

Lokalisierung der Drei Tode

Jahr beginnend am 4. Februar:	DREI TODE sind im:	In den Jahren der folgenden Tiere:	Lokalisierung der Drei Tode:
1999	WESTEN	BÜFFEL, HAHN, SCHLANGE	OST
2000	SÜDEN		
2001	OSTEN		
2002	NORDEN	SCHWEIN, HASE, SCHAF	WEST
2003	WESTEN		
2004	SÜDEN		
2005	OSTEN	AFFE, RATTE, DRACHE	SÜD
2006	NORDEN		
2007	WESTEN	HUND, PFERD, TIGER	NORD
2008	SÜDEN		

Nehmen Sie sich vor den Fünf Gelben in Acht

Es gibt noch eine dritte Richtung, auf die Sie jedes Jahr achten müssen, nämlich die Richtung der Fünf Gelben. Viele Probleme können hier entstehen, oftmals im Zusammenhang mit Unfällen und Krankheit, aber auch mit gebrochenen Herzen und tiefem Unglück. Die Fünf Gelben schaffen große Hindernisse, die das Beziehungsglück blockieren. Wie die Tabus in den letzten Kapiteln bewegt sich auch der Ort der Fünf Gelben von Jahr zu Jahr in eine andere Richtung.

Um dem Unglück entgegenzuwirken, das die Fünf Gelben bringen können, verwenden Sie am besten ein Pagoden-Windspiel mit fünf Stäben. Die Pagodenform verleiht dem Windspiel zusätzliche Kraft. Außerdem sollte das Windspiel kleine Glöckchen haben, um die schlechte Energie der Fünf Gelben aufzulösen. Hängen Sie das Windspiel lieber außerhalb des Hauses auf. Wenn Ihr Haus in die Richtung der Fünf Gelben zeigt, kann das Windspiel die Gefahr nämlich beträchtlich verringern. Ansonsten können Sie auch eine andere Tür verwenden, wenn dies möglich ist. Die Richtungen der Fünf Gelben sind in der Tabelle rechts aufgelistet.

Das wichtigste Tabu in Bezug auf die Fünf Gelben lautet, dass Sie niemals Renovierungen in der Richtung des Hauses vornehmen, in der Sie sich gerade befinden. Wenn Sie also eine neue Küche haben möchten und die Fünf Gelben gerade diese Richtung besetzen, sollten sie die Renovierung wenn es geht auf das nächste Jahr verschieben. Dann sind die Fünf Gelben nämlich wieder in eine andere Himmelsrichtung geflogen. Im Mondjahr 2000 befinden sich die Fünf Gelben im Norden.

Wenn Sie allerdings das gesamte Haus renovieren, sind die drei Tabus – Jupiter, Drei Tode und Fünf Gelbe – nicht mehr relevant. Doch vergewissern Sie sich, dass Sie die Arbeiten nicht in einem Bereich des Hauses beginnen, der durch die schlechte Energie dieser drei Tabus belastet ist. Sie sollten natürlich auch Ihr Schlafzimmer in keiner dieser drei Richtungen haben.

Links: Um Unglück durch die Fünf Gelben zu vermeiden, hängen Sie ein Windspiel mit fünf Stäben draußen vor dem Haus auf. Die Pagodenform wirkt sich sehr günstig aus.

Die Richtung der Fünf Gelben:

Jahr beginnend am 4. Februar:	Die TÖDLICHEN FÜNF GELBEN
1999	SÜDEN
2000	NORDEN
2001	SÜDWESTEN
2002	OSTEN
2003	SÜDOSTEN
2004	MITTE
2005	NORDWESTEN
2006	WESTEN
2007	NORDOSTEN
2008	SÜDEN

RUFEN SIE DIE LIEBE MIT DEM FENG SHUI DER „FLIEGENDEN STERNE"

146 Schicken Sie einen Herzenswunsch ins All

Mit einem einfachen Luftballon können Sie vielleicht Ihren Traumpartner finden. Versuchen Sie es eimal an einem gemütlichen Sonntagmorgen, wenn eine leichte Brise weht und die Sonne scheint. Kaufen Sie vorher ein paar heliumgefüllte Ballons und gehen damit in einen Park oder auf ein freies Feld. Von dort aus kann Ihr Ballon hoch in die Lüfte steigen und schließlich im Universum verschwinden.

Nehmen Sie leuchtend bunte Ballons in verschiedenen Farben – am besten alle Töne von Rot, Gelb, Weiß und Rosa bis hin zu Lavendel. Auf keinen Fall sollten Sie blaue, grüne oder schwarze Luftballons in den Himmel schicken. Sie wollen ja nicht Yin-, sondern Yang-Energie freisetzen.

Schreiben Sie Ihre Liebesbotschaft mit einem schwarzen Filzstift auf die Ballons. Überlegen Sie sich vorher genau den Text, denn Sie haben wenig Platz. Denken Sie nach, was Sie sich wünschen. Wenn Sie zum Beispiel einen Lebenspartner suchen, können Sie eine kurze Beschreibung schicken. Überlassen Sie nichts dem Zufall. Fragen Sie sich, was für einen Partner Sie sich wünschen. Wenn Ihnen zum Beispiel das Aussehen viel bedeutet, können Sie Ihre Wunschvorstellungen mit ein paar Zeilen ausdrücken. Wenn Ihnen finanzielle Sicherheit wichtig ist, formulieren Sie auch das. Sie sollten unbedingt präzise vorgehen.

Oben: Lassen Sie helle Yang-Ballons mit Ihren Wünschen ins Universum steigen. Das kann Ihnen Glück und Romantik bringen.

Liebesballons

Schreiben Sie nur einen Wunsch auf einen Ballon. So konzentriert sich die Energie des Ballons auf diesen einen Herzenswunsch. Sobald Sie Ihren Luftballon beschriftet haben, lassen Sie ihn steigen. Sehen Sie zu, wie er immer höher in den Himmel fliegt. Sobald er eine gewisse Höhe erreicht hat, wird er aus Ihrem Blickfeld verschwinden. In diesem Augenblick ist Ihr Wunsch in den Energiestrom der Umgebung eingetreten.

Wenn Sie mehrere Wünsche haben, sollten Sie die Ballons gleichzeitig steigen lassen. Organisieren Sie doch eine Luftballon-Party, bei der Sie und Ihre Freunde Ballons steigen lassen. Nachdem Sie alle Luftballons verschickt haben, versuchen Sie, Ihre Wünsche zu vergessen. Wind und Wasser werden sich um die Erfüllung kümmern. Sie werden überrascht sein, wie wirksam diese Methode ist. Denken Sie nicht zu viel darüber nach, denn wenn Sie sich Sorgen machen, erzeugen Sie nur negative Schwingungen, die der Erfüllung Ihrer Wünsche im Wege stehen.

Mein Ballonwunsch im Jahre 1986 war, dass ich einkaufen könnte wie eine Kaiserin! Im nächsten Jahr erwarb ich eine Kette von Modeboutiquen, und für meine Läden konnte ich zwei Jahre lang einkaufen wie eine Kaiserin! Sie sehen also, es wirkt.

RUFEN SIE DIE LIEBE MIT DEM FENG SHUI DER „FLIEGENDEN STERNE"

Pusten Sie bei Vollmond Seifenblasen in den Wind

Auch mit Seifenblasen können Sie die Energie des Windes nutzen. Die Chinesen glauben, dass der Gott der Ehe auf dem Mond wohnt. Schicken Sie ihm doch einfach Ihre gesamte Wunschliste. Von dort aus lässt er seine Macht walten und knüpft zarte Bande zwischen allen heiratswilligen jungen Männern und Frauen dieser Welt. Der Gott der Ehe ist eine hervorragende Energiequelle, wenn Sie einen passenden Lebenspartner suchen, der Sie glücklich macht.

Vollmondnacht

Wählen Sie einen Abend bei Vollmond. Um sicherzugehen, können Sie einen chinesischen Mondkalender zu Rate ziehen. Nur in einer Vollmondnacht können die „Botschaften" erfolgreich dem Gott der Ehe überbracht werden. Der beste Zeitraum für dieses wundervolle Ritual ist der frühe Abend, wenn noch ein Rest Tageslicht den Himmel erhellt. Es sollte eine leichte Brise wehen, denn der Wind soll schließlich Ihre Wünsche auf den Mond tragen. Ihre Wünsche schicken Sie mittels Seifenblasen. Sie sind sichtbar und enthalten Bilder Ihrer Wünsche. Sie brauchen also etwas Fantasie dazu, und vielleicht sollten Sie vorher etwas üben. Versuchen Sie, an Ihren Wunschpartner zu denken, und stellen Sie sich vor, wie Sie beide zusammen sind. Wenn Sie momentan allein sind, sich aber einen festen Partner wünschen, stellen Sie sich vor, es wäre Ihr Hochzeitstag. Malen Sie sich aus, wie Sie gekleidet wären und wie Sie strahlend lächeln. Versuchen Sie am besten vorher, dieses Bild in eine imaginäre rosa- oder lavendelfarbene Seifenblase zu pusten. Dann gehen Sie in ein Spielzeuggeschäft und kaufen Seifenblasenlauge. Suchen Sie einen Park, einen Spielplatz oder Ihren Garten auf. Entspannen Sie sich und blasen Sie die Seifenblasen in den Wind. Wenn Sie ein wenig üben, werden Sie sehen, dass die Farbe der Blasen fast immer Lavendel oder Lila ist.

Üben Sie, richtig große Blasen zu machen. Wenn Ihnen das gelingt, stellen Sie sich vor, dass Sie selbst mit einem geliebten Menschen glücklich lächelnd in einer Seifenblase stehen. Dieser Mensch kann zum Beispiel jemand sein, den Sie fest an sich binden möchten, oder jemand, den Sie bewundern – Ihre Vision des perfekten Mannes oder der perfekten Frau.

Denken Sie fest an das Bild, wie Sie mit diesem Menschen in der Blase stehen, und pusten Sie dann diese Seifenblase ins Universum. Je mehr große Blasen Sie schicken, desto angenehmer wird die Überraschung!

Unten: Schicken Sie in einer Vollmondnacht perfekt geformte Seifenblasen an den Gott der Ehe. Stellen Sie sich dabei mit Ihrem Traumpartner vor.

Machen Sie 49 Tage lang das Unterschriften-Ritual

Das 49 Tage dauernde Unterschriften-Ritual hat mir ein berühmter Feng-Shui-Meister verraten. Er erzählte mir, dass man damit fast alles erreichen kann, wenn man es nur richtig ausführt. Es muss allerdings mit einer Glück bringenden Unterschrift unterzeichnet werden. Unterschriften, die unter Feng-Shui-Gesichtspunkten günstig sind, beginnen und enden mit einem nach oben gezogenen Strich.

Zu Beginn dieses 49-Tage-Rituals sollten Sie wissen, dass Sie alles mit der Hand schreiben müssen. Sie dürfen nichts tippen oder kopieren, da das die Magie Ihrer Hand, die Ihre eigenen, besonderen Energien hervorbringt, völlig zerstören würde.

Zunächst sammeln Sie in Ruhe Ihre Gedanken. Atmen Sie mehrmals tief und langsam durch. Wenn Sie sich genügend gesammelt haben, schreiben Sie genau auf, was Sie sich von der Liebe wünschen. Wollen Sie, dass Ihre Ehe wieder den früheren Glanz erhält? Wollen Sie einen Mann finden, um mit ihm Ihr Leben zu teilen, eine Frau, mit der Sie eine Familie gründen können? Überlegen Sie sich genau, was Sie wollen, und schreiben Sie es dann sorgfältig nieder. Drücken Sie sich kurz und präzise aus. Sie müssen nämlich 49-mal wiederholen, was Sie geschrieben haben. Dann müssen Sie das Papier 49-mal mit Ihrer neuen günstigen Unterschrift unterzeichnen.

Wenn Sie das alles in einer Sitzung erledigt haben, verbrennen Sie das beschriebene Papier. Am nächsten Tag wiederholen Sie das Ritual. Es muss 49 Tage lang ununterbrochen wiederholt werden. Sie dürfen keinen Tag überspringen, denn sonst müssen Sie wieder ganz von vorne anfangen. Falls Sie mitten im Ritual beschließen, dass Sie sich gar nicht mehr wünschen, was Sie schreiben, hören Sie einfach auf. Wenn Sie sich etwas anderes wünschen möchten, müssen Sie ebenfalls wieder von vorne beginnen. Meister Yap Cheng Hai erzählte mir, dass noch keiner, dem er die Methode verraten hat, es je geschafft hat, das Ritual die ganzen 49 Tage lang durchzuhalten!

Unten: Schreiben Sie, was Sie sich von einem neuen oder bereits existierenden Liebespartner wünschen.

Aktivieren Sie Ihr Liebesglück

Gestalten Sie Ihr eigenes Liebesbanner   149

Jetzt berichte ich Ihnen von einem weiteren Ritual, bei dem Sie sich die magischen Energien des Windes zunutze machen können. Leider weiß nicht jeder, dass der Wind Millionen von Botschaften und Signale mit sich trägt, die von allen lebenden Wesen dieser Erde ausgesendet werden. Der Wind nimmt alles Chi unserer Umgebung auf – gutes und schlechtes.

Das Ritual, Liebesbanner hoch oben aufzuhängen, damit Sie den Wind oder Atem des Drachen einfangen, basiert auf genau diesem Prinzip. Je höher Sie ein solches Banner aufhängen, desto besser. Wenn Sie nun in einem mehrstöckigen Gebäude wohnen, wäre das Banner-Ritual für Sie ganz hervorragend.

Stellen Sie sich die Banner wie eine Flagge vor. Bemalen Sie sie, so schön Sie können, zum Beispiel mit Glück bringenden Symbolen, die Liebe, Romantik und Hochzeit darstellen, falls es das ist, was Sie sich wünschen. Schreiben Sie Ihren Herzenswunsch darauf. Denken Sie vorher aber genau nach, was Sie wirklich glücklich machen kann.

Wenn Sie sich eher einsam fühlen und gerne ein aktiveres gesellschaftliches Leben hätten, schreiben Sie das auf das Banner und schmücken Sie es mit viel Yang-Energie. Damit meine ich Farben wie Rot und Gelb.

Wünschen Sie sich einen Partner für die Seele und für die Liebe, verwenden Sie auch das Doppelte Glückssymbol. Dann formulieren Sie Ihren Wunsch, damit er auch in Erfüllung geht.

Neue Energie für Ihre Ehe

Wenn Sie Ihre Ehe als langweilig empfinden und Sie das Gefühl haben, dass Ihr Partner das Interesse an Ihnen verliert, wünschen Sie sich, dass die Energie zwischen Ihnen beiden wieder zu prickeln beginnt. Malen Sie Symbole für unsterbliche Liebe auf die Banner, zum Beispiel Gänse- oder Mandarinenpaare.

Wenn der Sex in Ihrer Beziehung langweilig geworden ist und Sie sie mit neuer Energie aufladen wollen, zeichnen Sie viele Pfingstrosen auf Ihre Banner. Schreiben Sie dann Ihren Wunsch nach größerer sexueller Erfüllung darauf.

Eigentlich können Sie Ihr Banner nach Lust und Laune gestalten. Wenn Sie damit zufrieden sind, hängen Sie es aus dem Schlafzimmerfenster und lassen Sie es den Wind einfangen. Je mehr es flattert, desto mehr positive Energie sendet es aus, um all Ihre Wünsche wahr werden zu lassen.

Machen Sie sich nichts daraus, wenn Sonne und Regen die Farben aus Ihrem Banner waschen. Lassen Sie es sieben Tage und Nächte lang hängen, bevor Sie es wieder abnehmen. Sprechen Sie aber mit niemandem darüber. Über Liebesrituale spricht man besser nicht, denn damit kann man negative Energien aussenden, ohne es zu merken. Wenn möglich, verbrennen Sie das Banner nach dem Gebrauch.

Oben: Lassen Sie Ihre Liebeswünsche wahr werden! Schreiben Sie alles auf Papierbanner, verzieren Sie sie schön und hängen Sie sie aus Ihrem Schlafzimmerfenster. Das Bild oben zeigt Gebetsbanner im Wind. Sie preisen den Atem des Drachen, der aus der gesamten Umgebung kommt.

Aktivieren Sie Ihr Liebesglück

150 Schalten Sie 49 Nächte lang das Yang-Licht ein

Das vielleicht mächtigste Symbol für Yang-Energie ist ein sehr helles Licht. Jedes Licht gehört zum Element Feuer. Das Feuer produziert die für das Beziehungsglück so wichtige Erde-Energie. Lichter mit einer runden Form bringen am meisten Energie.

Jedes Mal, wenn eine junge Frau mir ihren Wunsch nach einer beständigen Beziehung anvertraute, riet ich ihr stets, ein Licht in den südwestlichen Bereich ihres Hauses oder in ihre Nien-Yen-Richtung zu stellen. (Die Nien-Yen-Richtung basiert auf der KUA-Formel der Acht Häuser, siehe Tipps 68 und 69.) Ich konnte feststellen, dass dieser Wunsch bei allen Frauen in Erfüllung gegangen ist, die das Licht aufgestellt und auch angelassen haben. Sie fanden damit einen Freund und in einigen Fällen sogar einen Ehemann.

Es bringt nichts, wenn Sie die Lampe nur irgendwohin stellen. Sie müssen das Licht auch anschalten.

Die Zahl 49 hat bei uns eine besondere Bedeutung. In vielen alten Büchern steht, dass man besonders vorsichtig sein soll, wenn man das Alter von 49 Jahren erreicht. Es ist ein wichtiger Wendepunkt im Leben. Wenn man in diesem Alter von einer Krankheit heimgesucht wird, ist die Gefahr sehr groß, dass sich die Krankheit langwierig und schlimm gestaltet. Daher weigert sich die ältere Generation in China, den neunundvierzigsten Geburtstag zu feiern! Dann gibt es noch die Tradition, eine Glücksunterschrift 49-mal zu schreiben, um günstiges Chi für alle Unterschriften danach zu bekommen – eine machtvolle Formel! Daher gebe ich Ihnen den Rat, das Licht 49 Nächte lang mindestens drei Stunden brennen zu lassen.

151 Verwenden Sie Drachen- und Phönixsymbole

Im Feng Shui sind Drache und Phönix die beiden mächtigsten Symbole für günstige Chi-Energie. Diese himmlischen Kreaturen bedeuten den Gipfel des Glücks. Drache und Phönix stehen jeder für verschiedene Dinge. Beide sind Yang. Der Drache symbolisiert Erfolg, Mut, Führungskraft und kaiserliches Glück. Der Phönix bedeutet wundervolle neue Gelegenheiten, Anerkennung und das Glück von Erneuerung und Wiedergeburt. Der Phönix erscheint immer, wenn ein Land eine Phase von Wachstum und Wohlstand erlebt.

Wenn Drache und Phönix nebeneinander stehen, bedeuten sie jedoch die machtvolle Verbindung von Yin und Yang in der Ehe. Dieses Symbol ist daher sehr günstig, um das Feng-Shui-Glück von bereits ver-

heirateten Paaren zu steigern. Es ist besonders jungen Paaren zu empfehlen. Bei Singles, die gerne heiraten möchten, verbessert es die Chancen auf eine Ehe, denn es beschleunigt die Reifung des Ehe-Karmas.

Das Schlafzimmer ist der ideale Ort für das Symbol von Drache und Phönix. Platzieren Sie die beiden nebeneinander, aber immer so, dass der Drache links vom Phönix steht. Das Symbol gibt es in verschiedenen Ausführungen. Wandteppiche, bestickte Tagesdecken oder Gemälde sind beispielsweise sehr schön.

Aktivieren Sie Ihr Liebesglück

Die Macht von Pflaumenblüten

Eines der bedeutendsten Glückssymbole für junge Mädchen sind Blumen. Pflaumenblüten und Chrysanthemen gelten als besonders günstig für junge unverheiratete Frauen. Sie symbolisieren ihre Reinheit und Schönheit. Daher sind Pflaumenblüten und Chrysanthemen in chinesischen Haushalten mit unverheirateten Töchtern sehr beliebt. Frische Blumen oder ein Blumenbild bedeuten, dass die jungen Töchter das ganze Jahr großes Glück genießen werden.

Glück bringende Pflaumenblüten

Pflaumenblüten stehen auch in den Wintermonaten für Schönheit und Pracht. Die Pflaumenblüte und -frucht symbolisiert reine Schönheit und ein langes Leben, denn die Blüten können sich aus leblos wirkenden Zweigen ohne Blätter entwickeln, und der Pflaumenbaum kann sehr alt werden. Pflaumenblüten bedeuten auch Eheglück und spielen beim chinesischen Neujahrsfest eine wichtige Rolle. Viele Familien stellen eigens importierte Pflaumenzweige mit rosa und weißen Blüten auf. Einige stecken sogar noch künstliche Blüten dazu, um mit der üppigen Pracht das Glücks-Chi zu stimulieren.

Gelbe Chrysanthemen sind ebenfalls hervorragend - als Zimmerschmuck, zur Aussaat oder als Geschenk. Buddhisten schätzen diese Blumen besonders als Opfergaben. Beim Neujahrsfest gelten sie als die besten Glücksblumen. Ein üppiger Strauß gelber Chrysanthemen in einer langstieligen Vase, auch aus Porzellan, strahlt starke Yang-Energie aus, die sofort Glück ins Haus bringt. Chrysanthemen bedeuten Beständigkeit und Ausdauer. Liebe, Erfolg, Bindungen, Glück – alles, was Sie sich für die Ewigkeit wünschen, wird von diesen schönen Herbstblumen unterstützt. Kombiniert mit einem Symbol für langes Leben z.B. aus Kiefern- oder Bambusholz können sie Ihnen zu einem langen Leben verhelfen. Chrysanthemen zusammen mit Pflaumenblüten symbolisieren ein schönes Leben vom Anfang bis zum Ende.

Orchideen bedeuten Perfektion und werden als Zeichen des überlegenen Mannes betrachtet. Sie symbolisieren auch Familienglück und viele Kinder. Als Sinnbild der Liebe und Schönheit sind sie jedenfalls als Zimmerdekoration sehr günstig.

Magnolien sind Symbole der weiblichen Schönheit und Süße. Diese Blume folgt in ihrer Beliebtheit als Bild für schöne Frauen und Eheglück gleich hinter der Pfingstrose. Im alten China durften nur der Kaiser und Mitglieder der kaiserlichen Familie Magnolien züchten. Aufgrund ihrer weißen Farbe und Symbolik sind Magnolien wundervoll für Hochzeitssträuße.

Rechts: Gelbe Chrysanthemen sind ein hervorragendes Geschenk, denn sie bringen Glück.

Aktivieren Sie Ihr Liebesglück

153 Rufen Sie Ihr Hochzeitsglück am Neujahrsfest herbei

Die Neujahrsfeierlichkeiten in China zu Beginn eines neuen Mondjahres dauern fünfzehn Tage lang. Diese Zeit ist nach chinesischer Tradition am günstigsten, um das Hochzeitsglück einer jungen Frau im heiratsfähigen Alter zu beschwören. Es gibt zu diesem Zweck die verschiedensten Rituale. Das bekannteste davon ist sicherlich, am 15. Tag des Neujahrsfestes Orangen ins Meer zu werfen. Die Nacht des 15. Tages ist das offizielle Ende der Neujahrsfeierlichkeiten. Ich erinnere mich noch gut daran, wie mich meine Mutter früher an die Strandpromenade von Penang mitnahm. Dort beobachteten wir fein gekleidete junge Mädchen, die ungeduldig auf und ab gingen. Sie warteten, bis es endlich Mitternacht würde, damit sie ihre sorgfältig ausgesuchten Orangen ins Meer werfen könnten. Meine Mutter sagte mir, dass dieses Ritual ihnen gute Ehemänner bringen würde – Ehemänner, die den Mädchen und ihren Familien finanzielle Sicherheit geben könnten.

Dann erzählte mir meine Mutter noch von einer weniger bekannten Methode. Dabei zündet man Kerzen an und stellt sie in der Nähe der Eingangstür des Hauses auf, um das Hochzeits-Chi willkommen zu heißen. Die Kerzen müssen die ganzen 15 Tage des Neujahrsfestes brennen. Erst am letzten Tag werden sie ausgeblasen. Manche Familien zünden statt der Kerzen lieber rote Laternen an. Auch diese bleiben während des gesamten Neujahrsfestes erleuchtet.

Aktivieren Sie Ihr Beziehungsglück

Es gibt noch eine weitere sehr günstige Zeit, um dieses Ritual zu wiederholen, nämlich am siebten Tag des siebten Monats im Mondkalender. Zünden Sie an diesem Tag Kerzen an oder hängen Sie Laternen auf, um sie den sieben Schwestern des himmlischen Gottes darzubieten, wie man in China sagt. Man glaubt, dass dadurch alle jungen Frauen der Familie hübscher werden. Sie werden gutes Hochzeitsglück haben und Ehemänner finden, die sich um sie sorgen.

Ich habe das Gefühl, dass dieser Brauch viel mit Aberglauben zu tun hat. Dennoch finde ich, dass man derart alte Traditionen stets respektieren sollte. Ich bin überzeugt, dass all diese Rituale, die das Gute anziehen und das Böse vertreiben sollen, immer einen sehr tiefen Ursprung haben. Man muss nur ernsthaft genug danach suchen. Daher befolge ich stets die Traditionen, die meine Mutter an mich weitergegeben hat.

Oben: Zünden Sie am siebten Tag des siebten Monats rote Laternen für die sieben Schwestern des himmlischen Gottes an. Das bringt nach chinesischem Brauch Glück für die Ehe.

Benutzen Sie das Doppelte Glückssymbol 154

Das Doppelte Glückssymbol hat eine große Wirkung. Sie können es nicht nur als Schmuck tragen – es ist auch eine hervorragende Dekoration für Ihr Schlafzimmer oder die ganze Wohnung. In der Verbotenen Stadt und in vielen alten Häusern wohlhabender Familien in Peking stoßen Sie überall auf das Symbol des Doppelten Glücks (und des langen Lebens).

Man sieht es dort nicht nur auf sämtlichen Dekorationsgegenständen und Kunstwerken wie Malereien, Keramik, Vasen und Wandbehängen – was mich am meisten beeindruckte, war, dass auch viele Fenster, Balustraden und Korridore damit geschmückt waren. Selbst die Türen der Verbotenen Stadt trugen das Symbol. Genauso war es in den chinesischen Häusern. Vor allem in den Schlafgemächern des Kaisers stieß ich überall auf das Doppelte Glückssymbol. Es sollte dem Sohn des Himmels hervorragendes Hochzeitsglück bescheren.

Daher ist es für alle, die sich eine glückliche Partnerschaft wünschen, eine hervorragende Idee, das Symbol ebenfalls zu verwenden. Suchen Sie nach schönen Gegenständen, die mit dem Doppelten Glückssymbol verziert sind, und stellen Sie diese entweder in Ihren persönlichen Liebes-Bereich im Wohnzimmer, oder dekorieren Sie Ihr Schlafzimmer damit. Für das Schlafzimmer sind Tische, Betten und Schränke, in die das Motiv geschnitzt ist, am besten. Sie sollten allerdings nie auf einem solchen Symbol schlafen oder darauf treten.

Tragen Sie das Doppelte Glückssymbol 155

Die Chinesen glauben fest an die Kraft von Symbolen. Daher finden Sie Glückssymbole auf fast allen chinesischen Kunstgegenständen – gestickt, geschnitzt oder gemalt. Unter den Symbolen für Beziehungs- und Eheglück ist das Doppelte Glückssymbol sicher eines der beliebtesten.

Es gibt verschiedene Möglichkeiten, die Glück bringende Eigenschaft dieses Symbols noch zu verstärken. Es besitzt nämlich verschiedene Bedeutungsschichten und Nuancen. Alleinstehenden bringt es Glück für die Partnersuche. Doch sind junge Leute heutzutage kaum dafür zu gewinnen, das Doppelte Glückssymbol als Wohnungsdekoration zu verwenden. Daher habe ich

mir überlegt, wie sie es als Schmuck tragen können, so dass es sie immer begleitet. In Zusammenarbeit mit OE Design habe ich eine kleine, erlesene Kollektion von Feng-Shui-Schmuck für junge Leute kreiert. Ich bestand darauf, dass dabei auch das Doppelte Glückssymbol verwendet wird.

Alle, die sich eine glückliche Ehe wünschen, sollten den Doppelten Glücksring als Hochzeitsring tragen. Er wird Ihnen beständiges Glück in Ihrer Partnerschaft bringen.

Allein stehenden Frauen empfehle ich Doppelte Glücks-Ohrringe. Allein stehende Männer sollten Manschettenknöpfe oder Krawattennadeln mit dem Doppelten Glückssymbol tragen.

Aktivieren Sie Ihr Liebesglück

156 Die Yang-Energie des Drachens für Frauen

Im Feng Shui geht es viel um Gleichgewicht. Dieses Gleichgewicht erreichen Sie am besten, wenn Sie versuchen, die einmalige Kombination der Kräfte des Drachensymbols instinktiv zu verstehen.

Frauen, die das männliche Chi in Ihr persönliches Umfeld locken möchten, können das Drachensymbol sehr wirksam nutzen. Für diesen Zweck ist die volle Vorderansicht des Drachen am geeignetsten, denn sie steht für den Kaiser.

Einmal habe ich für eine allein stehende Freundin ein Geschenk gesucht. Ich entschied mich für das kaiserliche Drachenbild mit fünf Klauen. Sie war damals beruflich sehr erfolgreich, doch die Liebe schien ihr nichts zu bedeuten. Ich schenkte ihr nun das Bild mit der vollen Vorderansicht eines kaiserlichen Drachen, und sie hängte es voller Stolz über ihren Kamin im Wohnzimmer. Es veränderte sofort die Energien dieses Raums und ihres gesamten Heims. Alles wurde durch die Yang-Energie lebendiger. Auch sie selbst wurde glücklicher, denn die neue Energie tat ihr gut. Kurz darauf fand sie einen Partner, mit dem sie ihr Leben teilen wollte.

Ein mächtiges Liebessymbol

Der Drache kann wirksam das Liebesglück von Frauen aktivieren, die alleine oder bei ihren Müttern leben. Die Präsenz von so viel weiblicher Yin-Energie schafft ein Ungleichgewicht. Wenn die Einrichtung der Wohnung das Yin noch verstärkt, fliegt das Eheglück sprichwörtlich aus dem Fenster.

Es genügt aber, das Chi des Drachen zu aktivieren, um das Gleichgewicht wieder herzustellen. Der beste Platz für die Gegenwart der Yang-Energie ist das Wohnzimmer. Das Schlafzimmer ist nicht der richtige Ort für das Drachensymbol, denn hier wirkt die Yang-Energie zu stark. Ein Mädchen, das einen Drachen ins Schlafzimmer stellt, wird die Männer abschrecken.

Ich habe mit Erfolg Liebe ins Leben von leicht aggressiven, karriereorientierten Frauen gebracht, die einen Drachen im Schlafzimmer hatten. Jedes Mal habe ich die Drachen aus dem Schlafzimmer ins Wohnzimmer gebracht, und jede der Frauen verliebte sich kurz darauf und verheiratete sich.

Unten: Der Drache bringt Glück für Liebe und Ehe, wenn Sie ihn im Wohnzimmer aufstellen.

Das Yang-Chi des Phönix für Männer

Der himmlische Phönix ist ein hervorragendes Symbol für allein stehende Männer, die auf der Suche nach Liebe und einer Partnerin sind, mit der sie eine Familie gründen können. Diese wundervollen himmlischen Geschöpfe sind Ausdruck weiblicher Yin-Energie, obwohl sie zugleich Yang-Kreaturen sind. Diese Dualität des Phönixsymbols kann das Glück von Männern aktivieren.

Rechts: Bilder von einem Phönix oder von anderen Vögeln wie z.B. Pfauen im Wohnzimmer können das Liebesglück von jungen Männern stärken.

Betonen Sie das Yang für eine Beziehung

Auch Männer sollten Yang-Energie aktivieren, wenn sie auf der Suche nach einer passenden Lebenspartnerin sind. Ein Drachensymbol wäre allerdings nicht das Richtige, denn es würde ein Ungleichgewicht der Energien schaffen. Auch für homosexuelle Paare gilt, dass zwei Drachen das Gleichgewicht empfindlich stören können. Männer sollten auf der Suche nach Liebe den Phönix verwenden, genauso wie Frauen den Drachen. Männer sind in jeder Beziehungssituation die Jäger, und der Phönix wird dem allein stehenden Mann viele Gelegenheiten bringen die Liebe zu erjagen.

Für Männer gilt hier wieder das Gleiche wie im vorhergehenden Tipp für Frauen: Stellen Sie den Phönix nie ins Schlafzimmer. Ein Bild des Phönix im Wohnzimmer hingegen wird Ihnen das erhoffte Glück bringen. Junge Männer werden feststellen, dass sofort neue Energie ins Haus kommt. Der Phönix ist in jeder Hinsicht ein Glücksbringer.

Wenn Sie kein schönes Phönixbild finden, können Sie auch ein Bild eines anderen bunt gefiederten Vogels nehmen. Ein Hahn oder ein Pfau haben dieselbe positive Wirkung.

Aktivieren Sie Ihr Liebesglück

158 Die Glückszahl Acht

Die Zahl Acht ist im Feng Shui eine ganz besondere Glückszahl. Das mächtige Pa Kua, das in China seit Jahrhunderten für die Analyse von Häusern verwendet wird, hat acht Seiten. Die Bereiche des Pa Kua, die sich auf die jeweiligen Bereiche Ihres Lebens – die Lebensziele – beziehen, sind ebenfalls acht an der Zahl. Die Acht wird als universelle Glückszahl betrachtet. Wenn Sie die Liebe in Ihr Leben holen wollen, können Sie die acht wichtigen Regeln befolgen, die unten links aufgelistet sind. Damit bringen Sie Energie in

Links: Taubenpaare sind in Ihrem Liebes-Bereich ein mächtiges Glückssymbol.

Ihre Beziehungs-Ecken im Südwesten des Schlaf- und Wohnzimmers. Das Schlafzimmer ist besonders wichtig, wenn Sie eine erfolgreiche Beziehung führen möchten. Beachten Sie also auch die acht Tipps unten, damit Ihr Liebesleben glücklich verläuft.

Acht Regeln, wie Sie Ihren Liebes-Bereich aktivieren

1. Hängen Sie Laternen in diesen Bereich.
2. Stellen Sie rote und gelbe Kerzen auf, um die Yang-Energie zu stimulieren.
3. Stellen Sie hier Bilder von Tierpaaren auf, z.B. unbemalte Mandarinenten oder Taubenpaare.
4. Stellen Sie einen klaren Quarzkristall auf.
5. Verwenden Sie das Doppelte Glückssymbol, allein oder auf einer Laterne.
6. Hängen Sie Bilder mit Bergen auf, um die Erde-Energie zu stärken.
7. Verwenden Sie den Mystischen Knoten als Motiv auf Möbeln und Teppichen.
8. Stellen Sie Narzissen und Pfingstrosen auf.

Acht Tipps für Ihr Schlafzimmer

1. Schlafen Sie in Ihrer Nien-Yen-Richtung.
2. Stellen Sie das Bett diagonal zur gegenüberliegenden Tür auf.
3. Lassen Sie sich von einem abgerundeten, stabilen Kopfteil stützen.
4. Hängen Sie das Bild eines Liebespaares auf.
5. Entfernen oder verdecken Sie alle Spiegel, die auf das Bett blicken.
6. Stellen Sie keine Wasserobjekte wie Aquarien im Schlafzimmer auf.
7. Schlafen Sie nicht unter einem sichtbaren Deckenbalken.
8. Verbannen Sie Computer und Fernseher aus Ihrem Schlafzimmer.

Oben: Rote Kerzen bringen Energie in den südwestlichen Bereich.

Aktivieren Sie Ihr Liebesglück

Finden Sie den Mann Ihrer Träume

Wenn Sie schon länger allein oder auf der Suche nach einer neuen, erfüllenden Beziehung sind, können Sie Ihre Zukunft beeinflussen, indem Sie sich darauf konzentrieren, was genau Sie von einer neuen Liebesbeziehung erwarten. Machen Sie eine Liste von den Eigenschaften, die Ihr Traumpartner besitzen soll, und legen Sie diese in den Südwest-Bereich Ihres Schlafzimmers. Aktivieren Sie den Bereich zusätzlich mit Licht und Tierpärchen. Das Universum wird Ihnen gerne den richtigen Partner schicken, doch Sie müssen Ihre Wunschvorstellungen schon genau formulieren. Wenn Sie zu viele unwichtige Eigenschaften auflisten, werden Sie zwar jemanden finden, mit dem Sie für einige Zeit Spaß haben. Doch nehmen Sie sich in Acht – er/sie wird Ihnen vielleicht das Herz brechen, weil er/sie sich nicht fest binden will. Aber auch das Gegenteil ist nicht ratsam. Sollten Sie zu viele wertvolle Eigenschaften aufzählen, könnten Sie einen Partner finden, der Sie am Ende langweilt, weil er allzu ernsthaft ist.

Schreiben Sie auch unbedingt auf, ob Sie eine hetero- oder homosexuelle Beziehung anstreben.

Schreiben Sie Ihre Wunschliste

Um den idealen Partner zu finden, listen Sie alle Qualitäten, die er oder sie haben soll, auf der linken Seite eines Blattes auf. Denken Sie sorgfältig darüber nach, welche Eigenschaften Sie notieren, denn Ihre Wünsche werden normalerweise erfüllt. Sehen Sie in Ihrem zukünftigen Partner einen Seelenverwandten, mit dem Sie Ihr Leben verbringen wollen. Auf die rechte Seite des Papiers schreiben Sie nun die weniger attraktiven Eigenschaften, die Sie tolerieren würden – in jedem Menschen muss das Gleichgewicht zwischen „guten" und „schlechten" Eigenschaften stimmen.

Wenn Sie Ihre Liste fertig gestellt haben, schreiben Sie sie noch einmal ins Reine. Stecken Sie das Papier dann in einen kleinen Geschenkkarton und binden Sie ihn mit einem rotem Band zu – das bringt zusätzlich Yang-Energie. Legen Sie ihn in den Südwest-Bereich Ihres Schlafzimmers und überlassen Sie dem Universum alles Weitere. Ändern Sie nichts mehr an der Liste; das stiftet nur Verwirrung. Seien Sie dafür bei der Erstellung umso gründlicher.

Unten: Auch Sie können Ihren idealen Partner finden. Eine Liste mit Ihren genauen Wunschvorstellungen hilft Ihnen bei der Suche.

Der Mystische Knoten symbolisiert ewige Liebe

Links: Der Mystische Knoten ist ein Glückssymbol für die Liebe. Sie finden ihn als Verzierung auf Möbeln, Einrichtungsgegenständen und in Ornamenten.

Der Mystische Knoten ist ein chinesisches Symbol für die niemals endende Liebe. Er steht für ein langes Leben, das nicht von Trennungen, gebrochenen Herzen, Krankheit, Rückschlägen oder anderem Leid unterbrochen wird. Gewiss ist das ein unnatürlicher Zustand, aber trotz allem letztlich das Ziel aller Liebenden. Man nennt das Symbol auch Glücksknoten. Als Emblem ist es sehr beliebt. Heute findet man den Knoten meist in Verbindung mit anderen Glücksbringern wie Münzen und Amuletten. Der endlose Knoten wird auch auf Kleidungsstücke gestickt, in Möbel geschnitzt, in Teppiche gewebt und auf Wandschirme sowie Porzellangegenstände gemalt.

Im Feng Shui gilt der Knoten als einfach zu verwendendes Motiv. Man kann ihn gut als Dekorationselement für Türen und Möbel verwenden. Er ist ein Symbol für langes Leben und Unzertrennlichkeit. Außerdem verheißt er gute Gesundheit. Jedoch schätzt man ihn vor allem als perfektes Symbol für niemals endende Liebe. Daher verwendet man ihn in diesem Zusammenhang als Glückssymbol, das dafür sorgen soll, dass das Liebesglück in einer Ehe nie verloren geht. Dieses schöne Zeichen eignet sich also auch als Schnitzerei für Schlafzimmermöbel oder als Ornament in Fenstergittern.

Der endlose Knoten besitzt auch eine spirituelle Bedeutung, nämlich „kein Anfang und kein Ende". Er reflektiert die buddhistische Philosophie, dass alle Existenz eine ewige Wiederkehr von Geburt und Wiedergeburt ist. Die Buddhisten nennen dies Samsara. Der Knoten erinnert auf wunderbare Weise an diesen endlosen Kreislauf, aus dem die indischen Erlösungsreligionen den Menschen zu befreien versuchen. Die Hindu-Gottheit Vishnu trägt dieses Symbol auf der Brust, und es ist eines der acht Zeichen auf den Fußsohlen Buddhas.

FINDEN SIE IHR FAMILIENGLÜCK

Die Kaurimuschel für Reisende

161

Die Porzellanschnecke oder Kaurimuschel, die Sie in der Abbildung rechts sehen, ist ein Glückssymbol für alle Reisenden. In alten Zeiten war die Muschel eine Insignie des Königshauses. Die Mitglieder des Hofes trugen eine solche Muschel bei sich oder hatten das Motiv in ihre Tunika gewebt. Dadurch fühlten sie sich stets sicher und beschützt.

Im Feng Shui verwendet man die Muschel als Glücksbringer für geschäftliche und private Beziehungen mit dem Ausland. Sie verspricht auf Reisen stets gute Kontakte.

Die Muschel ist also ein sehr gutes Symbol für alle, deren beruflicher Erfolg davon abhängt, wie sie mit Menschen umgehen, und die besonders darauf angewiesen sind, bekannt, berühmt und respektiert zu sein. Für einen guten Namen und Ruf können Sie eine große Seemuschel (ca. 15-20 cm lang oder breit) im südlichen Bereich Ihres Wohnzimmers platzieren. Die Kaurimuschel kann auch im Nordosten oder Südwesten liegen. Sie stärkt die Energie dieser Bereiche. Starke Energie im Nordosten schafft gute Voraussetzungen für Erfolg durch Bildung, und im Südwesten verbessert sie alle menschlichen Beziehungen.

Wenn Sie eine feste Beziehung mit einem Partner führen, der weit von Ihnen entfernt wohnt, sollten Sie eine Muschel in den Südwest-Bereich Ihres Schlafzimmers oder in Ihre Nien-Yen-Richtung legen. Das wird Ihnen Gelegenheiten für häufiges Wiedersehen bringen, damit die Beziehung trotz der Entfernung blühen kann. Die Kaurimuschel ist allerdings für jeden ein gutes Symbol, denn sie fördert die Kommunikation. Andere Menschen werden Sie besser verstehen, und der Umgang mit Freunden und Kollegen wird herzlich und angenehm sein.

Die Kaurimuschel

Rechts: Wenn Sie eine Liebe auf Distanz führen, legen Sie eine Kaurimuschel in den Südwest-Bereich Ihres Schlafzimmers oder in Ihre Nien-Yen-Richtung. Das Symbol wird Ihnen und Ihrem Partner mehr gemeinsame Stunden bescheren und die Beziehung verbessern.

FINDEN SIE IHR FAMILIENGLÜCK

162 Der Doppelte Fisch für die Wonnen der Ehe

Im Feng Shui hat der Fisch eine wundervolle Symbolkraft. Er steht für Überfluss, Wohlstand, Harmonie und die körperlichen Freuden der Ehe. Sind die Fische als Paar abgebildet, bedeuten sie nicht nur doppeltes Glück. Ein Fisch-Paar steht auch für die Freuden der sexuellen Vereinigung zwischen Mann und Frau.

Daher ist dieses Symbol besonders geeignet, um das Heim eines frisch verheirateten Paares oder das Schlafzimmer von jungen Liebenden zu schmücken. Es bringt allen Verliebten großes Glück und außerdem materiellen Wohlstand. Der Doppelte Fisch ist wohl eines der stärksten Glückssymbole des Feng Shui. Er zählt auch zu den acht Glück verheißenden Gegenständen des Buddhismus, obwohl das Doppelte Fisch-Symbol hier eher als eine Art Amulett betrachtet wird. In vielen Ländern des Fernen Ostens mit hohem chinesischen Bevölkerungsanteil wird der Doppelte Fisch gewöhnlich als Anhänger getragen. Man trägt ihn auch gerne in der Brieftasche, wo er den Besitzer vor Betrug und bösen Geistern schützen sowie Unfälle von ihm abwenden soll. Im buddhistischen Thailand wird das Doppelte Fisch-Symbol in 24-karätigem Gold zu Amuletten gearbeitet. Kinder reicher Familien tragen sie zu ihrem Schutz. Oft werden diese Amulette zuvor von Mönchen gesegnet. Sie enthalten meist noch ein weiteres kleines Amulett aus beschriebener Goldfolie, das im Bauch der Fische versteckt wird.

Fische für den Wohlstand

Nicht nur dieses Symbol, sondern Fische im Allgemeinen haben im Feng Shui eine große Bedeutung: Sie stehen für Wohlstand im Überfluss. Die Chinesen essen zum Neujahrsfest rohen Fisch, da dies Reichtum während des ganzen Jahres bringen soll. Aus diesem Grund stellt man auch gerne Karpfen aus Keramik oder Messing im Haus auf. Schließlich sind auch Teiche mit Fischen sehr beliebt. Falls Sie einen eigenen Garten besitzen, sollten Sie sich überlegen, einen solchen Teich anzulegen. Besonders Glück bringend sind japanische Karpfen, vor allem, wenn ihre Anzahl ein Vielfaches von neun beträgt. Seien Sie nicht beunruhigt, wenn Ihre Fische eingehen – das Unglück wird sich entgegen dem Aberglauben nicht auf Sie übertragen. Ein Teich kann Ihnen Wohlstand bringen.

Links: Das Fischsymbol bedeutet Überfluss, Geld und Harmonie. Ein Fischpaar steht für die körperlichen Freuden der Ehe.

FINDEN SIE IHR FAMILIENGLÜCK

Die Lotosblüte für Reinheit in der Liebe

163

Der Lotos ist ein wunderschönes Symbol der Reinheit und Vollkommenheit. In China hat der Lotos außerdem eine sehr spirituelle und religiöse Bedeutung. Seine Blätter symbolisieren die Lehre Buddhas. Die meisten Abbildungen zeigen Buddha sitzend auf einer heiligen Lotosblüte. Seine Haltung – mit geradem Rücken und vor dem Körper verschränkten Gliedmaßen – wird Lotossitz genannt.

Buddhistische Mönche und heilige Meister nehmen stets diese Haltung ein, wenn sie meditieren oder die Sutras lehren. Auch die Dharma-Schüler sitzen während der Meditation oder des Unterrichts im Lotossitz. Wer es nicht gewöhnt ist, in dieser anfangs recht unbequemen Position auszuharren, wird dazu angehalten, es zu üben. Die Haltung ist nämlich ideal, um den Körper ruhig zu halten, was bei der Meditation von großer Bedeutung ist. Außerdem erleichtert ein gerader Rücken den Energiefluss im Körper.

Das Mantra des Mitleidenden Buddha – *Om Mani Peh Meh Hone* – nennt man Lotos-Mantra. Es bringt großen Segen, wenn man es mehrere tausend Mal aufsagt. Die chinesische Entsprechung des Mitleidenden Buddha ist die Göttin der Gnade, Kuan Yin. Daher heißt dieses Mantra in China Kuan-Yin-Mantra. In Japan hat der Buddha den Namen Canon, und in Indien heißt er Chenresig.

Die Verehrung der Lotosblüte im Fernen Osten hat ihren Ursprung in der Bedeutung, die sie in vielen buddhistischen Traditionen besitzt. Im Feng Shui drückt der Lotos die Reinheit der Liebe aus. Romantiker, die sich eine Liebe wünschen, die nicht von Untreue verdorben wird und die zur Heirat und einem glücklichen Familienleben führt, sollten das Lotossymbol in ihrer unmittelbaren Umgebung haben. Echte oder künstliche Lotosblüten im Schlaf- und Wohnzimmer werden das Gefühl von Treue und Zufriedenheit nähren.

Unten: Die Lotosblüte ist ein wunderschönes Symbol, das für die vollkommene und reine Liebe steht.

164 Ein Baldachin oder Schirm für Ihren Schutz

Links: Ein schön dekorierter Schirm vor der Eingangstür soll das Heim vor Eindringlingen schützen.

Der Baldachin bedeutet Schutz, denn er ist wie ein Dach oder ein Schirm gegen die Elemente. Ein Baldachin kann aber auch den kaiserlichen Schirm symbolisieren, als Zeichen des höchsten Respekts, den man jemandem entgegenbringt. Er ist ein Emblem der Würde und des hohen Rangs.

In gewisser Hinsicht steht der Baldachin oder Schirm also für Sieg und Erfolg als Lebensziel. Das kann sich auf die Karriere, die Liebe oder die Gründung einer Familie beziehen.

Der Schirm schützt aber auch symbolisch vor negativen Einflüssen. Man glaubt, dass ein Schirm, der vor der Eingangstür aufgestellt wird, das Haus vor Einbrechern und Fremden mit bösen Absichten schützt. Stellt man einen seidenen, reich mit Glückssymbolen dekorierten Schirm auf die Terrasse, bringt das ebenfalls wirksamen Schutz. Solche Schirme sollten immer diagonal zur Haustür stehen, niemals direkt davor.

In Thailand werden sehr kunstvolle Schirme hergestellt. Erlesene Schirme aus Bambus und Papier erhält man dort auch in der nördlich gelegenen Stadt Chiang Mai, die vorwiegend von Chinesen bewohnt wird. Sie sind sehr dekorativ und haben positive Symbolkraft.

Auch in traditionellen Hochzeitsritualen werden Schirme verwendet. Wenn ein Mann heiratet, wird ein Seidenschirm über seinen Kopf gehalten, während er auf die Braut zugeht. Das soll bewirken, dass er nach der Hochzeit zu Ruhm und Ehre gelangt, denn gewöhnlich wird ein Schirm nur über hohe Würdenträger und wichtige Leute gehalten.

Ein weiteres Schirmritual hat ebenfalls den Ruf, Glück und Schutz zu sichern: Bei der Geburt schützt man damit die Frau, damit sie das Kind sicher zur Welt bringt. Auch für dieses symbolische Ritual verwendet man einen Seidenschirm.

FINDEN SIE IHR FAMILIENGLÜCK

Die Vase für Liebe und Glück

Die Vase ist ein Symbol für Frieden und Harmonie. Ein Blumenstrauß in einer Vase kann eine Vielzahl von symbolischen Bedeutungen haben, je nachdem, welche Blumen man auswählt. Die Vase ist einer der acht Glück verheißenden Gegenstände. Sie dient als Gefäß für günstiges Chi, das Seelenfrieden und Glück bringt. In der Liebe symbolisiert die Vase das Glück.

Im Feng Shui gibt es verschiedene Verwendungsmöglichkeiten für eine große Vase. Wenn sie mit Blumen gefüllt werden soll, nimmt man am besten Blumen aus allen vier Jahreszeiten. Ein solcher Strauß wird das ganze Jahr hindurch eine friedliche Atmosphäre im Hause schaffen. Es müssen nicht unbedingt echte Blumen sein. Auch Seidenblumen haben denselben Effekt. Nehmen Sie Pfingstrosen für den Sommer, Chrysanthemen für den Herbst, Orchideen für den Winter und Pflaumenblüten für den Frühling.

Eine Vase mit je einem Bambus- und einem Kiefernzweig in der Mitte oder im Südwest-Bereich Ihres Hauses aufgestellt ist das Symbol für eine lange und friedliche Ehe mit vielen Kindern. Die Familie als Einheit wird dadurch dauerhaft gefestigt.

Gefüllt mit drei Hellebarden (eine Kombination aus Speer und Kriegsaxt) steht die Vase für den erfolgreichen und störungsfreien Aufstieg auf der Karriereleiter. Die Vase kann auch in ein Wohlstandssymbol verwandelt werden, indem sie mit wertvollen Gegenständen gefüllt wird. Vasen mit Glückssymbolen können überall im Haus aufgestellt werden, nur nicht in der Küche. Außerdem sollten frische Blumen nicht im Schlafzimmer stehen.

Kaufen Sie am besten Vasen aus Kristall und Porzellan, die das Erde-Element im Südwesten oder der Mitte des Hauses stärken.

Blumen für gutes Feng Shui

Glück bringende Blumen kann man nach ihrer Farbe auswählen:

- Rote Blumen für den Süden: Nelken, Rosen, Gerberas, Tulpen, Chrysanthemen
- Blaue und violette Blumen für den Norden: Glockenblumen, Veilchen, Iris, Lavendel
- Weiße Blumen für den Westen: Lilien, weiße Rosen, Gänseblümchen, Orchideen, Magnolien
- Gelb für den Südwesten und Nordosten: Butterblumen, Sonnenblumen, Gerberas, Narzissen
- Pfingstrosen, Chrysanthemen, Orchideen und Pflaumenblüten schaffen Frieden.
- Kiefer und Bambus fördern das Familienglück.

Rechts: Eine Vase sammelt gutes Chi und symbolisiert glückliche, romantische Liebe.

Finden Sie Ihr Familienglück

166 Das Heilige Rad für Weisheit in der Liebe

Oben: Das Rad des tibetischen Buddhismus zeigt die sechs Reiche der samsarischen Existenz. Dieses Bild soll alle Hausbewohner beschützen. Man hängt es in die Nähe der Eingangstür.

Das Heilige Rad ist eines der günstigen Zeichen, die angeblich auf Buddhas Fußsohlen gezeichnet waren. Man nennt es auch Rad des Lebens, Rad der Wahrheit, Rad der Tausend Speichen und Rad des Kosmos. Es symbolisiert die erhabene Weisheit der Lehre Buddhas. Manche sagen sogar, es stehe für Buddha selbst. Das sich drehende Rad symbolisiert die Gesetze und ethischen Doktrinen des Buddhismus, das Dharma, das von religiösen Führern gelehrt wird. Man nennt diese Führer Gurus oder Lamas.

Im Feng Shui bedeutet das Rad das innere Feng Shui des Geistes. Es symbolisiert die Überwindung der drei Gifte der Existenz. Diese drei Gifte heißen Unwissenheit, Ärger und Abhängigkeit. Sie werden als Ursprung allen menschlichen Leids betrachtet. Das Rad steht damit für die Überwindung des Leidens durch die Überwindung dieser drei „Giftpfeile", die Grundübel der menschlichen Existenz.

Stellt man das Radsymbol zu Hause auf, sorgt es für Seelenfrieden und größere Weisheit. Es ist besonders günstig für alle, die einen Seelenverwandten suchen, mit dem sie eine glückliche Liebesbeziehung eingehen können. Das Rad vergrößert somit auch die Weisheit in der Liebe. Wenn Sie auf der Suche nach Liebe sind, ist der beste Platz für ein solches Rad im Nordosten des Schlafzimmers.

Denn der Nordosten steht mit dem Element Erde in Verbindung. Wenn Sie dort ein Radsymbol aufstellen, wird es dafür sorgen, dass Sie in der Liebe nie den Kopf verlieren, und dass Ihre Entscheidung für einen Lebenspartner stets von Weisheit geprägt sein wird. Jeder, der vor dem Entschluss steht zu heiraten oder es gerade getan hat, sollte ein solches Weisheitssymbol verwenden.

Die Glücksvase für Reichtum auf allen Ebenen

Ich habe gehört, dass nur die wenigsten Feng-Shui-Meister gerne viel über ihre geheimen Praktiken verraten. Ein solches Geheimnis, worüber sie gerne schweigen, ist allerdings ein wesentlicher Bestandteil der Feng-Shui-Praxis: Es geht um die Glücksvase. Dabei wird der Reichtum symbolisch in einer Vase mit Deckel aufbewahrt. Um also Ihr Feng-Shui-Glück zu vervollständigen, sollten Sie eine solche Glücksvase verwenden. Mit dem Deckel schließt man – symbolisch betrachtet – das gesamte Glück ein, das in einem Haushalt durch harmonische Einrichtung und Ordnung aktiviert wird. Die Vase wird dadurch zur Glücksvase des Hauses. Im Haus von Meister Yap Cheng Hai fiel mir auf, dass in allen Zimmern mehrere dieser Behältnisse standen. Alle waren mit schönen Dingen wie Halbedelsteinen oder roten Geld-Päckchen gefüllt.

In diesem Zusammenhang muss ich hinzufügen, dass Meister Yaps Haus alles andere als ordentlich ist. Ich kann Ihnen dennoch versichern, dass bei ihm sehr gutes Feng Shui herrscht. Außerdem finde ich es absurd, einem Feng-Shui-„Berater" eine Menge Geld zu zahlen, nur damit er Ihnen sagt, dass Sie Ihr Haus aufgeräumt halten sollen!

Ein wertvolles Gefäß

Außerdem muss ich sagen, dass ich persönlich die Glücksvase nicht für eine Feng-Shui-Energiequelle halte. Sie bringt sicherlich keine zusätzliche Energie durch ihr Material. Ich betrachte sie eher als wertvollen und Glück bringenden Gegenstand, weil sie in meinen buddhistischen Texten sehr oft erwähnt wird. Im Buddhismus werden in einem solchen Gefäß die heiligen Reliquien von Buddha und heiligen Lamas aufbewahrt. Reliquien gelten als hervorragende Glücksbringer für ein Haus. Doch das ist nicht Feng Shui.

Links: Drachen und Fledermäuse stehen für Wohlstand. Für Ihr Liebesglück sind Mandarinenten und fliegende Gänse geeignet.

Eine solche Vase im Haus zu haben, ist also nicht unbedingt eine Feng-Shui-Praktik, außer, man verwendet sie zur Aufbewahrung des „Reichtums". Als solche dient sie dazu, die symbolischen Reichtümer eines Hauses aufzubewahren. Dafür können Sie sie mit Halbedelsteinen, falschen Goldbarren, alten Münzen und anderen Wertgegenständen füllen. Dann decken Sie sie zu und verstecken sie in Ihrem Schlafzimmer.

Wenn Sie eine Glücksvase für Ihre „Reichtümer" aussuchen, entscheiden Sie sich am besten für eine, die mit günstigen Symbolen bemalt ist. Drachen und Fledermäuse sind hier besonders geeignet. Wer Liebes- und Eheglück aktivieren will, sollte Mandarinenten oder Gänse wählen.

168 Verwenden Sie alle acht Symbole zu Ihrem Schutz

Hier sehen Sie noch einmal alle acht günstigen Gegenstände. Zu einem einzigen Symbol zusammengefasst, werden sie Sie vor allem Unglück beschützen, auch in der Liebe und Partnerschaft. Das Symbol wird alle Menschen abschrecken, die nicht vertrauenswürdig sind und Ihnen gegenüber böse Absichten haben.

Diese acht Gegenstände gelten im Buddhismus dann als besonders günstig, wenn man sie zusammen verwendet. Ihre Gegenwart bringt vollkommenes Glück in ein Haus – nicht nur in materieller, sondern vor allem in spiritueller Hinsicht. Viele Buddhisten hängen als Glücksbringer Fahnen und Wandschmuck auf, die mit diesen acht Gegenständen bestickt oder bedruckt sind.

Im Feng Shui ist ein solcher Wandbehang ein hervorragendes Werkzeug, um schlechtes Feng Shui von Türen abzuwenden, die in einer geraden Linie hintereinander stehen. Man verwendet den Wandbehang dabei als Vorhang vor einer Tür. Er verlangsamt das schnell fließende Shar-Chi, den „Tödlichen Atem", und verwandelt es so in günstiges Chi. Wenn Sie irgendwo einen Raumteiler benötigen, können Sie ebenfalls einen Wandbehang mit den acht Glück verheißenden Gegenständen verwenden. Sollte Ihre Tür zu nah an einer Treppe stehen, kann ein Türbehang mit den acht Symbolen das schlechte Chi ausgleichen. Es gibt Bilder, auf denen diese Symbole alle zusammen abgebildet sind. Sie können sie aber auch getrennt verwenden. Ich empfehle Ihnen, diese Symbole zu Hause zu haben. Sie locken gutes Chi in Ihr Heim und verbreiten schützende Energie. Die Liebe, die den Weg in Ihr Haus gefunden hat, wird stetig wachsen. Wenn Sie noch auf der Suche nach Liebe sind, wird sie kommen und Ihnen wahres Glück bringen.

Die acht Glück verheißenden Gegenstände

Zusammen schützen die acht Symbole gegen jede Form von Unglück und gegen Probleme in Beziehungen und Ehen.

Lotosblüte · Vase · Doppelter Fisch · Mystischer Knoten · Heiliges Rad · Kaurimuschel · Glücksgefäß · Baldachin

Oben und links: Die acht Glück verheißenden Gegenstände wirken am besten, wenn sie auf einem Gegenstand dargestellt werden. Sie beschützen das Haus und die Partnerschaft der Menschen, die darin leben.

Bildnachweis

Autorin und Verlag danken den folgenden Personen und Agenturen für die Abdruckgenehmigung ihres Bildmaterials:

Abode UK: Tipp 9 (oben), 13, 37 (links), 57 (unten)

AKG, London/Erich Lessing: Tipp 53

John Bouchier/Elizabeth Whiting Associates: Tipp 16 (oben)

Britstock-IFA: Tipp 11, 34, 42, 57 (oben), 61 (oben), 74, 159, 163

Nick Carter/Elizabeth Whiting Associates: Tipp 60

Christie's Images, London: Tipp 40, 61 (unten), 81 (unten), 83, 86, 87 (unten), 90, 93 (oben), 95, 97 (oben und unten), 98 (unten), 99 (links), 100, 102, 103 (oben und unten), 151, 157 (links und rechts), 160, 162, 167 (oben und unten), 168

Geoff Dann: Tipp 2, 15, 26, 49, 65, 117, 153 und Seiten 6 (oben rechts), 7 (unten rechts)

Michael Dunne/Elizabeth Whiting Associates: Tipp 62

Andreas V. Einsiedel/Elizabeth Whiting Associates: Tipp 31 (unten)

Neal Farris/Photonica: Tipp 120

Fitzwilliam Museum, Cambridge: Tipp 113

Gonkar Gyatso/Tibet Images: Tipp 166

Huntley Headworth/Elizabeth Whiting Associates: Tipp 14

Rodney Hyett/Elizabeth Whiting Associates: Tipp 12, 36 (oben), 141 und Seite 5 (Mitte links)

Image Bank: Tipp 28, 37 (unten rechts)

Tim Imrie/Elizabeth Whiting Associates: Tipp 3

Lu Jeffrey/Elizabeth Whiting Associates: Tipp 6

Andrew Kolesnikow/Elizabeth Whiting Associates: Tipp 52 (oben)

Hisanori Kondo/Photonica: Tipp 161

Tom Leighton/Elizabeth Whiting Associates: Tipp 7 (links), 44 und Seite 6 (Mitte links)

Di Lewis/Elizabeth Whiting Associates: Tipp 45

Mark Luscombe-Whyte/Elizabeth Whiting Associates: Tipp 5

Kaoru Mikami/Photonica: Tipp 152

Takeshi Nagao/Photonica: Tipp 33 (unten), 63 (unten)

Phillips Fine Art Auctioneers, London: Tipp 39

Photodisk: Tipp 1, 27, 77, 112

T. Sawada/Photonica: Tipp 25 und Seite 5 (unten rechts)

Wilhelm Scholz/Photonica: Tipp 118

Science Photo Library: Tipp 63 (oben)

Kenichi Seki/Photonica: Tipp 148

Sotheby's Oriental Department, London: Tipp 9 (unten), 36 (unten), 81 (oben), 85, 91, 93 (unten links), 94, 99 (rechts), 101, 156, 158 (oben), 165 und Seite 6 (Mitte links)

Tony Stone Images: Tipp 8, 10, 16 (unten), 17 (oben), 18, 19, 21, 22, 33 (oben), 51, 52, 59, 64, 66, 67, 68, 72, 79, 84, 92, 96, 98 (oben), 104, 114, 115, 121, 122, 123 (oben), 125, 143, 144, 147, 149, 158 (unten) und Seiten 1, 5 (oben rechts und unten links), 6 (Mitte rechts und unten rechts)

Superstock: Tipp 31 (oben), 48

Telegraph Colour Library: Tipp 43, 88, 123 (unten), 124, 140

Lillian Too: Tipp 41, 155

M. Toyoura/Photonica: Tipp 119

Victoria & Albert Museum Picture Library, London: Tipp 87 (oben)

Neo Vision/Photonica: Tipp 17 (unten)

Keiji Watanabe/Photonica: Tipp 164

Elizabeth Whiting Associates: Tipp 18 (unten), 20, 23, 71, 75

Linda Wrigglesworth Chinese Costume & Textiles, London: Tipp 7 (rechts), 35, 38, 46 und Seite 5 (oben links)

Kit Young/Garden Picture Library: Tipp 145

David Zaitz/Photonica: Tipp 146